Maths

中学数学
教学思维与创新探析

樊玉学　吴秋影　于敬洋 ◎著

中国出版集团
中译出版社

图书在版编目(CIP) 数据

中学数学教学思维与创新探析／樊玉学，吴秋影，于敬洋著. -- 北京：中译出版社，2024.4

ISBN 978-7-5001-7856-9

Ⅰ.①中… Ⅱ.①樊… ②吴… ③于… Ⅲ.①中学数学课-教学研究 Ⅳ.①G633.602

中国国家版本馆 CIP 数据核字（2024）第 078472 号

中学数学教学思维与创新探析
ZHONGXUE SHUXUE JIAOXUE SIWEI YU CHUANGXIN TANXI

著　　者：樊玉学　吴秋影　于敬洋
策划编辑：于　宇
责任编辑：于　宇
文字编辑：田玉肖
营销编辑：马　萱　钟筱童
出版发行：中译出版社
地　　址：北京市西城区新街口外大街 28 号 102 号楼 4 层
电　　话：（010）68002494（编辑部）
邮　　编：100088
电子邮箱：book@ctph.com.cn
网　　址：http://www.ctph.com.cn

印　　刷：北京四海锦诚印刷技术有限公司
经　　销：新华书店
规　　格：787 mm×1092 mm　1/16
印　　张：12.75
字　　数：254 千字
版　　次：2024 年 4 月第 1 版
印　　次：2024 年 4 月第 1 次印刷
ISBN 978-7-5001-7856-9　　　　定价：68.00 元

前　言

数学一直是我们基础教育的重要学科之一，其目的就是培养学生的逻辑思维能力和探究能力。随着新课程改革标准的推进，对于中学阶段的数学教学，如何突破原有传统数学教学模式的束缚，如何创新教学方法和激发学生的数学学习兴趣，如何全面提升我们的数学教育水平，已经成为每位教师应当考虑的问题。

本书是中学数学教学方向的书籍，主要研究中学数学教学思维与创新，本书从中学数学教学理论入手，针对中学数学教学原则与方法、中学数学思想方法的教学进行了分析研究；另外，对中学数学教学设计、学生数学思维能力的培养、思维学导式对数学教学、中学生数学核心素养的培养、中学数学教学模式构建与创新、中学数学教学中创新技术的应用等做了一定的介绍。本书框架新颖，内容丰富，力求表现出新颖性、时代性、理论性、实践性、操作性、示范性和可读性等特点，便于从事相关行业的读者参考，具有一定的学术价值和使用价值。

在本书的策划和写作过程中，编者曾参阅国内外有关的大量文献和资料，从中得到启示。同时，本书的编写得到了有关领导、同事、朋友及学生的大力支持与帮助，在此致以衷心的感谢。本书的选材和写作还有一些不尽如人意的地方，加上编者学识水平和时间所限，书中难免存在不当之处，敬请同行专家及读者指正，以便进一步完善提高。

作者

2024 年 1 月

目录

第一节　中学数学教学原则与方法

一、中学数学教学原则

数学教学原则是根据数学教学目标，为反映数学教学规律而制定的指导数学教学工作的基本要求。作为一种教学活动，毫无疑问，数学教学过程必须遵循教学论对数学教学工作提出的一系列的基本要求。但作为一种特殊的学科教学，必然有其自身的特点及规律性，也须遵循自身的一些特殊要求。

我们从数学学科的特点、中学生身心发展实际出发，结合我国当前数学新课程理念和数学新课程改革的教学实践，探讨数学教学必须遵循的一些特殊的基本要求，即数学教学原则。

（一）具体与抽象相结合原则

1. 对数学抽象性含义的理解

抽象性是数学的基本特点。所谓数学的抽象性，是指数学为了在比较纯粹的状态下研究客观世界的空间形式和数量关系，不得不把客观对象的所有其他特征抛开不管，而只抽象出它的空间形式和数量关系进行研究。因此，数学是以客观世界的空间形式和数量关系作为自己的研究对象，具有十分抽象的形式。一般来说，数学的抽象性至少表现在以下几个方面。

（1）数学的内容是高度抽象的，是抽象的、纯粹的形式结构和数量关系

这样一个抽象的概念却具有很普遍的意义，例如它在物理学中，可以表示运动着的物体在某一时刻的瞬时速度；在经济学中，导数还可以表示边际经济量，如边际成本、边际效益、边际利润等。

（2）数学的方法也是高度抽象的

这不仅表现在数学使用了大量抽象的数学符号，而且还表现在它的思维方法上。数学思维以深入细致的观察为基础，以分析、综合、归纳、概括、类比等为手段，充分运用逻

辑推理的方法去思维。例如，反证法、数学归纳法、极限的方法、微积分的方法等都充满了抽象性。因此，数学的思维以抽象思维为主。

（3）抽象性还表现出逐层递进的特点

数学的每一次向更高层次的抽象必须在前一次抽象材料的基础上进行。例如，由数到式，由式到函数，又由函数到关系等，都是一个层层递进的抽象过程。

2. 如何有效地运用具体与抽象相结合的原则进行教学

当前，中学生的抽象思维能力普遍较弱，表现在过分地依赖具体材料，一方面不能有效地从具体素材中过渡到抽象的数学内容中去，另一方面又不能灵活地将抽象的数学理论应用到具体的问题中去。而在教师方面，又往往容易忽视设置较好的现实问题情境或运用直观的教学手段，将问题逐渐过渡到抽象的数学内容中去。这一教学矛盾的产生，主要原因就是没有妥善处理好具体与抽象的关系。为了更有效地提高教学效果，教师在教学中应遵循从具体到抽象，再由抽象回到具体的教学模式。一般来说，应该注意加强以下几个环节。

（1）通过运用生动、形象、具体直观的现实材料和教学语言来引入和阐明新的数学概念等内容。例如，通过温度的升降、货物的进出等实例引进具有相反意义的量，再进一步提出正数、负数的概念。又如，学生在刚学习立体几何时，常常难以想象图形在三维空间中的情境，这时教师可引导学生先观察活动的门板、讲义夹、粉笔盒等实物模型。只有当学生形成了一定的感性认识之后，才可能形成抽象的概念。值得注意的是，有人误以为看得见、摸得着的"现实材料"才是生动、形象、直观的，因而忽略了运用语言或形式的直观去引入数学新概念。其实，如果现实中难以找到具体的模型，还可以从学生已有的"数学现实"中去发掘，这些数学现实可能是低一层次的数学的抽象，但这些抽象在具有一定能力的学生看来却仍然是形象直观的。

（2）教师在运用生动形象、具体直观的数学材料来引入和阐明新的数学概念时，应及时发挥教师的主导作用，引导学生归纳出抽象的、具有一般性的数学概念和结论来。因为具体、直观只是手段，而培养抽象思维能力才是我们的重要目标。

（3）学习了有关的、抽象的数学理论之后，应将它再运用到具体的实践中去，解决具体的问题，解释具体的现象，这便是从抽象到具体的过程。这个过程对学生深刻掌握有关的数学理论知识、培养学生的能力有重要的实践意义。

（4）从具体到抽象，再从抽象到具体的过程，往往不是一次完成的，有时要经过循环往复才能完成。只有在教学中时时注意坚持具体与抽象相结合的原则，才能取得最佳的教学效果。

（二）严谨性与量力性相结合原则

1. 对数学严谨性和量力性含义的理解

严谨性也是数学的基本特点。所谓数学的严谨性，就是指对数学结论的叙述必须精确，结论的论证必须严格、周密，整个数学内容被组织成一个严谨的逻辑系统。这个数学的逻辑系统一般都具有这样的模式：提出完备的公理体系，由此确定尽可能少的基本概念和公理，根据这些基本概念和公理，用逻辑的方法推出一系列的性质和定理。

2. 如何有效地运用严谨性与量力性相结合的原则进行教学

（1）认真钻研课程标准、教材，明确把握教材的严谨性要求。一般来说，课程标准、教材对各部分的数学内容都有明确的要求，虽然对其严谨性没有明确指出，但通过分析思考课标、教材对各内容要求的深浅度，就可以把握其严谨性要求的高低。教材有时对有些内容避而不谈，或用直观说明，或用不完全归纳法印证，或对不必说明的做了说明，或扩大公理体系等，这些做法主要是考虑到学生的可接受性，故意降低内容的严谨性，让学生更好地掌握要学的数学内容。当前数学教育界提出"淡化形式，注重实质"的口号实质上也从一个侧面反映出教学必须坚持严谨性与量力性相结合原则的问题。

（2）在教学中，要有意识地逐步培养学生言必有据、思考缜密、思路清晰的良好的思维习惯，这些思维习惯是学生的数学思维严谨性程度高低的主要标志。所谓言必有据，即要求教师无论在计算、推导、论证中，还是在作图中，每一步过程都要有根有据，这些根据即是所学过的概念、公式及定理等。

所谓思考缜密，就是考虑问题要全面、周密、准确，不能有漏洞。学生对数学定义的本质含义理解不清，忽略定理的条件限定，不注意公式定理的适用范围等，都是思考不缜密的表现。例如，在解绝对值方程、解不等式、讨论函数的有关问题、用分类法解题等，都很容易产生思考不够缜密的问题。思考不够缜密还表现在使用数学语言不够科学规范方面，如"增长了"和"增长到"是有区别的，不能混用，$(a+b)^2$ 要读作 "$a+b$ 的括号的平方" 或 "a 与 b 的和的平方"，而不能读作 "a 加 b 的平方" 或 "a 与 b 的平方和"。当然，缜密的思维不是一两天形成的，要通过长期的训练。

所谓思路清晰，就是要求学生对解决一个问题要分几个步骤才能完成、要从几个方面进行思考、要分几类情形进行讨论、要从几个侧面进行分析等都要心中有数，有条不紊。因此，对于学生刚学习的新知识，要学生写出具体的程序、步骤则是很必要的。例如，在学习合并同类项时，先要求学生找出同类项，再确定各项符号、系数，最后再合并，写出最后结果。

（3）在平时，要在研究学生的年龄特点、个性特点、智力、能力水平方面下功夫。如果教师对学生的能力水平等问题估计不准确，就不可能贯彻好"严谨性"和"量力性"的原则。特别是目前全国已基本普及义务教育，我们的数学教育一方面要面向全体学生，不能只顾少数"尖子生"；另一方面学生的能力水平又参差不齐，差别很大，形成了尖锐的矛盾，要贯彻严谨性与量力性相结合的原则确实有一定的难度。

（三）培养"双基"与策略创新相结合的原则

1. 数学"双基"与策略创新的含义

数学"双基"就是指数学基础知识和基本技能。数学基础知识，即数学知识网络中的"结点"，包括中学数学中的概念、定理、公式、法则、方法等。基本技能是指与数学基础知识相关的按照一定程序与步骤进行的操作方式，包括运算、推理、数据处理、画图、绘制表格等心智活动。正确理解数学概念是掌握数学知识的前提，而牢固掌握定义、性质、公理、定理、公式、法则等数学规律和解题、证题的方法，则是学好数学的必要条件。

策略创新是根据数学的探索性特征提出来的，其内涵就是波利亚推崇的"合情推理"，包括观察与实验、想象与直觉、猜想与验证等数学的探索性特征和创造性思维方式，它们体现了数学的策略创新精神。对大多数学生来说，培养策略创新精神比起数学基础知识的学习更为重要，因为这种数学的策略创新精神一旦转化成学生的素质，就会大大提高学生的创造力，成为他们受用终身、取之不竭的力量源泉。

2. 如何有效地运用培养"双基"与策略创新相结合的原则进行教学

（1）转变观念，与时俱进地认识数学"双基"

数学"双基"是一个动态的概念，随着时代的发展也在发生变化。数学的基础知识是在变化着的。比如，随着计算器、计算机的使用，珠算必将退出数学课本，心算、笔算的计算能力可以降低要求；在新课程中，一些繁、难、偏、旧的课题已退出必修课程内容；概率统计、算法、与日常生活相联系的数学内容，则成为数学课程的基础；运用现代技术学习数学，也将是"双基"的一部分。过去的基本技能强调形式化的逻辑演绎能力，这也是不完整的。学习数学知识的背景及其应用，培养数学建模的能力同样是数学基本技能的组成部分。因此，数学"双基"也需要与时俱进，我们要在继承传统的数学"双基"的合理成分的同时，摒弃不必要的烦琐记忆要求，增加新兴的数学知识和技能要求。

（2）重视"双基"教学，加强合情推理培养

数学"双基"教学是中国数学教学的传统和特长，现在世界上许多国家的数学教育在向我们学习，这是中国数学教育界长期实践经验的总结和理论研究的成果，对世界数学教

育是一个重要贡献，我们不能丢，也不应该丢。特别是在当前数学课程改革实践过程中，我们要以新的、发展的数学"双基"观重新认识数学"双基"，继承和发扬"双基"教学的优点，避免和克服"双基"教学中的不足和缺点，比如只重视逻辑推理忽视合情推理的培养、强调记忆忽视理解、注重解题训练忽视思维过程等。

（3）把握数学"双基"和数学创新的关系

在我国传统的数学教育中，由于过分强调统一的数学基础，忽视了学生的个性和创造能力的培养，致使学生产生"基础过剩"的现象，而导致创新意识失落、创造能力低下。因此，我们不能仅仅把"重视基础"作为中国数学教育的关键课题来处理。一个完整的数学教育模式、教学原则，一个科学的数学教育理论，必须把"基础"和"创新"这两个方面同时加以研究。没有基础的创新是空想，没有创新指导的"打基础"是傻练。基础要为发展服务，盲目地打基础、过量地练习是无效的劳动。

（四）精讲多练与自主建构相结合

1. 精讲多练

我国数学教学目标经历了由掌握知识、发展能力，到素质培养的不断前进提升的过程，数学课堂教学也从多讲多练、高密度、大容量，逐步走向精讲多练、变式练习、关注过程的教学模式。精讲多练是当前数学课堂教学的主要做法。精讲，是针对教师讲解提出的，要求教师精选典型问题做出讲解，对数学概念、定理中的关键点做出精辟讲解。讲解要少而精，要有针对性、代表性、普遍性，不搞一言堂，个别问题做个别教学。多练，是要求学生练习解题必须达到一定的数量。

2. 自主建构

建构性是数学学科的又一基本特性。对于数学知识的建构性，社会建构主义哲学家欧内斯特给出了阐述。

（1）数学知识的基础是语言知识、约定和规则，而语言知识是一种社会建构。

（2）个人的主观数学知识发表后转化成让人接受的客观数学知识，这需要人际交流和交往的社会性过程。

（3）客观性本身应该理解为社会性的认同。有学者认为：即使就最简单的数学对象而言，它们都是抽象思维的产物，从而数学就其本质而言就是一种建构的活动；数学的研究对象正是通过这样的活动得到建构的。其实，不仅数学的研究对象是建构的，即数学知识是人建构的产物，而且数学的研究方法、研究工具、研究模式、理论体系等一系列内在成分都是建构的产物。建构性是数学的基本属性。

数学的建构性特征，决定了数学学习的建构性。所谓建构，就是"建立"和"构造"关于新知识认知结构的过程。建立，一般是指从无到有的兴建；构造，则是指对已有资料、结构、框架加以调整、整合或者重组。对建构主义来说，更是认为学习是学生依据自己已有的知识经验主动建构的过程；知识不能被动接受、不能被传递，需要学生主动地自我建构其意义；就数学学习来说，有意义地接受学习和有意义地发现学习是数学建构性学习的两个基本过程。对数学知识意义的理解、数学能力的提高、数学素质的养成，需要学生智力参与、自主活动和个人体验，别人是无法替代和包办的。可以说，建构性学习也是数学学习的根本途径。

3. 精讲多练与自主建构相结合的原则

首先，确立学生学习的主体地位。学生是学习的主体，但在实际教学中，主体性常常受到教师主导性的排斥。是否真正确立和发挥了学生学习的主体性，可以从以下几个方面去衡量：学生学习的积极性、自主性、探索性、深刻性。

其次，教师要为学生自主建构而精讲。在数学教学中，教师的地位和作用是绝对不容忽视的，教师也绝对不能自我放弃。教师的讲解应当为学生的学习服务，为学生的发展服务，在"精"字上下功夫，使精讲具有针对性、有效性。为此，教师需要深入了解学生真实的思维活动，努力帮助学生获得必要的经验和预备知识，使学生自主建构获得必要的基础；高度重视对学生错误的诊断与纠正，克服自我建构的偏差；充分注意学生在认识上的特殊性。因此，教师要善于创设数学问题情境，引导学生经历观察、实验、归纳、猜想、验证、应用等建构活动，不搞一言堂。进行民主教学，给学生自主建构留有充分的空间和时间。

最后，注重数学过程教学。学生的认知活动遵循数学知识的历史发生过程，教师的讲解为了促进学生的自主建构，应当创设数学问题的情境，让学生提出问题、分析问题、解决问题，在问题情境—解决过程中学习数学知识、建构意义。在这个活动中，不是让学生简单地重复人类漫长的认识过程，而是通过教师的"精讲"，减缩其中的曲折，让学生经历"再发现""再创造"的自我建构活动。

二、传统的常用数学教学方法

数学教学的某一方法、方式和手段能否应用，主要看它是否符合学校数学教学改革的精神。当前，大多数学课堂教学仍然采用传统的教学方法：学生在教师的组织下，有计划、有步骤、有目的地通过听课、练习、研究和实践，掌握知识。随着时间的推移、经验的积累，形成了一批行之有效的教学模式。如讲解法、讲练结合法、谈话法、教具演示法等。研究在深入，实践在发展，很难评价哪一种是最优的教学模式，也没有一种模式是放之四海而皆准的。为了与现代教学模式相区分，我们把它称为传统的。以下列出的是其中最常用的几种教学方法。

（一）讲解法

课堂上教师的主要活动是口头讲解、扼要板书，学生的主要活动是听讲、思考、重点记录、做练习，这种教学方法叫讲解法。讲解法主要用于新单元的开始、新概念的引入、新命题的得出、新知识的归纳总结及学生提问的集中答疑。讲解法的优点是：教师能在周密备课、精心设计之后，比较流畅连贯地把知识传递给学生，易于保持知识的科学性和整体性，教师比较主动、省时，能较好地控制教学过程。讲解法的最大缺点是：难以及时反馈，目标对象指向大多数，不利于学优生的发展和学困生的转化。

讲解法的基本要求有以下几点。

1. 科学性

讲解概念要清楚、正确，揭示概念的内涵、外延，把握概念的本质特征；讲命题证明，推理要合乎逻辑，着重分析证明的思路和方法，把握数学思想和思维方向；新知识的引出要符合认识规律，归纳总结要抓准精要。整个讲解的内容与过程不仅要符合数学自身科学性的要求，而且在教育、心理、哲学诸方面也必须符合科学性的要求。

2. 系统性

讲解内容的体系、层次、结构具有系统性。讲解符合认识规律、突出重点、抓住关键、突破难点。从引入课题、提出问题到展开、寻求解决路径直至解决，规范有序，给学生一个整体把握的感受。

3. 启发性

运用启发性的语言和各种启发手段和方法，激发学生兴趣，增强解决问题的信心和毅力。

4. 针对性

讲解的对象是听知识的学生，讲解内容的深度、速度，要针对课堂上活生生的人。注意到他们的反应，熟悉他们的基础知识及能力准备。针对所讲内容的理解程度和各自的思维特点，随时调整讲解的进度或改变讲解的方式，甚至停下来，穿插学生的合作活动，针对不同人的个性，量力而行，因材施教。

5. 深刻性

讲解切忌泛泛而谈、平铺直叙、按部就班，不论难易都是一个速度、一种腔调。对关键的、重点的内容，要调动各种手段，引导、激发学生探究的积极性。要知道：教师自以为讲深了，学生也未必理解了；教师自以为讲透了，学生也不一定掌握了。要给学生思考、研究、讨论、应用、自己动手动口的机会，不仅要学生理解数学知识本身，最好还能发现隐含在其中的数学思想、数学方法，在知识、思想、方法和应用的结合上搞清问题。教师的讲解，应在此多下功夫。

6. 语言要生动

教学语言要通俗易懂而且幽默，讲解要准确、生动活泼、直观形象、能吸引人，而最终让学生掌握的又应该是准确严谨的数学语言与符号。

（二）练习法

这是一种在教师指导下，让学生通过练习、独立作业，掌握基础知识和基本技能的教学方法。一般是在一个课题、一个单元结束之后采用这种方法。它可以让学生通过集中的练习，理解和消化一个阶段以来尚不完善、不深刻、不熟练的知识。通过练习，矫正认识中的错误，补充知识上的欠缺，加强对尚未理解的知识间联系的把握，进一步增强技能、形成一定的技巧，特别是让各类程度不同的学生都经历自己的思维与实践的过程。

练习法的优点是：在教师得当和恰到好处的组织下，学生能最大限度地发挥自己的主体作用，使各类不同学生的能力都得到提高。学生通过自己动手动脑来解决问题，学优生可以体验到探索和创新的喜悦，而学困生也可以通过成功练习增强学好数学的信心。

练习法的缺点是：如果教师组织不好，安排不当，学生会放任自流。说话的、看小说的、玩的，干什么的都有，就是少有真正练习的。而学困生则干脆放弃，不仅拉大了程度不同的学生的成绩差距，而且会使学困生丧失学习信心。

练习法的基本要求有以下几点：

（1）教师要准备充分，有多套、多层次、适合不同学生需要的由易到难、能吸引学生的练习题。对每一套练习题的目的、要求、完成时间、完成之后的衔接，都交代清楚。然后让学生独立或合作完成。

（2）教师要做好个别辅导，及时质疑解难，对大多数不会做或带普遍性的错误，教师要当堂讲解，对要判成绩的练习，要及时反馈，公平判定成绩。

（3）练习课也不能"满堂练"。要至少留下 10 分钟时间让大家交流，或由学生做总结。

（4）练习课后要有进一步的练习作业，给学生进一步实践体验的机会。

（三）讲练结合法

这是一种通过教师的讲、学生的练，讲讲练练、边讲边练、讲练结合的教学方法。它有多种方式，可以灵活多变；可以"以练开头"随之讲，也可以"以讲开头"随之练；可以以讲为主、适当地练，也可以以练为主、适当地讲；还可以以讲练穿插进行。开头的讲，是练的前提和基础；继而的练，则是讲的深入发展；再接着讲，是在更高水平上的发展；接下去的练，则又把问题引向了更深入的程度。这种以讲带练、以练促讲、讲练结合的共同发展，一步步引导学生在复习巩固知识中不断学习新知识。在对讲练的层层衔接的思考中培养技能，形成技巧，提高能力。它实际上是现时教学中最常用的教学方法。

讲练结合法的优点是能够把教师的教与学生的学紧密地联结起来，较好地发挥教师的主导作用和学生的主体作用。尤其对低年级、年龄小、自制力差的学生，不断地变换听与做、动脑思考与动手操作的机制，可以减少他们开小差的机会，适合他们的生理要求和心理特征。讲与练的适时交替，可以使学生的信息不停地反馈给教师，便于及时发现问题，做出调整和改进。

讲练结合法也有缺点。讲与练的衔接不易控制，教师难以预料练习中可能出现的各种情况。在统一时间里，难以照顾程度不同的学生。使得有人觉得松，有人觉得紧，从而对教师了解学生的实际情况提出了更高的要求。同时，对教师驾驭课堂的能力和应变能力也是一个考验。

讲练结合的基本要求有以下几点：

（1）讲解应主次分明、详略得当，对教材的重点、难点、关键点要处理得当。

（2）练习要基于讲，又不能限于"讲"。

（3）讲与练要密切配合，目的明确，周密计划。

实际上，数学教学的全部过程，都是讲与练不断交替、不断深入、不断扩展、不断提升的过程。任何一个学段的讲与练，都应以教学目的为指导，以教学内容为要求，从学习共同体的实际出发去组织。既反对低水平的重复练习，也反对任意拔高、急于求成的高速度、高难度练习。数学教学中的客观规律和教学原则是不能违背的。在这里，尤其应该避免盲目性和随意性。

（四）谈话法

谈话法是使用谈话、回答的方式，由教师提出问题，启发学生在认真即席思考的基础上给出回答，从而使学生获得知识的一种教学方法。按照谈话法的要求，教师把教材内容编成若干个有内在联系的问题，在课堂上逐个提出来，指定或征询不同学生的回答，在问题的不断展开和延伸下，逐步完成教学设计的目标和任务。

谈话法的优点。它在设计中就把师生的双边活动固定化了。如果问题设计得好，它有利于学生的积极思考。课堂上学生活动容易引起同学的关注，大家以平等的心态听取解答、敢于怀疑，容易造成一种良好的进取和竞争的气氛，使学生有较少心理负担，利于学生的语言表达能力的培养和思维的组织性、条理性的提高。

谈话法也有缺点。由于学生对问题的提出是即席回答，缺少思想准备和一定的组织准备，会耽误一定的时间。而如果学生对问题不理解、不会，转移给别人，除耽误更多的时间外，还会挫伤学生回答问题的积极性和自尊心。运用不好，会影响教学计划的完成。如果教师的问题设计得不成功，模糊或者笼统，则更难达到预期的效果。

谈话法的基本要求有以下几点：

（1）要设计好谈话的方案。

（2）要较好地了解学生。

（3）要善于引导、善于应变。

（4）要防止形式主义的谈话。

（5）要掌握好时间。

数学教学中使用谈话法，一般要经过以下步骤：

首先，提出要谈的问题；

其次，把要谈的问题数学化，弄清问题的含义；

再次，组织谈话，鼓励讨论和争论，不断明确方向，集中于问题解决的不断深化；

最后，不断整理和及时反思建议的可行性，及时总结成功的经验和失败的教训，对正确的和错误的建议进行评价，完成问题解决的目标。

传统的常用数学教学方法，有其历史的地位，是一定历史阶段、一定教育观念和教育思想的产物。面对新的教育和教学改革的形势，应该也必须进行局部的甚至根本的改革。这些教学方法是在教学实践的长期积累中，在不断总结经验、不断修正完善中形成的，至今仍有较大的影响，为广大教师所应用。随着科学技术的发展，特别是计算机和信息技术进入数学教学，传统的常用方法必定旧貌换新颜。

三、数学教学方法的选择与组合

（一）选择合适的数学教学方法

选用什么样的教学方法一般需要考虑教学任务的特点，学生的背景——知识、经验与认识特征，教师的行为特点与可用的教学资源等。就任务类型而言，数学技能教学或许更多地采用示范与讲授相结合的方法。概念与原理的教学或许应当让学生经历其产生与形成的过程。因此，发现式也许更适合它。

教师本人在教学行为倾向方面的优势或劣势也是影响教学方法选用的因素。语言表述能力强的教师可以采用讲授法，教育技术使用得比较好的教师可采用示范教学法，充分发挥自己的优势。

（二）数学教学模式和方法的多样化

应当明确的是，我们不提倡在数学教学活动中固定地使用某一种教学模式，即使是对某一教师而言。同样的课题，不同的教师用不同的处理方式，可以说反映了各自对数学教学基本定位的看法。对教材逻辑性把握得较好的教师经常采用逻辑性较强的教学方式，对教材概念与实际例子结合得较好的教师经常采用建模的教学方式。可以肯定的是，这两种方式都有积极的方面，当然也都有需要改进的地方。事实上，两种方式的适当结合必将产生更为有效的教学结果。

（三）数学教学模式组合

虽然我们应当尽可能地避免在数学教学活动中固定地使用某一种教学模式，但是当我们设计一个实际的数学教学活动时，心里总还是会有一个"模式"挂在那儿，是"讲授法"，还是"自学法""小组教学法"或者"程序教学法"。

当我们从事数学教学设计时，心里还是应当有一个教学模式的，只是对数学模式的思考不一定总是指某一个固定的形式，取而代之的可以是一个不同模式的"组合"，首先采用"A法"，接下去是"B法"，然后又是"C法"……如果一定要给它起一个名字，那可能就是"组合法"。组合法是指在一个数学教学过程中，综合使用不同的数学教学模式，也许这就是"最好"的模式。

当然，我们没有必要去命名一种数学教学方法，因为我们一没有理论依据，二没有系统的实践检验。但现实需要我们去思考在新课程意义下怎样去设计一堂数学课，同时我们有能力在实践中去检验自己思考的合理性。

教学的模式化研究是指教学法的形式研究。当前流行的合作学习法、目标教学法、分层教学法、自学辅导法、问题导入法等都是一些特定的教学模式。大多数模式化研究都强调教学的形式可能对教学效果发生重要的作用。形式可能会发生作用，但是形式是通过教学内容与教学水平而发生作用的。决定教学效果的因素很多，但是教学思想与教师能力可能是决定教学效果的最根本的因素。每一个教学模式的实验都应该与教师的实际教学能力结合起来，与教师的专业数学水平结合起来，否则很难预见形式所能发生的作用。

第二节　中学数学思想方法的教学

一、数学思想方法的认识

（一）数学思想方法是中学数学的一项基础知识

学习数学不仅要学习它的知识内容，而且要学习它的精神、思想和方法。掌握基本数学思想方法能使数学更易于理解与记忆，领会数学思想方法是通向迁移大道的"光明之路"。把数学思想方法纳入基础知识的教学范围，体现了我国"双基"教学的与时俱进，体现了数学教学从初级水平向高级水平的迈进，必将对素质教育的贯彻和数学素质的提高产生积极的影响。

（二）数学思想方法的内涵

数学思想方法是对数学知识内容及其所使用的方法的本质认识，它蕴含于具体的内容与方法之中，又经过了提炼与概括，成为理性认识。它直接支配数学教学的实践活动，数学概念的掌握、数学理论的建立、解题方法的运用、具体问题的解决，无一不是数学思想方法的体现和应用。在中学教学阶段，往往不对"数学思想方法"与"数学思想""数学方法"做严格的理论区分。思想是其相应内容方法的精神实质，方法则是实现有关思想的策略方式（有数学方法是数学思想的程序化之说）。同一个数学成就，当人们用于解决问题时，称之为方法；当人们评价其在数学体系中的价值和意义时，又称之为思想；当人们用这种思想去观察和思考问题时，则又成为观点。例如"极限"，用它去求导数、求积分、解方程时，人们就说极限方法；当人们讨论其自身价值，即将变化过程趋势用数值加以表示，使无限向有限转化时，人们就说极限思想。为了表达这两重意思，于是称为"极限思想方法"。一般说来，当用"数学思想"这个词时，更多的是从知识内容的角度上说的，它体现为数学的理论；当用"数学方法"这个词时，更多的是从实施策略的角度上说的，它联系着数学的行为。

从中学数学教材的结构和数学学习的一般过程上看，中学数学中，除了包含有观察、实验、比较、分析、归纳、类比等一般科学方法外，还包含有符号化、公理化、模型化、结构化、化归、数形结合等数学特有的思想方法（第一层次），包含有分布在各数学分支中具体的数学思想方法（第二层次），如集合与对应的思想方法、函数与方程的思想方法、抽样统计的思想方法、变换群划分几何学的思想方法、极限思想方法、逐次逼近的思想方法等。在这些具体的数学思想方法下面还涵盖有具体进行解题的方法（第三层次）。包括：①适应面较广的求解方法，如消元法、换元法、降次法、待定系数法、反证法、同一法、数学归纳法（及递推法）、坐标法、三角法、数形结合法、构造法、配方法等；②适应面较窄的求解技巧，如因式分解以及因式分解中的"裂项法"，函数作图中的"描点法"及三角函数作图中的"五点法"，几何证明中的"截长补短"法、"补形法"，数列求和中的"拆项相消法"等。

二、中学数学中的基本数学思想方法

关于中学数学中到底体现有哪些数学思想方法的认识是不一致的，但认为比较基本、比较重要的数学思想方法通常都包括如下五种。

（一）用字母表示数的思想方法

这是发展符号意识，进行量化刻画的基础，也是从常量研究过渡到变量研究的基础。从"用字母表示数"到用字母表示未知元、表示待定系数、表示函数 $y=f(x)$、表示字母变换等，是一整套的代数方法。代数思维的突出特征（凝聚）——从过程到对象，离不开用字母表示数的思想方法。具体解题中引进辅助元法、待定系数法、换元法等都体现了"用字母表示数"的作用。

（二）集合与对应的思想方法

集合论是现代数学的基础，它为数学的公理化、结构化、形式化、统一化提供了语言基础与组织方式。中学数学中，集合是一种基本数学语言和一种基本数学工具，数学名词的描述（包括内涵、外延的表示），数学关系的表达，都已经或都可以借助集合而获得清晰、准确和一致的刻画。比如，用集合表示数系或代数式，用集合表示空间的线面及其关系，用集合表示平面轨迹及其关系，用集合表示方程（组）或不等式（组）的解，用集合表示排列组合并进行组合计数、用集合表示基本逻辑关系与推理格式等。具体解题中的分类讨论法、容斥原理都与集合的分拆或交并运算有关。集合之间的对应，则为研究相依关系、运动变化提供了工具，使得能方便地由一种状态确定地刻画另一种状态，由研究状态过渡到研究变化过程。数轴与坐标系的建立，函数概念的描述，RMI 原理的精神实质等，都体现着集合之间的对应。具体解题中的抽屉原理，无非是说，两个有限集合之间如果元素不相等，就不能构成——对应，必然存在一对多或多对一。

可以认为，用字母表示数的思想方法、集合与对应的思想方法是中学数学的两大基石。函数与方程的思想方法则是这两大基石的衍生。

（三）数形结合的思想方法

数学是研究空间形式和数量关系的一门科学，数与形是中学数学中被研究得最多的两个侧面，数形结合是一种极富数学特点的信息转换。它把代数方法与几何方法中的精华都集中了起来，既发挥代数方法的一般性、解题过程的程序化、机械化优势，又发挥几何方法的形象直观特征，形成一柄双刃的解题利剑，数轴和坐标系，函数及其图像，曲线及其方程，复数及其复平面，向量，以及坐标法、三角法、构造图形法等都是数形结合的辉煌成果。具体解题中的数形结合，是指对问题既进行几何直观的呈现，又进行代数抽象的揭示，两个方面相辅相成，而不是简单的代数问题用几何方法或几何问题用代数方法，这两个方面都只是单流向的信息沟通，唯双流向的信息沟通才是完整的数形结合。

（四）数学模型的思想方法

数学这个领域已被称作模式的科学，数学所揭示的是人们从自然界和数学本身的抽象世界中所观察到的数学结构。各种数学概念和各个数学命题都具有超越特殊对象的普遍意义，它们都是一种模式。并且数学的问题和方法也是一种模式，数学思维方法，就是一些思维模式。如果把数学理解为由概念、命题、问题和方法等多种成分组成的复合体，那么，掌握模式的思想就有助于领悟数学的本质。在中学数学教学中，常称"模式"为"数学模型"，它不同于具体的模型。欧拉将"哥尼斯堡七桥问题"抽象为"一笔画"的讨论，清晰地展示了数学模型思想方法的应用过程：①选择有意义的实际问题；②把实际问题"构建"成数学模型（建模）；③寻找适当的数学工具解决问题；④把数学上的结论拿到实际中去应用、检验。其中，"建模"是这种方法的关键。在具体解题中，构造数学模型的途径是非常宽广的，可以构造函数、构造方程、构造恒等式、构造图形、构造算法等。

（五）转换化归的思想方法

由于数学结论呈现的公理化结构，使得数学上任何一个正确的结论都可以按照需要与可能而成为推断其他结论的依据，于是任何一个待解决的问题只须通过某种转化过程，归结到一类已经解决或比较容易解决的问题，即可获得原问题的解决，这是一种极具数学特征的思想方法。它表现为由未知转化为已知、由复杂转化为简单、由困难转化为容易、由陌生转化为熟悉。

模式识别、分类讨论、消元、降次等策略或方法，都明显体现了将所面临的问题化归为已解决问题的思想；RMI原理则是化归思想的理论提炼；各种解题策略的运用（分合并用、进退互化、动静转换、数形结合等），都强调了通过"对立面"（简与繁、进与退、数与形、生与熟、正与反、倒与顺、分与合）的综合与相互转化来达到解决问题的目的。

三、中学数学基本思想方法教学原则

中学数学基本思想方法教学应遵循以下五条基本原则：

（一）目标性原则

既然数学思想方法被纳入数学基础知识的范畴，那么数学课堂教学应该有数学思想方法的教学目标。否则，数学思想方法的教学就得不到应有的保障，在数学课堂教学中亦无法落实。遵循数学思想方法教学的目标性原则需要做到三点。首先，要明晰教材中所有数学思想方法。其次，对某些重要的数学思想方法进行分解、细化，使之明朗化，具有层次性。如了解某种数学思想方法的含义及价值为第一层次；掌握某种数学思想方法的初步应用为第二层次；会应用该种数学思想方法指导思维活动，解决某些具体的数学问题为第三层次。最后，在具体的每一节课的教学中，数学思想方法教学目标应与课堂教学结构的各个重要环节相匹配，形成知识目标与思想方法目标的有机整合，使之具有可操作性。

（二）渗透性原则

数学思想方法教学依附于数学知识的教学，但又不同于数学知识教学。在数学思想方法教学中，应以数学知识为载体，挖掘教材中蕴含的数学思想方法，进行恰当的、适时的"渗透性"教学。遵循渗透性教学原则须做到以下两点。

1. 挖掘渗透内容

虽然数学思想方法纳入数学基础知识范畴，但数学思想方法是数学知识的精髓，它内隐于数学知识之中，需要从数学知识中挖掘、提炼。

2. 把握渗透的方法

由于学生数学思想方法的形成和发展比数学知识的增长和积累需要更长的时间，花费更大的精力。因此，在教学中，有机地结合数学表层知识的传授，恰当地渗透其中的数学思想方法，让学生在"数学知识的再发现"过程中享受"创造"或"发现"的愉悦，孕育数学发现的精神品质，这才是成功的渗透方法。

（三）层次性原则

数学思想方法的形成难于知识的理解和掌握，数学思想方法教学应与知识教学、学生认知水平相适应，数学思想方法教学应螺旋式上升，并遵循阶梯式的层次结构。

（四）概括性原则

所谓概括就是将蕴含于数学知识体系中的思想方法归纳、提炼出来。在教学中，遵循概括性原则，将统摄知识的数学思想方法适时地概括出来，可以加强学生对数学思想方法的运用意识，也使其对运用数学思想方法解决问题的具体操作方式有更深入的了解，有利于活化所学知识，形成独立分析问题、解决问题的能力。

（五）实践性原则

学生数学思想方法的发展水平最终取决于自身参与数学活动的过程。数学思想方法教学既源于知识教学又高于知识教学。知识教学是认知结果的教学，是重记忆理解的静态型的教学，学生无独立思维活动过程，具有鲜明的个性特征的数学思想方法也就无法形成。因此，遵循实践性原则，就是在实际教学中，教师要特别注重营造教学氛围，要给学生提供思想活动的素材、时机，悉心引导学生积极主动地参与到数学知识的发生过程中，在亲自的实践活动中，接受熏陶，不断提炼思想方法、活化思想方法，形成用思想方法指导思维活动，探索问题解答策略的良好习惯。数学思想方法也只有在需要该种思想方法的教学活动中才能形成。

四、中学数学思想方法教学的基本途径

（一）在知识发生过程中渗透数学思想方法

1. 不简单下定义

数学概念既是数学思维的基础，又是数学思维的结果。所以，概念教学不应简单给出定义，应当引导学生感受或领悟隐含于概念形成之中的数学思想。比如，负数概念的教学，初一教材借助于温度计给出描述性定义，学生对负数概念往往难以透彻理解。若设计一个揭示概念与新问题间矛盾的实例，使学生感到"负数"产生的合理性和必要性，领悟其中的数学符号化思想的价值，则无疑有益于激发学生探究概念的兴趣，从而更深刻、全面地理解概念。在演示温度计时可以提出这样一个问题：今年冬季某天北京白天的最高气温是10℃，夜晚的最低气温是零下5℃，问这一天的最高气温比最低气温高多少摄氏度。学生知道应该通过实施减法来求出问题的答案，但是在具体列算式时遇到了困惑：是"10℃-5℃"吗？不对！是"零上10℃-零下5℃"吗？似乎对，但又无法进行运算。于是，一个关于"负数"及其表示的思考由此而展开了。再通过现实生活中大量表示相反意

义的量，抽象概括出相反意义的量可用数学符号"+"与"-"来表示，从而解决了实际生活和数学中的一系列运算问题，教学也达到了知识与思想协调发展的目的。

2. 定理公式教学中不过早给结论

数学定理、公式、法则等结论都是具体的判断，而判断则可视为压缩了的知识链。教学中要恰当地拉长这一知识链，引导学生参与结论的探索、发现、推导的过程，弄清每个结论的因果关系，探讨它与其他知识的关系，领悟引导思维活动的数学思想。例如，有理数加法法则的教学，我们通过设计若干问题，有意识地渗透或再现一些重要的数学思想方法。在讨论两个有理数相加有多少种可能的情形中，渗透分类思想；在寻找各种具体的有理数运算的结果的规律中，渗透归纳、抽象概括思想；在"两个相反数相加得零"写在"异号两数相加"的法则里，渗透特殊与一般思想。

（二）在思维教学活动过程中，揭示数学思想方法

数学课堂教学必须充分暴露思维过程，让学生参与教学实践活动，揭示其中隐含的数学思想，才能有效地发展学生的数学思想，提高学生的数学素养。

下面以"多边形内角和定理"的课堂教学为例，简要说明。

教学目标：增强运用化归思想处理多边形问题的一般策略；掌握运用类比、归纳、猜想思想指导思维，发现多边形内角和定理的结论；学会用化归思想指导探索论证途径，掌握化归方法；加强数形结合思想的应用意识。

教学过程：

（1）创设问题情境，激发探索欲望，蕴含类比化归思想。教师可以提出以下问题：三角形和四边形的内角和分别为多少？四边形内角和是如何探求的？（转化为三角形）那么，五边形内角和你会探求吗？六边形、七边形……n边形内角和又是多少呢？

（2）鼓励大胆猜想，指导发现方法，渗透类比、归纳、猜想思想。教师可以提出以下问题：四边形内角和的探求方法能给你什么启发呢？五边形如何化归为三角形？数目是多少？六边形……n边形呢？你能否用列表的方式给出多边形内角和与它们边数、化归为三角形的个数之间的关系？从中你能发现什么规律？猜一猜n边形内角和有何结论？类比、归纳、猜想的含义和作用，你能理解和认识吗？

（3）暴露思维过程、探索论证方法，揭示化归思想、分类方法。教师可以提出以下问题：我们如何验证或推断上面猜想的结论呢？既然多边形内角和可化归为三角形来处理，那么化归方法是否唯一呢？一点与多边形的位置关系怎样？（分类思想指导化归方法的探索）哪一种对获取证明最简洁？

（4）反思探索过程，优化思维方法，激活化归思想。教师可以提出以下问题：从上面的探索过程中，我们发现化归思想有很大作用，但是又是什么启发我们用这种思想指导解决问题呢？原来，我们是选择考察几个具体的多边形，如四边形、五边形等，发现特殊情形下的解决方法，再把它运用到一种特殊化思想，它对提供解题方法有重要作用。我们再来考察一下式子：n 边形内角和 = n×180°−360°，你能设计一个几何图形来解释吗？对于 n 边形内角和 = （n−1）180°−180°，又能做怎样的几何解释呢？让学生亲自参与探索定理的结论及证明过程，大大激发了学生的求知兴趣，同时，他们也体验到"创造发明"的愉悦，数学思想在这一过程中得到了有效的发展。

（三）在知识的总结归纳过程中概括数学思想方法

数学教材是采用蕴含披露的方式将数学思想融于数学知识体系中，因此适时对数学思想做出归纳、概括是十分必要的。概括数学思想方法要纳入教学计划，应有目的、有步骤地引导学生参与数学思想的提炼概括过程，尤其是在章节结束或总复习时，将统摄知识的数学思想方法概括出来，可以加强学生对数学思想方法的运用意识，也使其对运用数学思想解决问题的具体操作方式有更深刻的了解，有利于活化所学知识，形成独立分析、解决问题的能力。概括数学思想一般可分两步进行：一是揭示数学思想的内容、规律，即将数学对象共同具有的属性或关系抽取出来；二是明确数学思想方法与知识的联系，即将抽取出来的共性推广至同类的全部对象上去，从而实现从个别性认识上升为一般性认识。由于同一数学知识可表现出不同的数学思想方法，而同一数学思想方法又常常分布在许多不同的知识点里，所以通过课堂小结、单元总结或总复习，甚至是某个概念、定理公式、问题教学都可以在纵横两个方面归纳概括出数学思想方法。

第一节　中学数学教学设计概述

一、数学教学的本质特征

为了准确把握数学教学设计的内涵，首先要透视数学教学的本质特征。

（一）数学教学的基本要素分析

1. 参与数学教学活动的要素

（1）教学对象——学生

数学教学活动是为学生组织的，没有学生就没有组织数学教学活动的必要与可能。学生是学习的主体，是数学教学活动的根本因素。学生这个因素主要是指学生的身心发展水平、已有的认知结构、个性特点、能力倾向和学习前的准备情况等。

（2）教师

教师是教学活动的组织者，也是让学生进行数学学习的引导者。在教学活动中，学生方面必然存在时多时少的自学活动成分，但这种自学是在教师指导下进行的，仍属数学教学活动的组成部分，而且在教学活动中还要依靠教师来发挥主导作用。教师这个要素主要是指教师的思想、业务水平、个性修养、教学态度和教学能力等。

（3）数学教学目标

教学活动是有目的的活动，而组织数学教学活动是为了达到一定的教学目标，所以数学教学目标也是数学教学活动必不可少的要素之一。这里说的目标是广义的，它所包含的范围大小可能不一样，大之如一个现代公民应具备的数学素质标准和各级各类人才的培养目标，中之如数学学科的课程目标，小之如一个学习单元或一节课所完成的具体目标。

（4）数学教学内容

在数学教育教学中，教学目标主要依靠数学教学内容，或者说依靠数学课程来完成。这是数学教学活动中最具实质性的因素。数学教学内容是指由一定的数学知识与技能、数学思想方法、数学问题（例题、习题）等内容组成的结构或体系。具体表现为数学课程标准和具体的数学教材。

（5）教学方法

教师如何组织学生通过数学教学内容的学习实现教学目标？这要依靠一系列方法，所以说，教学方法也是构成教学活动的一个基本要素。这里所说的方法是广义的，它包括教师在课内和课外所使用的各种教学方法、教学艺术、教学手段和各种教学组织形式，不管它们是具体的、显见的，或者是潜移默化的。

（6）教学环境

教学环境是一个常被人忽略甚至无视的教学要素，任何教学活动都必须在一定的时空条件下进行，一定的时空条件是指有形的和无形的特定的教学环境。有形环境包括校园及周边环境是否美化，教室设备和布置是否齐全、合理、整洁，当时的气候与温度的变化等。无形环境包括师生之间、同学之间的人际关系，校风、班风，课堂学习气氛等。所有这些环境与条件是教学活动必须凭借而又无法摆脱的，因此它必然构成教学活动的一个要素。

2. 数学教学各要素之间的关系

以上六个要素之间的关系是相互影响、错综复杂的。现在我们就它们之间的关系，概要地加以分析。

学生是学习的主体。所有的数学教学要素都是围绕着学生这一主体组织安排的，数学教学的质量与效果也是从学生身上体现出来的。因此，学生是数学教学活动的出发点，也是教学活动的落脚点。在整个数学教学活动中，学生占中心地位数学教学目标一方面受社会发展、数学的特点所制约，另一方面受学生本身的发展所制约。在两重制约的结合点上形成了不同层次的教学目标。数学教学目标形成之后，它又制约着数学教学活动的全过程。可以说，数学教学活动的全过程都是为实现数学教学目标而进行的，数学教学目标主要是在一定的教学方法下通过具体教学内容的学习而实现的。

数学教学内容受制于教学目标，当然也受制于决定目标的两个条件——社会的发展与人本身的发展。这两个条件不仅决定着数学教学的方向，同时也决定着具体的数学教学内容。也就是说，直接制约着数学教学内容的是社会的需要、文化科学技术发展的水平和学生身心发展的程度。数学教学内容形成之后，就成为数学教学活动中最具有实质性的东西，占有特别重要的地位。

教学方法主要受数学教学内容和学生的制约。它是把数学教学内容内化为学生的知识、能力、思想、感情，从而实现教学目标的手段。教学方法也必然要受到教学环境等客观条件的制约。方法是由教师来掌握的。教师的教学能力，对于方法的实施效果来说，起着关键的作用。

教学环境主要受制于外部条件。这些条件包括物质的和精神的、可控制的和不可控制的。教师有责任和学生一起，尽量控制环境，使环境对于数学教学活动产生有利的影响，减少或避免不利的影响。因此，环境在一定程度上制约着数学教学过程，同时教师和学生也可以在一定程度上去制约教学环境。

最后，我们再从教师这一角度来看。其他五个要素都对教师产生影响，都在一定程度上制约着教师的数学教学活动，它们都是通过教师来影响学生的学习活动。因此，教师应在整个教学过程中发挥主动性，去调整、理顺各要素之间的关系，使教学过程达到最优，取得最佳的教学效果。正因为教师处于这样一个关键地位，所以我们才认为教师在教学活动中起着主导作用。

（二）数学教学的本质

1. 数学教学过程的主要矛盾

数学教学是由教师、学生、教学内容、教学方法、教学目标和教学环境这六个基本要素组成的一个系统。

数学教学系统中存在着许多矛盾。比如，学生的实际水平和教学目标之间的差异所构成的矛盾、学生和教学内容之间的矛盾、教师的教与学生的学之间的矛盾、教师和教学内容之间的矛盾等。在这些矛盾中，学生的实际水平和教学目标之间的差异所构成的矛盾是数学教学系统最核心的矛盾。它决定着数学教学过程的性质和层次，规定和影响着其他矛盾的存在和发展。

首先，这个矛盾决定着数学教学过程的存在、层次，并贯穿于一切数学教学过程的始终。学生之所以参加数学教学活动，就是因为学生的实际水平和教学目标之间存在着差异。教学的目的就是为了缩小这个差异，一旦这个差异被消除，原来的教学过程就完结，学生的水平得到提高。但是，当向学生提出更高的教学目标要求时，新的差异就产生了，学生又转入新的、更高层次的教学系统。随着数学教学目标的升级，数学教学系统就不断得到升级。当体现课程目标的各种教学目标得以实现后，即"差异"得以消除，一个阶段的教学过程就此结束，学生就毕业或者进入社会。当社会对他提出更高的要求时，新的差异就会产生，学习者又重新回到教学活动中来。比如说，各种职业培训、在职教育就属于这种情况。因此，学生的实际水平与教学目标之间的差异就是教学过程存在的根本原因。

其次，这个矛盾规定和影响着其他矛盾的存在和发展。数学教学系统中的许多矛盾，如学生和教师之间的矛盾、学生和教学内容之间的矛盾、教师和教学内容之间的矛盾、教学目标和教学内容之间的矛盾，都是随着"差异"这个矛盾的产生而产生，随着这个矛盾的消失而消失。

2. 学生的主体地位

数学教学过程是学生的数学认知结构的建构过程。数学知识结构只有通过学生本身的内化才能转化为学生头脑中的数学认知结构。因此，学生在数学教学中处于非常重要的主体地位。学生发展的根本原因是学生内部的矛盾性，而不是学生之外的诸如教材、教学手段等外部条件。学生内部的矛盾性主要表现为求知欲和自身的数学水平（或数学认知结构）之间的矛盾。求知欲中包含着自觉、积极、主动和独立的特性，表现为学习的兴趣、愿望、信念等形式。学生能根据客观条件和自身的需要、目的、计划和聪明才智来支配自己的活动，以满足自己的需要，获得自身的发展。由于学生具有这种自主性、选择性和能动性，因而从发展的眼光来看，学生的数学认知结构决定了数学教学过程的层次和进程。随着数学认知结构的不断建构与优化，学生由不会学发展为会学，由完全依赖教师发展为部分依赖或不依赖教师，教师对学生的影响逐渐减少。从此意义上讲，教师的"教"就是为了"不教"。

因此，在数学教学中，教师不能忽视学生学习的主观能动性，应充分激发学生的求知欲，加强启发引导，让学生阅读，让学生想，让学生讲，让学生议论，让学生练，让学生验证，帮助学生正确建构自己的数学认知结构，提高他们的数学水平。

3. 教师的主导作用

数学教学过程是学生在教师的指导下能动地建构自己的数学认知结构的过程。教师在这个过程中起着举足轻重的主导作用，主要表现在以下几个方面。

（1）教师作为学生和数学知识结构之间的中介。学生之所以参加数学活动，是因为学生的数学认知结构水平和数学知识结构水平之间存在着差异。教学的目的就是为了缩小这个差异，在两者之间建立联系。由于数学知识结构是既定的客观实在，它不能主动向学生传输，而学生在一定的学习阶段，由于受自身条件（如年龄特征、智力水平、知识水平等）的限制，不能有效独立地将新知识内化，教师恰好充当连接这两个系统的桥梁，使两者产生联系，从而消除它们之间的不平衡。

（2）了解学生原有的数学认知结构。要发展学生良好的数学认知结构，教师必须了解学生原有的数学认知结构，也就是要了解学生头脑中的知识结构，以及学生的智力、能力、个性心理特征，这样才能选择、提供合适的数学材料，使新的数学知识和学生原有的适当观念联系起来。也只有在了解了学生原有的数学认知结构之后，教师才能对于那些缺少的观念进行补充，使那些模糊的和稳定性不强的观念变得清晰和稳定。例如，在图形与几何学习中，要用内错角定理来证明三角形的内角和定理。如果学生不了解平行公理，或不知道内错角定理，或平角的概念是模糊的，或缺少转化的思想观念，那么学生是难以完成的。

（3）熟悉教材的内在逻辑结构，对教学内容进行加工。要使学生将数学知识结构内化为自身的数学认知结构，教师除了了解学生原有的数学认知结构外，还要熟悉教材的内在逻辑结构。不仅要熟悉教材各个部分之间的联系，而且还要熟悉教材的整体结构，熟悉教材中隐含的数学思想方法，为学生接受新知识提供最佳的固定点。在熟悉了学生原有的数学认知结构和教材的逻辑结构之后，教师就应该有针对性地对教学内容进行必要的加工处理，使之与学生的数学认知结构产生尽可能多的联系，选用适当的教学方法和教学手段进行教学。不能把数学知识作为一种"结果"直接传授给学生，要把数学知识的学习作为一种过程让学生参与。教师应注意充分暴露自己的思维过程，使学生从教师思考、探索和再发现的过程中学到数学发现的本领。

总之，在数学教学中，教师应在新旧知识之间架设好认知的"桥梁"，创设问题情境，激发学生的学习兴趣和求知欲望，暴露解决问题的思路，揭示解决问题的思想方法，使学生的数学认知结构得到良好的建构。

综上所述，教学过程的主要矛盾是学生的实际水平和教学目标之间的差异，它规定和影响着教学过程中其他矛盾的存在和发展；学生是教学过程中最重要的因素，他决定着教学过程的进程；教师在教学过程中起着调控作用，调控作用的大小取决于学生的发展水平。因此，数学教学的本质是学生在教师的引导下能动地建构数学认知结构，并使自己得到全面发展的过程。

（三）数学教学活动的特征

第一，数学教学活动是结论与过程相统一的活动，应注重让学生经历数学知识的形成与应用过程。

从数学教学的角度讲，传统的重结论、轻过程的教学只是一种形式上走捷径的教学，它把形成数学结论的生动过程变成了单调刻板的条文背诵，从源头上剥离了数学知识与智力的内在联系。这种数学教学排斥了学生的思考和个性，把数学教学过程庸俗化，只让学生听讲和记忆数学概念、定理、公式、符号与法则，导致数学教学中有太多的机械、沉闷和程式化，缺乏生气、乐趣和对好奇心的刺激。其结果是学生不会提出问题，不会思考，不会评判，不会应用，不会创新，学习也无需智慧而只须认真听讲和单纯记忆，读书也不必深入思考，实际上这是对学生智慧的扼杀和个性的摧残。

　　数学课程标准指出："学生的学习应当是一个生动活泼的、主动的和富有个性的过程。""学生应有足够的时间和空间经历观察、实验、猜测、计算、推理、验证等活动过程。"这里的"过程"大体上包括两个方面：发现实际问题中的数学成分，并对这些成分做符号化处理，把一个实际问题转化为数学问题；在数学范畴之内对已经符号化的问题做进一步抽象化处理，从符号一直到尝试建立和使用不同的数学模型，发展更为完善、合理的数学概念框架。这就使学生的探索经历和得出新发现的体验成为数学学习的重要途径。

　　通过数学活动过程，学生可以理解一个数学问题是怎样提出来的、一个数学概念是怎样形成的、一个数学结论是怎样获得和应用的。即在一个充满探索的过程中，让已经存在于学生头脑中的那些不正规的数学知识和数学体验上升并发展为科学的结论，从中感受数学发现的乐趣，增强学好数学的信心，形成应用意识、创新意识，使人的理智和情感世界获得实质性的发展和提升。当然，强调探索过程，也就意味着学生要面临问题和困惑、挫折和失败，这正是学生的学习、生存、生长、发展、创造所必须经历的过程，也是学生的能力、智慧发展的内在要求。

　　第二，数学教学活动是教师和学生之间协作与互动的活动。

　　数学课程标准指出：教学活动是师生积极参与、交往互动、共同发展的过程。有效的数学教学活动是学生学与教师教的统一，学生是数学学习的主体，教师是数学学习的组织者、引导者与合作者。

　　数学教学是教师与学生围绕着数学教学内容进行对话的过程。这种对话的内容包括知识信息，也包括情感、态度、行为规范和价值观等各个方面，对话的形式也是多种多样的。教师和学生就是通过这种对话和交流来实现课堂互动的。

　　在数学教学过程中，教师应充分调动学生的主动性与积极性，引导学生开展观察、操作、比较、概括、猜想、推理、交流、反思等多种形式的活动，使学生通过各种数学活动，掌握基本的数学知识和技能，初步学会从数学的角度去观察事物和思考问题，产生学习数学的愿望和兴趣；应经常启发学生思考——你是怎么知道这个结果的？而不只是要求学生模仿和记忆；应了解学生的真实想法，并以此作为教学的实际出发点，为学生的学习活动提供一个良好的环境。

　　教师在发挥组织、引导作用的同时，还应是学生学习的合作者，而非居高临下的管理者。教师的组织、引导与合作的作用，具体体现在以下三个方面的活动中。首先，教师引导学生投入到学习活动中去。教师要调动学生的学习积极性，激发学生的学习动机。当学生遇到困难时，教师应该成为一个鼓励者和启发者；当学生取得进展时，教师应充分肯定学生的成绩，树立其学习的自信心；当学习进行到一定阶段时，教师要鼓励学生进行回顾与反思。其次，教师要了解学生的想法，有针对性地进行指导，起到"解惑"的作用。教师要鼓励学生拥有不同的观点，参与学生的讨论；要评估学生的学习情况，以便对自己的教学做出适当的调整。最后，教师要为学生的学习创造一个良好的课堂环境，包括情感环境、思考环境和人际关系等多个方面，引导学生开展数学活动。

第三，数学教学是促进学生认知与情意协调统一发展的活动。

学生的学习是以人的整体的心理活动为基础的认知活动和情意活动相统一的过程。认知因素和情意因素在学习过程中是同时发生、交互作用的，它们共同组成学生学习心理的两个不同方面。如果没有认知因素的参与，学习任务就不可能完成；同样，如果没有情意因素的参与，学习活动既不能发生也不能维持。传统的数学教学忽视了数学教学中的情感问题，把生动、复杂的数学教学活动囿于固定、狭窄的认知主义框框之中。

数学教学是在教师的指导下，通过对数学知识技能、思想方法、活动经验的教学，使学生感受数学文化的丰富内涵，体会数学的应用价值，以促进学生的个性品质的发展和数学审美情趣的提高。因此，数学教学活动是促进学生认知与情意协调统一发展的活动。

二、什么是数学教学设计

数学教学是数学教师引起、维持、促进学生数学学习的所有教学行为方式。数学教师的主要行为包括教学内容的呈现、对话与辅导，辅助行为包括激发动机、课堂交流和课堂管理等。数学教师通过这些行为活动，在课堂上有计划、有组织、有目的地使学生获得数学知识、技能、发展智力和个性，形成道德品质和世界观。为了提高数学教学的质量，在实施教学前，数学教师要对教学行为进行周密的思考和安排，考虑教什么、如何教、要达到什么要求，也就是对数学教学活动必须进行设计。

数学教学设计是教师以数学教育理论为指导，运用系统方法分析数学教学问题，确定教学目标，建立数学教学方案，并对方案进行评价和修改的过程。

任何设计工作要保证其设计方案的科学性，必须以一定的科学理论做指导。数学教学设计是对数学教学中教和学的双边活动进行设计，必须以教育理论（如学习理论、教学理论等）指导数学教学设计，这样才能使教学设计达到最优。

数学教学是由教师、学生、教学内容等要素组成的系统，因此要进行成功的教学设计，必须运用系统论的观点和方法，对数学教学系统中的各个要素进行整体的分析和策划，并通过系统分析、系统决策和系统评价的操作程序进行教学设计。

数学教学设计是一门科学，科学的真谛在于求真。因此，要在数学学习理论、数学教学理论和教学评价理论的指导下，根据学和教的基本规律，运用系统方法对各个教学要素及其联系进行分析和策划，建立合理的数学教学目标、教学程序、教学方法体系。

数学教学设计又是一门艺术，艺术的生命在于创造。因此，数学教师在进行数学教设计的过程中,要根据教材、学生的不同特点,发挥个人的智慧,进行创造性的劳动。同时,艺术具有丰富的审美价值,所以一份好的教学设计方案,既要新颖独特、别具匠心,又要层次清晰、富有成效,给人以美的享受。

由此可见,数学教学设计是科学和艺术的高度统一和完美结合。我们既要以科学的理论指导教学设计,不断提高教学设计的科学化水平,又要发挥教学设计的艺术特色,不断进行教学艺术的创造,力争使教学设计达到完美的境界。

三、数学教学设计的理论依据

(一) 现代学习理论

1. 认知主义学习理论

认知主义学习理论主要包括格式塔的顿悟学习理论、美国心理学家杰罗姆·布鲁纳的发现学习理论、美国认知心理学家奥苏伯尔的有意义学习理论和美国教育学家罗伯特·米尔斯·加涅的累积学习理论。

行为主义者在研究人的学习时撇开了意识的作用,只关注环境刺激如何引起人的行为变化,忽略了人类认知的内部心理过程。我们知道,意识具有认识功能,具有目的性,具有情感因素,能区分我与非我,它对学习有重大的、不可忽视的影响作用。而认知主义则克服了行为主义者的这一缺陷,将心理过程与外显行为的研究结合起来。认知主义者认为,学习不是刺激与反应之间简单的联结过程,而是个体与其环境相互作用的结果,是学习者积极主动形成认知结构的过程。但他们对认知结构形成的观点是不同的:格式塔学派强调通过顿悟,即知觉重组来构造完形;布鲁纳主张学习者通过认知操作,即动作表征、映象表征、符号表征,采取发现学习的方式来发展自己的认知结构;奥苏贝尔强调有意义的学习,通过同化来发展认知结构;折中主义者加涅则提出了累积学习模型格式塔的顿悟学习理论能使我们透视数学问题解决过程的本质;布鲁纳的发现学习理论对训练学生发现问题、提出问题和培养创造意识有重要的指导作用;奥苏贝尔的认知同化理论能使我们理解、区分机械学习与有意义学习;加涅的累积学习模型和信息加工理论为数学教学设计提供了直接的支持。

2. 建构主义学习理论

建构主义是认知主义的进一步发展,建构主义学习理论的代表人物是皮亚杰和维果茨基。建构主义的学习观主要包括:

(1) 学习不是被动地接受外部知识,而是根据自己的经验背景,对外部信息进行选择、加工和处理，从而获得心理意义。意义是学习者通过新旧知识经验的相互作用过程而建构的，意义是不能传输的。人与人交流，传递的只是信号而非意义。接受者必须对信号加以解释，重新构造其意义。

（2）学习是一种社会活动。个体的学习与他人（教师、同伴、家人）有着密切的联系。传统教育倾向于将学习者同社会分离，将教育看成是学习者与目标材料之间一对一的关系。而现代教育意识到学习的社会性，同其他个体之间的对话、交流、协作是学习体系的一个重要部分。

（3）学习是在一定的情境之中发生的。学习意义的建构依赖于一定的情境，这种情境包括实际情境、知识生成系统情境、学生经验系统情境，创设问题情境是教学设计的重要内容之一。

总之，学习是个体基于已有的学习基础（智力与非智力），在一定的情境下，通过主客体的互动，积极主动地建构个人心理意义的过程。

建构主义提倡在教师指导下的、以学生为中心的学习。也就是说，既强调学生的认知主体作用，又不忽视教师的指导作用。教师是意义建构的帮助者与促进者，而不是知识的传授者与灌输者。学生是信息加工的主体，是意义的主动建构者，而不是外部刺激信息的被动接受者。

建构主义学习要求学生在以下几个方面发挥主体作用：①要用探索法、发现法去建构知识的意义；②在建构意义过程中要主动去收集并分析有关的信息和资料，对所学的问题要提出各种假设并努力加以验证；③要把当前的学习内容尽量与以前的经验相联系，并对这种联系认真地思考。"联系"与"思考"是意义建构的关键，如果能将联系与思考的过程与协作学习中的协商过程（即交流、讨论的过程）结合起来，那么建构意义的效率会更高，质量会更好。

建构主义学习要求教师在以下几个方面发挥指导作用：①激发学生的兴趣，帮助学生形成学习动机；②通过创设符合教学内容要求的情境和提示新旧知识之间联系的线索，帮助学生建构当前所学知识的意义；③为了使意义建构更加有效，教师应在可能的条件下组织协作学习（开展讨论与交流），并对协作学习过程进行引导，使之朝有利于意义建构的方向发展。比如，提出适当的问题以引起学生的思考与讨论；在讨论中设法将问题引向深入，以加深理解；启发学生自己发现规律，自己纠正错误的、片面的理解。

建构主义的教学设计强调以学生为中心，认为学生是知识意义的主动建构者，教师只对学生的意义建构起帮助和促进作用，注重发挥学生的首创精神，让他们在不同情境下应用所学的知识并实现自我反馈。重视教学中师生、生生之间的相互作用，倡导自主学习和协作学习；强调"情境"对意义建构的作用，注重对学习环境（而非教学环境）的设计；

强调利用各种信息资源来支持学生的自主学习和协作式探索；强调学习过程的最终目标是完成意义建构。

（二）新课程的教学理念

1. 学生观

"一切为了每一位学生的发展"是新课程倡导的学生观。它包括三个方面：学生是发展的人，学生是独特的人，学生是具有独立意义的人。

（1）学生是发展的人。把学生看成发展的人，主要包括以下三个方面的认识。

①学生的身心发展是有规律的。它要求教师掌握学生身心发展的理论，熟悉不同年龄阶段学生身心发展的特点，并依据学生身心发展的规律和特点开展教育教学活动，以促进学生身心的健康发展。

②学生具有巨大的发展潜能。教师应认识到，人的才能表现为外在能力和潜在能力两种形式。外在能力是已经形成的并明显表现出来的能力；潜在能力则是尚未开发和显现出来的一种能力，只要有合适的环境，具备一定的条件，尤其是个体拥有从事体现能力的活动机会，个体的这种潜能就会迸发显现出来。教师要相信学生身上潜藏着巨大的发展能量，坚信每个学生都是积极上进、追求进步和完善的，是有培养前途的，是可以获得成功的，教师对教育好每一个学生应充满信心。

③学生是处于发展过程中的人。教师应认识到，学生是一个尚未成熟的人，一个正在成长的人。学生是在教育过程中发展起来的，是在教师的指导下成长起来的。从某种程度上说，学生的生活与命运掌握在学校和教师的手中。学生对生活是否有信心，是否觉得幸福快乐，其能力是否得到充分发展，是否能健康成长，都和其所在的学校与所遇到的教师有很大的关系。

（2）学生是独特的人。把学生看成独特的人，主要包括以下三个方面的认识。

①学生是完整的人。学生并不是单纯、抽象的学习者，而是有着丰富个性的完整的人。在教育活动中，作为完整的人而存在的学生，不仅具备全部的智慧力量和人格力量，而且体验着全部的教育生活。要把学生作为完整的人来对待，就必须反对那种割裂人的完整性的做法，还学生完整的生活世界，丰富学生的精神生活，给予学生全面展现个性力量的时间和空间。

②每个学生都有自身的独特性。受遗传、社会环境、家庭条件和生活经历等因素的影响，每个学生都有自身独特的"心理世界"，他们在兴趣、爱好、动机、需要、气质、性格、智力和特长等方面是各不相同、各有侧重的。教师应珍视学生的这些独特性，培养具

有独特个性的人。独特性也意味着差异性，教师不仅要正视学生之间的差异，而且还要尊重差异，善待差异，鼓励差异，使每个学生在原有的基础上都得到完全、自由的发展。

③学生与成人之间存在着巨大的差异。学生和成人之间有很大的差别，他们在行为方式、思维方式、价值观和生活经历、体验等方面都与成人有明显的不同，在教育过程中，教师应注意进行角色换位思考，多从学生的角度考虑问题，找到适合学生的教育方式。

（3）学生是具有独立意义的人。把学生看成具有独立意义的人，主要包括以下三个方面的认识。

①每个学生都是独立于教师之外、不以教师的意志为转移的客观存在的人，教师应视学生为不以自己的意志为转移的客观存在，不能把自己的意愿强加于学生，应把学生当作具有独立性的人来看待，使自己的教育和教学适合学生的需要和发展。教师应是学生发展的引导者和促进者，而不是强人所难的塑造者。因为，强人所难会挫伤学生的主动性和积极性，扼杀其创造性，只会造成学生的逆反心理。

②学生是学习的主体。正如每个人都只能用自己的身体器官吸收物质营养一样，每个学生也都是靠自己的认知来吸收精神营养。学生是学习的主人，教师不可能代替学生学习，只能为学生创设良好的情境，让学生自己观察、思考、体验。

③学生是责权主体。在现代文明社会，一方面，学生享有一定的法律权利和承担着一定的法律责任，是一个法律上的责权主体；另一方面，学生也享受特定的伦理权利和承担一定的伦理责任，也是伦理上的责权主体。视学生为责权主体的观念，是建立民主、道德、合法的教育关系的基本前提，是时代的要求。因此，学校和教师既要保护学生的合法权利，又要引导学生学会对学习、生活、自己、他人负责，学会承担责任。

2. 教学观

（1）教学是师生交往互动、共同发展的过程

在传统教学中，教学被看成教师有目的、有计划、有组织地向学生传授知识、训练技能、发展智力、培养能力、陶冶品德的过程。教学关系是：教师负责教，学生负责学；以教为中心，学围绕着教转；教师讲，学生听；教师问，学生答；教师写，学生抄；先教后学，教多少就学多少，不教就不学，不考就不教。

而在新课程中，教学被看成师生交往互动、共同发展的过程，在这一过程中，教师与学生分享彼此的思想、知识和经验，交流彼此的感受和体验，实现教学相长和共同发展。交往意味着人人参与，意味着平等对话，意味着尊重和信任，意味着理解和宽容。交往使得学生的主体性得到体现，个性得到表现，创造性得到发展。

新课程的教学观要求教师的角色要做出相应的转变。

①教师要从一个知识传授者转变为学生发展的促进者。教师要把主要精力转到激发学生的内部动机（内部动机是指想要在学习本身中发现学习的源泉和报偿，以内在动机为学习动力的学习者，除了动机所推进的活动之外，不要求任何别的外部报偿。他所要求的报偿就是对于该活动的出色结果的满足感，或对活动过程本身的喜悦），培养学习能力和积极个性上来，要把教学的重心放在如何促进学生的"学"上，从而真正实现教是为了不教。

②教师要从课堂支配者转变为学习活动的组织者、引导者与合作者，教师要组织学生寻找、收集和利用学习资源，营造开放式的课堂气氛，保持学生积极的学习心态；为学生的自主性学习活动提供参考意见，激活学生进一步探究所需的先前经验，引导学生围绕问题的核心进行探索和讨论；建立人道的、和谐的、民主的、平等的师生关系，让学生在平等、尊重、信任、理解和宽容的氛围中受到激励和鼓舞，得到指导和建议。

教师的作用特别要体现在引导学生思考和寻找当前问题与已有知识经验的联系，营造一个激励探索和理解的气氛，为学生提供有启发性的讨论模式。教师要鼓励学生表达，并在加深理解的基础上对不同的答案开展讨论；要引导学生分享彼此的思想成果，并重新审视自己的想法；要善于抓住学生的想法，不断引导学生关注问题的重要方面，及时揭示那些出现在学生中的新颖的、有意义的交流实例。

③教师应成为教学的研究者。与其他教育研究者相比，一线教师有着丰富的实践经验，容易发现教学中的问题，也有能力对自己的教学进行探索、研究和改进。教师经过自己的研究与努力，以及与同事的合作交流，就能解决教学中遇到的问题。因此，教师要以研究者的心态参与到教学中去，以研究者的眼光审视和分析教学理论和实践中的问题，对自身的教学行为进行反思，对出现的问题进行研究，对获得的经验及时进行总结，形成规律。学会并养成"反思"的习惯是优秀教师成长的共性特征。而反思与实践的结合，对教师教学智慧的提升具有不可估量的作用。教育就是不完美的人引领着另一个（或另一群）不完美的人追求完美的过程。

（2）教学不仅仅是为了掌握知识的结论，更重要的是经历求知的过程

教学的目的不只是掌握现有的知识结论，其最重要的目的是将获得的知识迁移到新的情境中去，即创造性地解决问题。知识结论仅仅是问题解决的必要条件。学生不能解决问题的主要原因之一就是头脑中缺少相关的产生式。重结论、轻过程的教学把构建产生式的生动过程变成了机械的言语连锁学习，没有过程的知识学习是不能使学生建立真正的产生式。

重结论、轻过程的教学是注重记忆背诵，忽视活动过程的简单化教学。英国哲学家波拉尼认为，人类大脑中的知识分为明确知识和意会知识。明确知识是指能言传的，可以用

文字来表述的知识。意会知识是指不能言传的、不能系统表述的知识。意会知识是镶嵌于实践活动之中的，是情境性和个体化的，只可意会，不可言传。

培养学生的创新精神和实践能力是新课程的重要目标之一。在数学教学中要培养学生的创造性思维，就要充分揭示思维过程。

①充分揭示概念的形成过程。数学中的很多抽象概念常常以精练的定义形式出现，并略去了其形成的过程。教师应将此过程充分揭示出来，使学生经历比较、抽象、概括、假设、验证和分化等一系列的概念形成过程，从中学到研究问题和提出概念的思想方法。

②充分揭示结论的发现过程。数学教科书的定理和性质大多数是按照"定理—证明—例题—习题"的模式来安排的，为了体现精练、严谨和系统的原则而将数学结论的发现过程略去。然而，数学结论的发现与提出，实际上却经历了曲折的实验、比较、归纳、猜想和检验等一系列探索过程，教师如果能将这一结论的发现过程揭示出来，或者引导学生经历这一探索过程，那么就不仅仅使学生了解结论的由来，强化对定理的理解和记忆，而且可以培养学生发现问题和提出问题的能力，为今后的科学发现奠定基础。

③充分揭示问题解决的思路探索过程。数学创造性思维和问题解决有密切的关系，即使是划时代的数学创造也是诞生于数学家对某一相关问题的探索之中。从数学教育的角度来说，某人对某一数学问题的解决是否具有创造性，不在于这一解决过程别人是否曾经提出过，关键在于这一问题及其解决对解题者而言是否具有新颖性。因此，数学创造性思维的培养就是要培养学生创造性地解决数学问题的能力。

教材上的定理、性质、例题等问题的证明与求解，往往以最简约的形式给出，省去了复杂的思路探索过程。如果教师只是按书上的顺序将这种方法传授给学生，学生学到的不过是一种机械的模仿或者最多是会解这一类问题。但当学生面临一个新情境下的、具有挑战性的问题时，可能就会束手无策。实际上，一种解题方法的得出并不是一蹴而就的，往往要经历艰苦的思路探索过程。面对一个问题，解题者首先调动已有的经验去理解问题，然后应用自己的认知策略去探索思路，常见的认知策略包括联想、类比、想象、简单化、特殊化、一般化、数形结合、反过来想、顺推与逆推结合等。每一种策略就是一条思路，解题者要根据自己的经验对所选择的思路进行探索和评价。如果不行，就立即进行调整，换另一条思路。如此进行下去，直到探索到正确思路为止。这一过程实质上是一个"尝试、错误、调整、再尝试、再错误、再调整"的过程。教师要让学生学会创造性地解决问题，就必须在平时的教学中将问题解决的思路探索过程充分暴露在学生面前，使学生从中学会解决问题的思路探索方法。

（3）教学要关注每一位学生的发展

以学科为本位的教学，重认知轻情感，只关注学科知识的学习，忽视学生在教学活动中的情感体验；把学科凌驾于教育之上，重教书轻育人，只注重学科知识的学习和学科能力的培养，不关注学生道德品质和人格的发展。"一切为了每一位学生的发展"是新课程的核心理念。在教学中，教师要关注每一位学生，关注学生，就是要关注学生的情感体验。若刺激与反应之间联结的形成同时伴以愉快的情绪体验时，这种联结就会增强，否则就会减弱。因此，教学应该使学生获得成功和自信，为学生带来愉快的情感体验。过多的错误和失败的经历会影响学生的情绪，甚至能摧毁学生的自信和自尊。

关注学生，意味着尊重每一位学生的尊严和人格。尊重智力发育迟缓的学生，尊重学业成绩不良的学生，尊重被孤立和拒绝的学生，尊重有过错的学生，尊重有严重缺点和缺陷的学生，尊重和自己意见不一致的学生，尊重学生意味着不伤害学生的自尊心，不体罚学生，不辱骂学生，不大声训斥学生，不羞辱、嘲笑学生，不随意当众批评学生，不冷落学生。关注学生，意味着信任和赞赏，赞赏每一位学生的独特性、兴趣、爱好和特长，赞赏每一位学生所取得的进步，赞赏每一位学生所付出的努力和所表现出来的善意，赞赏每一位学生的质疑精神和对自己的超越。

3. 系统理论

近30年来，系统论被引入教育、教学领域，并取得了丰硕成果，系统论为教学设计提供了指导思想和方法。

系统是为了达到共同目的，具有相互作用、相互联系的许多要素组成的整体，系统由要素组成，要素之间相互关联，形成一定的结构。例如，教学过程就是由教师、学生、教学内容、教学方法、教学目标和教学环境等要素组成的一个系统。

系统具有以下三个特点。

（1）整体性。这是系统的本质特征，它既是系统研究的出发点，又是系统研究的归宿。系统的各个部分有机地构成一个整体。组成系统的要素是相互关联的，它们之间受一定的规律制约，不能孤立地考察每一个要素，而是要把每一个要素放在系统中考察。系统的功能不等于其要素功能之和。一个系统的功能是否优良，不仅要看每一个要素的功能是否优良，还要看各要素之间的配合是否协调，如果配合得当，那么整体功能就大于部分功能之和；如果配合不当，那么各要素的功能就会相互抵消，整体功能就小于部分功能之和。数学教学过程就是一个系统工程，必须运用系统论的观点来研究。数学教师要有优良的师德，较高的数学素养，较强的教学能力；学生要有认真的学习态度、扎实的基础知识、较强的学习能力；数学教学内容要有相对严密的知识体系；等等。但只有这些还不够，它们之间还必须相互配合、相互协调、相互促进，数学教学过程才能得到优化。

（2）层次性。系统是由各个要素按照一定的次序和方式构成的。系统的结构是分层次的，各个要素根据自己在系统中所处的地位和所起的作用不同，分别处于不同的层次。运用系统方法分析事物时，要对一个系统分别就各个层次进行研究。教学设计是一项系统工程，可以分成两个层次。第一个层次是宏观教学设计，它是教学的总体规划设计，包括设计课程方案、设计课程标准、编写教材等；第二个层次是微观教学设计，它是课堂教学过程设计，包括单元教学设计、课时教学设计等。

（3）动态性。任何一个系统总是处在不断运动、发展、变化的状态，都有一个产生、形成、完善和消亡的过程。在系统内部、系统与环境之间，不断进行物质、能量和信息的交换。系统的状态随着时间而变化，系统的稳定是相对的。教学设计是一个系统，它是动态的。预定的教学设计方案通过教学实践得到反馈信息，对原有的教学设计方案进行评价，然后进行修改，得到新的符合教学实际的方案。

系统论不仅为数学教学设计提供指导思想（从整体出发，全面综合地考虑教学设计过程中的每一个因素，使教学设计获得最佳的效果），而且还为教学设计提供系统方法（包括系统分析方法、系统综合方法和系统模型方法等）。另外，还提供了具体的分析和决策的操作过程和程序。系统的分析和决策分为三个阶段：系统分析、系统决策和系统评价。在系统分析阶段，通过系统分析技术，确定系统的需求和系统的功能、目标；在系统决策阶段，通过方案选优技术，考虑环境等约束条件，优选解决问题的策略；在系统评价阶段，通过评价调试技术、鉴定方案有效性，进而完善现有方案。

四、数学教学设计

在教学设计的指导思想下，如何进行具体的数学教学设计？为了解决这个问题，根据系统论的观点，我们先来分析数学教学设计的基本要素，然后探讨数学教学设计的过程。

（一）数学教学设计的基本要素

教师进行教学设计是为了达到教学活动的预期目的，减少教学中的盲目性和随意性，其最终目的是为了使学生能更高效地学习，开发学生的学习潜能，塑造学生的健全人格，以促进学生的全面发展，既然是设计，就需要思考、立意和创新。因而，数学教学设计是一个既要满足常规教学要求，又要进行个人创造的过程。

数学教学设计是为数学教学活动制定蓝图的过程，有效的数学教学设计包括以下四个基本要素。

（1）数学教学内容及教学对象。教学设计就是要把相关的数学内容通过设计有效的活动方式传授给学生，并且所设计的一切活动都是为了学生学好数学。因此，要使教学设计取得好的效果，必须重视对教学内容和学生情况的分析。

（2）数学教学目标。课堂教学必须完成课程标准设置的要求。针对学生的学习任务，教师应该对教学活动的基本过程有一个整体的把握，按照教学情境的需要和教育对象的特点，确定合理的教学目标。

（3）数学教学方案。这是解决如何进行数学教学的问题，是教学设计的重点，根据教学目标，选择适当的教学方法和教学策略，形成科学、合理、实用、艺术化的设计意图。将设计意图转换成为可操作的、有效的教学手段，创设良好的教学环境，有序地实施各个教学环节，拟订可行的评价方案，从而促使教学活动顺利进行，达到原定的目标。这种设计是一种创造过程，具有自己的个性特征。

（4）数学教学方案的评价。为了知道教学设计的方案是否能取得理想的教学效果，必须对教学设计的方案进行评价，并在此基础上对方案进行修改和完善。

（二）数学教学设计过程

1. 数学教学设计准备

（1）数学教学内容分析

数学教师在进行数学教学设计时，首先要了解教师教什么，学生学什么，即要对教学内容进行详细的分析。

数学教学内容分析主要包括背景分析、功能分析、结构分析、要素分析四个方面。

（2）学生情况分析

为了使数学教学设计能符合学生的实际情况，取得更好的教学效果，必须对学生的情况进行客观的分析。学生情况分析包括学生的起点能力和学习风格分析两个方面。

学生情况分析为教学内容的选择和组织、教学目标的编制、教学活动的设计、教学方法与教学媒体的使用提供可靠的依据。

2. 数学教学目标编制

通过数学内容分析，知道要教给学生哪些数学知识和技能。在此基础上，要求对学生通过数学学习应达到的行为状态做出具体的、明确的说明，这就是编制数学教学目标。

编制数学教学目标是数学教学设计的重要组成部分。

3. 数学教学方案设计

设计数学教学方案是数学教学设计的中心环节，包括确定课的类型、设计教学模式、设计教学顺序、设计教学活动、设计教学媒体等。

4. 数学教学方案评价

在数学教学设计过程后期，需要对设计的成果进行评价。根据试行的结果判断它达到教学目标的程度，并由此对设计的方案进行修改，以使其不断完善。

第二节　中学数学教学设计准备与目标

一、数学教学内容

（一）数学教学内容分析的意义

数学教学内容是指为了实现数学教学目标，要求学生学习的数学知识和技能的行为经验的总和，它具体表现为人们制定的数学课程标准、教材和教学计划。

数学教材是数学教学过程中协助学生达到课程目标的各种数学知识信息材料，是按照一定的课程目标，遵循相应的教学规律组织起来的数学理论知识体系。数学教材在数学教学过程中有很重要的作用。为了提高数学教学质量，成功进行教学设计，数学教师首先应认真分析和研究、理解和掌握数学教材，只有在深刻理解数学教材的基础上，才能灵活地运用教材、组织教材和处理教材，深入浅出地上好每堂课，取得好的教学效果。教材分析是教学工作的重要内容，也是教师进行教学研究的主要方法，它能充分体现教师的教学能力和创新能力。

很多教师不重视教学内容的分析，对教材内容缺乏深刻理解，没有领会教材中有关内容在知识体系中的地位，不能从整体和全局去把握数学教材，没有掌握数学教材的精神实质，对数学教材的编写意图领会不深，对教学的目的和要求理解不透，导致课堂教学停留在一般水平上，有时甚至无法达到教学目标，这在很大程度上影响了数学教学质量。

只有深入分析教材，才能确定教学的重点、难点及知识的衔接点，并制定出突出重点和突破难点的教学策略；只有通过教材分析，才能找出有关章节的特点，并根据其特点和学习者的特征，开发相应的教学资源和选择恰当的教学媒体、教学模式。

（二）数学教学内容分析的基本方法

数学教学内容是一个知识系统，为了达到教学内容分析的要求，必须运用系统分析方法进行分析，具体包括背景分析、功能分析、结构分析、要素分析。

1. 数学教学内容的背景分析

数学教学内容的背景分析主要是指分析数学知识发生、发展的过程，它与其他有关知识之间的联系，以及它在社会生产、生活和科学技术中的应用。通过背景分析，可以使教师对有关的数学知识有整体的、全面的和系统的了解，不仅知道这些数学知识产生、形成和发展的过程，而且还知道它和数学其他部分知识，以及其他学科知识之间有什么关系，知道它在实际中有什么用处。这样，既有利于教师拓宽知识面，加深对教材的理解，也有利于教师明确在教学中如何培养学生的应用数学的意识、解决实际问题的能力和辩证唯物主义观点。

2. 数学教学内容的功能分析

数学教学内容的功能分析是指通过对数学内容在培养和提高学生数学素质方面的功能分析，明确这部分内容在整个教材中所处的地位和作用及其学习价值，包括智力价值、思想教育价值和应用价值。数学智力价值是指数学思维品质的培养、数学思想方法的训练、数学能力的提高等。数学的思想教育价值是指个性品质的培养、人格精神的塑造、世界观和人生观的形成等。数学的应用价值是指数学知识在生活、生产实践和科学技术中的应用。数学的学习价值往往隐含在教学内容之中，是潜在的因素，需要教师深入钻研、积极挖掘。

数学教学内容的功能分析是设计数学教学目标的基本依据。

3. 数学教学内容的结构分析

数学教学内容的结构分析主要是指分析它有哪些知识要点，它们是如何安排的，前后次序如何，其中哪些是重点，哪些是难点，哪些是关键。

（1）数学知识结构

教学内容的结构一般为：

感性材料引入→概念→定理、公式、法则→应用。

（2）数学教学结构

教学结构即教学顺序，是把规定了广度和深度的数学教学内容，采用有利于学生理解和接受的展开形式加以序列化。如果教材按照教学顺序编写，不仅提供数学事实和结论，而且体现教法安排，引导学生自己独立探索结论的过程，那么教材的叙述方式就体现了编者对教学顺序的安排和教学方法选择的意图，教材的结构体现了教学的结构。教学内容结构的分析为数学教学设计中教学结构的安排提供了基础。

（3）重点、难点和关键

一般来说，在学习中那些贯穿全局、带动全面、应用广泛、对学生认知结构起核心作用，在进一步学习中起基础作用和纽带作用的内容是教学的重点。它由教学内容在教材的知识结构中所处的地位和作用来确定。通常，概念、定理、公式、法则、数学思想方法、基本技能的训练等，都是可能的教学重点。

难点是指学生接受起来比较困难的知识点。这往往是由于学生的认知能力、接受水平与新老知识之间的矛盾造成的，也可能是学新知识时，所用到的旧知识不牢固造成的。一般地，知识过于抽象，知识的内在结构过于复杂，概念的本质属性比较隐蔽，要求用新的观点和方法去研究的新知识，以及各种逆运算等都是产生难点的因素。分析教学难点是一个相当复杂的工作，教师要从教材本身的特点、教学过程的矛盾、学生学习心理障碍等各种角度进行考虑和综合分析。

关键是指对掌握某一部分知识或解决某一个问题能起决定作用的知识内容，掌握了这部分内容，其余内容就容易掌握，或者整个问题就迎刃而解。

4. 数学教学内容的要素分析

数学教学内容是一个系统，它是由一些基本要素构成的。一般来说，构成数学教学内容的基本要素有：感性材料、概念和命题、例题、习题。要素分析就是对这四个要素分别进行分析，从而为合理地进行教学设计提供依据。

（1）感性材料。它是指表示数量、图形和实际问题等具体材料。可供引入概念和定理之用，是学习数学基础知识和基本技能的必要准备和条件。

（2）概念和命题。这是数学知识结构的核心部分，包括定义、公理、定理、公式、法则和性质等内容。

由于数学概念是现实世界数量关系和空间形式的本质属性在人们头脑中的反映，数学概念学习是概括有关数量关系和图形的共同本质的过程，因此，学习数学概念就要从数学概念名称、定义、例子和数学概念属性等方面进行分析。

（3）例题。例题是指帮助学生理解、掌握和运用数学概念、定理的数学问题，是教师用作示范的具有一定代表性的数学典型问题。

教材的教学要求、编者的意图常常通过例题具体反映出来。如概念和定理有哪些具体的应用，能够解决哪些类型的问题，难度控制到什么程度等，都可以通过例题加以具体的说明，还有解题的步骤、书写格式等也可以通过例题进行示范，教师必须在教学设计前分析清楚。

二、学生情况分析

教学设计的目的是为了使学生更好地学习。为了取得较好的教学效果，教师必须了解学生的情况。通过对学生情况的分析，了解学生的学习准备情况和学习风格，为教学内容的选择与组织、教学目标的编制、教学活动的设计、教学方法和教学媒体的选用提供可靠的依据。

（一）学习准备情况的分析

学习准备是指学生在从事新的学习时，其原有的知识水平或原有的心理发展水平对新的学习的适应性。学生原有的学习准备状态就是新的教学的出发点。学习准备分成两类：一类是学生对从事特定内容的学习已经具备的知识与技能基础，以及对有关学习内容的认识水平与态度，即学生的起点能力；另一类是学生从事该学习的心理、生理特点。

学生的起点能力分析包括以下三个方面。

（1）对学生预备技能的分析。预备技能是指进行新的学习所必须掌握的知识与技能。对学生预备技能的分析就是了解学生是否具备了进行新的学习所必须掌握的知识与技能，是否具备学习新知识的基础。如果学生预备技能没有掌握，那么就不具备学习新知识的条件，需要改变教学起点，补上这一内容。

（2）对学生目标技能的分析。目标技能是指教学目标中要求学会的知识与技能，对学生目标技能的分析就是了解学生是否已经掌握或部分掌握了教学目标中要求学会的知识与技能。如果已经掌握了部分目标技能，那么这部分教学内容就没有进行的必要。

（3）对学生学习态度的分析。了解学生的学习态度，对选择教学内容和教学方法都有重要的影响。如果学生对所学内容的态度积极，那么他就会认真学习所要学习的内容，就有可能取得好的学习效果。因此，对学生学习态度的分析就是要了解学生对所要学习的内容是否存在偏见或误解。

了解学生起点能力的常用方法有：一般性了解、个别谈话、书面测试、问卷调查等。

（二）学习数学的心理特点分析

学生学习数学的心理特点是指对学生学习有关内容产生影响的年龄、性别、认知成熟度、学习动机、情感、意志和气质等因素。这些因素虽然不像起点能力与教学有直接的关系，但它却影响教师对教学内容、教学方法和教学媒体的选择与运用。

处于不同认知发展阶段的学生有不同的心理特点。因此，在教学中要根据具体情况选择不同的教学内容和采用不同的教学方法。

著名心理学家皮亚杰关于认知发展阶段的学说，详细描述了儿童认知发生和发展的过程。他将儿童认知发展过程分为四个阶段。

第一阶段是感觉运动阶段（0~2岁）。在这一发展阶段，婴幼儿全神贯注于他们的感觉和运动的协调活动。

第二阶段是前运算阶段（2~7岁）。在这一阶段发展的全过程中，儿童头脑中有了事物的表象，而且能用词表达头脑中的表象。他们的思维已表现出符号性的特点，他们能进行初级的抽象，能理解和使用初级概念和它们之间的关系，所谓初级概念是儿童从实际经验中学得的概念，能设想过去和未来的事物，但由于在他们的认知结构中，知觉成分占多数，他们只能进行直觉思维，思维具有单一性、不可逆性和静止性等特征。

第三阶段是具体运算阶段（7~12岁）。这个阶段的儿童的思维水平有了质的变化，不像前运算阶段的儿童单凭知觉表象考虑问题，出现了具体运算的图式，能在同具体事物相联系的情况下，进行逻辑推理。他们能进行第二级抽象，能理解和使用第二级概念和它们之间的关系。所谓第二级概念，是通过儿童原有的概念，以下定义的方式所获得的概念。但在获得与使用第二级概念时，他们需要直接经验做支柱，需要借助具体形象的支持才能解决问题。思维中出现了守恒和可逆的概念。这一阶段的儿童的思维活动只能把逻辑运算应用到具体的事物上，还不能把逻辑运算结合各种变换形式运用于词语或抽象的概念中去。

第四阶段是形式运算阶段（12~15岁）。随着认知的发展从具体逐渐向抽象过渡，认知日益趋于成熟的儿童逐渐摆脱具体实际经验的支柱，能够理解并使用相互关联的抽象概念。在这个阶段，青少年能够理解和运用复杂的概念，如排列组合、比例和概率等；能想象无穷大和无穷小；能够对抽象的命题和假设进行转换，运用逻辑法则进行归纳和演绎推理，而且能用推理的方法进行论证，其思维特点是内部的、有组织的和可逆的，并且已具有在头脑中同时考虑几个变量的能力。

皮亚杰的关于智力发展的理论，对于分析学生学习数学的心理特点具有很重要的指导意义。中学生正处于由具体运算阶段向形式运算阶段过渡的时期，他们中间有些人仍然处于具体运算阶段，另一些人则刚进入形式运算阶段初期，在智力上还不具备构造形式的数学证明所必需的智力结构，有些学生还看不出原理的例证与原理的证明两者之间有什么区别，往往把说明某个原理的实例当作该原理的证明。对于尚处在具体运算阶段的学生，要提供适合具体运算的学习策略，设计相应的教学活动，帮助他们进入形式运算阶段。中学生喜欢通过图表、模型和其他具体手段进行学习，他们需要把新的抽象概念与具体事实及他们自己的经验联系起来。根据这一特点，教师在教学时要从实际问题引入课题，利用直观手段和通过实验操作进行概念和原理的教学，才能取得较好的教学效果。

处于不同认知发展阶段的学生有不同的心理特点，要根据具体情况选择不同的教学内容和采用不同的教学方法。

即使基本处在同一认知发展阶段的学生，不同年级也有不同的特点，也要有不同的要求。

三、数学教学目标及其功能

从事任何工作都要确立目标，同样，进行数学教学设计也要先弄清教学目标。

教学目标是教学活动预期达到的结果，是学生通过学习以后产生的行为变化。它表现为对学习成果及终结行为的具体描述。

教师需要依据课程标准规定的课程目标及相关要求，根据学生的实际情况合理地确定教学目标。我们当然要关注"学生要学什么样的数学"，但更重要的是"学生学完这些数学能够做什么"。数学教学目标是设计者希望通过数学教学活动达到的理想状态，是数学教学活动的结果，也是数学教学设计的起点，通过对数学教学内容的分析，教师知道要教给学生什么，要促进学生在哪些方面获得发展。

教学目标具有以下功能：

（1）导向功能。教学目标是教学活动的预期结果，对教学过程有指导作用，能使教学中师生的活动有明确的方向。教学目标导向功能的发挥，可以使师生把精力集中到与目标有关的活动上，排除无关的干扰。

（2）评价功能。在教学过程和教学终点要进行形成性评价和终结性评价，其标准就是教学目标，需要根据教学目标编制测试材料。要评价一节课的好坏，其标准也是教学目标，根据教学目标的完成度评价教学质量。

（3）指导功能。教学目标确定以后，教师就可以根据教学目标选择教学方法、教学策略、教学媒体，开展教学活动。

（4）激励功能。在教学过程中，让学生明确教学目标，能使学生明确学习的方向，有利于调动学生学习的积极性和主动性，激励学生努力学习。

编制教学目标是教学设计中的重要组成部分，但在具体的数学教学设计中，对教学目标的设计会存在以下问题：

第一，对教学目标的重要性认识不够。认为教学目标是形式，可有可无；在进行数学教学设计时，根本不考虑教学目标，而是直接设计教学过程。其结果是教学没有方向，不知道要达到什么样的结果。

第二，不知道如何确定教学目标。在编写教案时，照抄课程标准或教学参考书。

第三，教学目标定得太笼统、太空泛、太模糊、不确切、没有针对性。不是太高，就是太低；有的只有知识技能目标，没有情感态度目标。

第四，教学目标不明确。用"教师做什么"的词句陈述教学目标；以教学要求代替教学目标；陈述的是教师的行为，而不是学生通过学习后行为的变化。如将教学目标陈述为："使学生掌握……""培养学生……"等。

四、数学课堂教学的"三维"目标

为了使教学目标能对教学起到真正的导向作用，有助于教师对相应学习行为的准确理解，需要对教学目标进行分类。教学目标的分类方式有多种，我们仅就新课程下的"三维"教学目标加以说明。

目前，国家对基础教育质量指标所做的基本规定中将教学目标分为知识与技能、过程与方法、情感态度与价值观三个领域。它是新课程标准为描述学生学习行为变化及其结果所提出的三个功能性的基本要求，简称"三维"目标。

（1）知识和技能目标，是对学生学习结果的描述，即学生通过学习所要达到的结果。这类目标的要求可以分成以下四个层次：了解、理解、掌握、灵活运用。

了解是指能从具体事例中知道或举例说明对象的有关特征；根据对象的特征，从具体情境中辨认或者举例说明对象。

理解是指能把握知识的本质属性，能与相关知识建立联系，能区别知识的例证与反例。

掌握是指在理解的基础上，能直接把知识运用于新的情境。

灵活运用是指能综合运用知识解决问题。

了解、理解、掌握都是针对某一具体数学知识而言的，灵活运用则强调综合运用各种知识来解决问题。

（2）过程与方法目标，是学生在教师的指导下，如何获取知识和技能的程序和具体做法，是过程性的目标，这类教学目标分为三个层次：经历、体验、探索。

经历是指在特定的数学活动中，获得一些感性认识。

体验是指参与特定的数学活动，主动认识或验证对象的特征，获得经验。

探索是指独立或与他人合作参与特定的数学活动，理解或提出问题，寻求解决问题的思路，发现对象的特征及其与相关对象的区别和联系，获得理性认识。

（3）情感态度和价值观目标，是学生对过程或结果的体验后的倾向和感受，是对学习过程和结果的主观经验，又叫体验性目标。它的层次有认同、体会和内化三个。

知识与技能目标是过程与方法目标、情感态度与价值观目标的基础；过程与方法目标是实现知识与技能目标的载体；情感态度与价值观目标对其他目标有重要的促进和优化作用。

在新课程理念指导下，课程标准提出的教学目标"三维度"，整合了教学目标的各个方面，为科学制定学科教学目标提供了具体的指导。而教学目标的设定是教学设计的一个首要环节，要顺利实现教学目标，其中的一个重要条件是在正确理解"三维"目标的情况下，保证"三维"目标设定的清晰性、明确性、可操作性。

对"三维"目标可理解成四个层次：一是数学知识技能的教学层次，重在解决"是什么、怎么样做"的问题；二是数学思想方法的教学层次，重在解决"运用什么样的思想与方法去做"的问题；三是数学思维的教学层次，重在解决"怎么想到这样做、为什么要这样做"的问题；四是数学精神与文化的教学层次，重在促进学生心智、个性、观念、精神的协调发展。

"三维"目标的实现是一个渐进的螺旋上升的过程。"三维"目标应该贯穿于整个数学教学的全过程。各项目标不可能一蹴而就，想通过一个章节的学习完全实现是不现实的。即使是知识与能力中的某些具体目标，也有一个从识记到理解，再到运用的过程，也不可能刚学习就能掌握运用。对于大多数教学目标，特别是涉及过程与方法、情感态度价值观的教学目标的实现，应该是一个渐进的螺旋上升的过程。如"学会正确对待人生的挫折"，绝不可能在学习两三课时以后就实现，而应该是整个基础教育长期的任务，是终身教育的任务之一。这种上升不是简单的重复，而是在原有基础上提高到一个新的阶段，经过若干次提升以后，课程的总体目标就趋于实现了。

我们的每一堂课，都应该融入"三维"目标的理念。但要在一堂课的时间内，同时落实非常具体的"三维"目标，则近乎苛刻，因为"三维"目标是一个整体，是互相联系的，很难分清哪一项目标单纯属于哪个维度。因此，在制定具体教学目标时，应围绕教材各章节的具体内容设计教学目标，以知识与能力作为外在表现形式，在实现知识与能力目标的同时，逐步实现过程与方法、情感态度价值观等的内在目标。

教学目标有显性与隐性之分。一般来说，知识和技能目标是显性的；过程与方法和情感、态度、价值观这两个维度的目标是隐性的。要处理好显性与隐性目标之间的关系，一是教师要认真钻研教材，领会教材精神，设计好显性目标；二是教师要在认真分析教学内容及学生特点的基础上，结合教学过程的设计，把过程与方法、情感态度等方面的隐性要求通过使用"经历""体验"等词语非常明确地表达出来，将隐性目标显性化，从而形成具体的教学目标。这样的目标对课堂教学过程具有直接的指导作用，并具有可监控性。

五、数学教学目标编制

（一）数学教学目标编制要求

为了使教学目标能够充分发挥它的功能，在编制教学目标时，应遵循以下基本要求：

（1）全面性。注重全面性就是要充分考虑教学目标三个维度的各个方面，设定教学目标时，要把三个维度作为一个整体来考虑，三个维度互相照应，相互协调，体现高度的整合作用。在教学中，知识与技能目标是基础，只有落实知识教学目标，才能实现其他目标。在设定数学教学目标时一定要注意体现涉及的知识点，注意在理解和掌握这些知识点的过程中，学生能够获得哪些能力，把过程与方法作为教学目标，是新课改的一大亮点。数学教学要重视结果，更要重视过程与方法，在数学教学目标设定过程中，要把过程与方法目标放在突出的地位，过程与方法教学目标要体现学生学习的过程和思维过程。数学教学的情感、态度和价值观目标主要是让学生体验数学在现实生活中的价值和意义、数学学习过程中应该表现出来的科学精神和人文精神、数学学习内容中所包含的情感教育因素和其他德育因素。

（2）具体性。课堂教学目标必须注意贴近本节课的教学内容，具体地反映学生的学习行为，切忌笼统、泛泛而谈，在教学设计中，避免使用"初步理解""基本掌握"这类含糊其词的叙述语，要正确理解和把握学习水平的要求，准确选择和使用相应的行为动词。

（3）准确性。教师必须根据教学内容的要求和学生的实际情况，准确地编制数学教学目标。既不能要求过高，脱离学生实际；也不能要求过低，影响学生积极性的发挥。

（4）明确性。教学目标具有导向和标尺作用，具体而明确的教学目标，能够引导师生围绕教学目标的实现，恰当地组织教学过程，有效地开展教学活动并能以此为标准检测学习效果。如果教学目标不明确，教师上课就没有方向，也无法判定教学效果的好坏。因此，所编制的教学目标应明确规定教学应达到的结果，并用规范性的术语加以描述。

（5）灵活性。在制定教学目标时，既要区别不同的情况分别对待，对不同层次的学生制定不同水平的教学目标，又要在教学过程中，根据教学的实际需要及时调整教学目标。

（二）数学课堂教学目标编制步骤

1. 学习《数学课程标准》

首先，要通过学习《数学课程标准》，了解数学课程目标、数学教学的内容和教学要求，明确数学教学的原则和测试评估的方法与要求。

2. 明确单元教学目标

由于课堂教学目标是单元教学目标的子目标，所以在编制课堂教学目标前，先必须明确本单元的教学目标，将单元教学目标进行分解。在此基础上，结合本课时的教学内容，制定课堂教学目标。

3. 明确课堂教学的具体内容和要求

在熟悉课堂教学内容的基础上，领会教材的编写意图，并进一步对本节课学习内容的类型进行分析。在弄清教材的基础上，再进一步根据单元教学目标、教材的深度和广度，例题、习题的要求和难度，确定每一个学习内容所要达到的水平。

4. 了解学生的基础和学习特点

通过对学生学习情况的分析，知道学生的起点能力、心理特点和学习习惯，为编制教学目标提供依据。

5. 确定教学目标并加以陈述

根据教学目标编制的方法，区分不同的内容和水平。根据每一个学习内容所要达到的水平，在它的前面选择合适的行为动词。

（三）数学课堂教学目标陈述

在教学目标的设计过程中，教学目标的陈述也是一个重要问题，教学目标的准确陈述对于其功能的发挥具有特别重要的意义。

1. 单一教学目标的陈述

教育心理学家对教学目标的陈述有两种不同的观点：行为主义强调用可以观察、可以测量的行为描述教学目标；认知主义主张用内部心理过程描述教学目标。尽管两种观点不同，但教学目标的重点应说明学生的行为和能力变化这一点是一致的。下面介绍教学目标陈述的两种具体方法：

（1）ABCD 法

美国心理学家马杰认为教学目标应包括三个基本要素：行为、条件、标准。在教学实践中感到还需要补充教学对象，教学目标才能更加明确，这样就形成了 ABCD 法。

①教学对象（Audience），即学生。行为目标描述的应是学生的行为，而非教师行为。如把目标描述成"教给学生……"或"通过教学培养学生的……"都是不妥当的，规范的行为目标开头应是"学生能……"。

②行为（Behavior），即用以描述学生所形成的可观察、可测量的具体行为，如写出、列出、识别、指明、做出、画出等。

③条件（Condition），指学生完成行为时所处的情境，即在什么情况下评价学生的学习结果。

④标准（Degree），指行为完成质量的可接受的最低衡量标准，一般从行为的速度、准确性、质量等方面来确定。

（2）内外结合法

ABCD 法描述的教学目标虽然比较具体可测，避免了模糊性，但过分强调行为的结果，忽视了学生内在的心理过程；只注意行为的变化，而忽视了能力和情感的变化。在目前情况下，很多心理过程在教学实践中无法准确地行为化，因此，心理过程的描述术语不能完全避免。为此，可采用内外结合的方法，即先用描述心理过程的术语陈述教学目标，再用可观察的行为作为例子使这个目标具体化，这种将内部心理过程和外显行为结合起来描述教学目标的方法，既避免了用内部心理过程描述教学目标的抽象性，又防止了行为目标的机械性和局限性。

例如，"形成事物运动变化的观点"，这是内在的心理变化，不能直接观察和测量，只能列举一些反映内在心理变化的例子，通过观察这些具体的行为判断学生是否形成了运动变化的观点。如在"圆与圆的位置关系"的教学设计中，我们可以这样来陈述这一目标：形成事物运动变化的观点：①通过两个圆在运动时，两圆公共点个数的变化，体会事物是运动变化的；②通过两个圆在运动时，两圆圆心距与半径之间关系的变化，进一步体会事物是如何运动变化的。

2. 整体教学目标陈述

每一节课的教学目标是由单一教学目标构成的一个教学目标体系。我们不仅要正确地设计每一个教学目标，还要合理地设计出整节课的教学目标体系。

课堂教学目标体系的陈述一般有两种方法：

（1）并列式，即将教学目标按知识与技能、过程与方法、情感态度与价值观这三个方面分类进行陈述。

（2）融合式，即将教学目标不按知识与技能、过程与方法、情感态度与价值观这三个方面分类进行陈述，而是综合表述。

第三节　核心素养下中学数学大单元教学设计

一、核心素养视域下中学数学大单元教学价值

（一）有利于顺利开展基础知识教学

如果没有储备足够的基础知识，对中学数学重要概念仍存在混淆，学生不仅很难发展中学数学核心素养，而且不能顺利进行中学数学学习。因此，中学数学教学的首要任务就是顺利开展基础知识教学，帮助学生夯实知识基础，而大单元教学刚好具有这一作用。为系统推进大单元教学，教师需要在设计大单元教学时由浅入深地设置教学目标、整合学习材料，并且在教学实践中，有意识地避免对知识的生硬讲解，鼓励学生自主感受知识。这种以学生为中心，循序渐进展开的教学，与学生认知能力和思维发展规律高度契合，对顺利开展基础知识教学有很大好处。

（二）有利于提升学生思维水平

思维水平是决定学生能否在核心素养视域下深度学习数学的决定性因素，也是中学数

学核心素养的重要组成部分——会用数学的思维思考现实世界。而大单元教学逻辑对训练学生思维有至关重要的帮助。通过以大单元为核心的教学，学生能够层层递进地训练思维，有利于其思维水平的迅速提升。

（三）有利于融入数学历史文化教学

任何一门学科都有自己独特的历史和文化。要想发展数学核心素养，学生需要用数学的眼光观察现实世界，用数学的思维思考现实世界，用数学的语言表达现实世界，同时需要了解数学历史与文化。大单元教学内容之所以具有丰富性，是因为大单元教学不仅以教材知识为主，还包含课外数学历史、文化等内容。这也意味着，大单元教学有利于巧妙融入数学历史与文化。最终，在基础知识的夯实、思维水平的提升、数学历史文化的融入中，学生在大单元教学中得到不可同日而语的收获和体验，可使中学数学教学成功实现以核心素养为导向的育人目的。

二、核心素养背景下中学数学大单元教学设计的措施

（一）制定精准的教学目标

一个精准的教学目标，能够对中学数学大单元教学的良好开展起到积极的影响作用，在开展大单元教学的前期，教师应以整体性、系统性的眼光看待数学教材，对各单元的内容做好系统性整合，进而提炼出本学期预期的教学目标，且保证这一教学目标契合课程要求、符合学生的学习需求。之后，教师可对班级中不同层次学生，在本学期中需要达到的学习目标实施分解与细化，做好统筹安排工作。

总而言之，对教学目标的制定必须遵循"精准性""整体性""全面性"的原则，将相关重点凸显出来，尤其是教学目标的大方向，应当尽可能地精准。对于课时目标，可制定得小而精，确保学生能够在课堂学习过程中，扎扎实实地掌握知识点。

（二）强化章节的内在联系

开展大单元教学的过程中，教师应当重视结合大单元的主要内容，构建相关的数学问题，将单元之间的内在联系凸显出来，引导学生结合过往学过的知识，在脑海中建立起清晰的知识框架，使学生的学习变得更为得心应手、有的放矢。在备课阶段，教师应当找到教材内容的底层逻辑，以归纳、发散思维，构建知识框架，将逻辑关系较为严密的内容归纳至同一章节、相邻章节当中，之后做好相应的教学工作。

（三）使用多元的教学方法

新课改背景下，为真正实现对学生核心素养的培养，教师应加强对各种位于时代前沿的教学理念、教学方法的研究与应用。如下简要列举几点可被教师应用的大单元教学方法：

1. 深挖教材单元，明确教学内容

在课程改革实施后，教师在设计大单元教学策略时，应当重视对教材内容实施深挖，找到其中内涵深刻的部分，针对大单元教学的课时、课次做好设计。

2. 实施梯度渐入，践行分层教学

数学是一门有着突出的抽象性、逻辑性、严谨性的学科，对于中学生而言有着一定的学习难度，故而教师必须重视做好教学设计工作。实践表明，鉴于中学生的数学学习水平有着明显的差异，教师可采用分层教学法开展教学工作，结合大单元整体的教学目标，以层层递进的教学活动，由浅入深地启发学生的学习思维。

3. 进行团队交流，培养互助思维

为减轻学生的学习负担，教师应鼓励学生使用合作学习法完成学习，在学生针对某一知识点展开探究时。教师可以小组为单位，为学生提供分类化的学习任务，引导学生在规定时间内完成，这能够显著提升学生的学习能力、合作互助能力，促进学生核心素养的发展。

（四）培养学生的转化思维

在开展这部分教学工作的过程中，教师应重点关注对学生转化思维的培养，当前很多学生在课堂中，习惯使用具象化思维理解知识，为培养学生的核心素养，教师应适当引导学生转变思维，在对知识点实施梳理、整合的基础上，引导学生形成更为高阶的数学思维。

三、核心素养视域下中学数学大单元教学策略

（一）提炼单元主题，拓展整理教学内容

每一次中学数学大单元教学都要有一个明确的主题。确定主题后，我们才能根据主题实施需求，设定目标、任务、情境与活动，将分散的知识内容进行系统整理，并在必要处拓展一些学习资料。现行中学数学教材大多以单元为编排逻辑，且每一个单元都蕴含着清晰的主题。教师可以基于教材提炼主题，并针对具体的主题和教材"阅读材料"等提示，

通过翻阅教辅书、上网查资料等方式拓展一些数学历史、数学文化、数学思想等教学内容。这样，大单元教学体系也就自然而然地形成了。教师可以在后续教学中根据主题逻辑稳步推进核心素养教学，指导学生运用数学的眼光、思维和语言，观察、思考和表达现实世界，帮助学生提高数学学习逻辑性，实现脚踏实地的进步。

（二）立足核心素养，设置大单元教学目标

要想使中学数学大单元教学水到渠成地达到核心素养教学目的，教师必须立足于核心素养，设置大单元教学目标。目标对教学有举足轻重的指导作用，一个科学、严谨、深刻的教学目标往往能够最大限度地提高教学效率与实效。因此，教师还应找准数学学科核心素养与中学数学大单元教学的具体联系，根据数学学科核心素养在中学数学不同教学内容中的表现形式设置大单元教学目标。

（三）系统解读教材，把握章节内在联系

大单元不仅指的是"扩大单元"的教学，还可以是"对接单元"的教学。由此出发，核心素养视域下的中学数学大单元教学，还要求教师以"单元"为单位系统解读教材，把握章节之间的内在联系。

直白地讲，在某些版本或知识内容的教材编排中，一些存在内在联系的知识会分布在不同章节中，教师可以将其进行整合，通过"跨章节"的大单元教学增强中学数学章节教学的内在联系，让学生在系统化的学习中发展中学数学核心素养。这要求教师发挥专业优势，深入解读教材。

（四）全面分析学情，制定大单元教学流程

中学数学大单元教学实际流程与学生认知和思维发展规律是否一致，决定了大单元教学能否在核心素养视域下顺利进行，以及大单元教学达到怎样的核心素养教学效果。这要求教师不仅立足于核心素养与大单元教学基本内涵设计教学活动，而且要站在学生立场上全面分析学情，把握学生认知和思维发展规律，在一定程度上逆向制定大单元教学流程。比如，根据学生"先理解概念，再总结规律，后学以致用"的认知规律，教师要使大单元教学呈现"概念第一，规律第二，实践第三"的趋势，同时根据学生由低到高的思维发展规律，使大单元教学内容、训练题、拓展资料等呈现过程具有一定阶梯性。这样，大单元教学流程被学生更快适应和接受，还能使学生保持良好的学习状态。

（五）落实任务驱动，规划情境教学任务

通常情况下，中学数学大单元教学以任务为驱动，以情境为载体，教师应当根据不同

目标的实现需要，为学生布置递进式的学习任务，让学生在任务探究中把握大单元学习内容，锻炼数学的眼光、数学的思维和数学的语言。但是，任务不能是单一存在的，而是要以情境为依托，只有在真实情境下展开的任务，才能有效激发学生的学习兴趣，使学生学会在真实情境下发现、分析、探究和解决数学问题。这便要求教师在落实任务驱动的基础上细心创设教学情境。一方面，教师可以由学生周围的生活切入。在教学过程中，教师可以观察学生与数学的每一次接触，记录相关信息，以改编故事、还原经历等方式创设生活化的任务情境，促使学生在生活经验支持下深入探究大单元学习任务。另一方面，教师可以借助信息技术手段。

中学数学大单元任务情境创设材料。教师可以将其收集起来，随着大单元教学的推进应用网络信息，在多媒体中构建任务情境。此时，多媒体情境能全面地冲击学生感官，也能充分地调动学生任务探究积极性。

（六）围绕情境任务，丰富大单元教学方法

虽然大单元教学已经是一种教学方式，但是要想使大单元教学取得最佳实施效果，教师还需要其他教学方法的支持。对此，教师可以根据指向核心素养的中学数学大单元情境任务丰富大单元教学方法。

1. 互助探究情境任务

教师可以迁移合作教学方法，鼓励学生互助探究情境任务。中学数学大单元教学具有一定的复杂性，学生需要在学习过程中"瞻前顾后"，一边运用相互关联的旧知解决新的问题，一边结合新的收获分析后面的内容，这在不知不觉中增加了其学习难度。这时，一些基础薄弱或思维水平较低的学生就会面临思维受阻、陷入困境的问题。教师可以将学生按照一定规律分为小组，或者直接遵循"就近原则"，鼓励学生与同桌、前后桌建立学习小组，互助探究情境任务。小组互助中的思维碰撞，还能在某种意义上促进学生的相互学习，使其吸收、借鉴他人的独特学习方法或思维方式。于是，学生不断提高学习能力，解决复杂问题，完成情境任务，发展核心素养。

2. 分层指导情境活动

分层指导学生在核心素养视域下的中学数学大单元情境活动。受多种因素的影响，学生会在中学数学大单元教学中表现出核心素养发展情况的不一致性，不能在同一主题下将核心素养同时提升到相同水平，因此不能以相同的速度、相同的状态参与情境任务下的各项数学活动。这要求教师在大单元教学情境任务的具体指导中，为处于不同活动状态的学生提供差异化指导。教师可以观察学生具体的活动表现，进而按照活动表现差异性将学生

划分为基础、一般、发展三个层次。对于基础层次的学生，在大单元教学中多加指导，耐心点拨其情境活动；对于一般层次与发展层次的学生，给予学生更多自由思考和探索的空间，充分尊重他们对情境任务的独特见解及对情境活动的创意探究。学生虽然不得不面对更加具有挑战性的大单元教学活动，但是可以在核心素养视域下得到更加适合自身的指导，同样对发展中学数学核心素养有重要的促进意义。

（七）重视学情检测，优化课后作业设计

教师应提高对中学数学大单元教学学情检测的重视，以核心素养为抓手，优化大单元课后作业设计方案。学情检测是了解学生学情的工具，也是判断教学效果的手段，而课后作业，既能为学情检测提供支持，又能促进学生对大单元知识内容的巩固。教师可以利用课后作业这一"一举多得"之工具，落实大单元学情检测，让学生在巩固知识内容的基础上强化核心素养。

四、核心素养下中学数学大单元教学的建议

（一）教育行政部门要转变职能，发挥好引领作用

教育行政部门要注重职能的转变，要重视大单元教学相关培训活动的开展，要开展更加具有针对性、形式更加多元化的培训活动，进一步提高中学数学教师大单元教学设计的能力，从而促进学生的核心素养的培养。在培训之前要对教师在教学方面存在的问题和困难有充分的了解，找出原因，并进行有针对性的指导，使教师学有所获，这样也能提高培训的效果。另外，还可以开展多种形式的培训活动，比如开展专题讲座、大单元说课比赛等活动，在活动中加强教师之间的交流，也有利于专家学者为教师进行答疑解惑。在培训结束后还要将专家学者与教师建立起联系，方便对教师大单元教学设计实践的及时指导，从而对培训效果进行巩固，及时发现并解决教师在大单元教学设计中出现的问题和遇到的困难，从而更好地督促教师将大单元教学设计理论运用到实践当中去。

教育行政部门还可以在区域内创建教师协作共同体或工作室，并定期邀请教育专家、学者或优秀的教师对大单元教学设计提供实践指导。这样可以让教师将大单元教学设计实践中遇到问题和困难及时告知专家，并能得到专家的指点和帮助，也缓解了他们进行大单元教学的压力，从而促使他们更加有效地用大单元教学理论去指导实践。此外，还能进一步提高教师的教学能力和科研水平。

（二）学校要转变教育理念，强化导向作用

学校要转变教育理念，要改变坚持"唯分数论"的观念，不能只关注学生的成绩和升

学率，要为教师进行大单元教学设计提供良好的环境。学校领导和教研部门要建立健全教师评价和激励制度，比如可以设置关于教研的奖项，也要为教师提供专门的教研场所，鼓励教师积极主动地参加教研活动，也有利于调动教师的积极性。此外，学校还可以定期给教师布置大单元教学设计的任务，从而促使教师主动学习大单元教学设计理论，然后用理论去指导大单元教学实践。也可以定期组织教师开展交流分享会，经验丰富的教师可以分享他们教学以来的心得体会和积累的教学经验，而新教师也可以提出自己在教学中遇到的问题和困难。通过交流讨论，让年轻教师可以获得更多宝贵的知识和经验，促进他们成长，让经验丰富的教师也能更加热爱教师这个职业。另外，学校还要为教师培训提供经费上的支持，增加教师外出学习的机会。

（三）教师要更新教学观念，提升专业素养

时代在进步和发展，教师也要顺应潮流，要有活到老、学到老的精神，要不断更新教学观念，增长自己的专业知识和提高教学能力。在日常的教学工作中要正确看待自身存在的知识能力等方面的缺陷和不足之处，要积极主动地寻求学习的机会，不断总结与反思，向优秀的教师前辈学习，从而不断积累经验，促进自身专业成长。教师作为教育的实施者，在进行核心素养下的大单元教学时应该做到以下几个方面：

1. 分析核心素养，贯穿教学始终

教学设计是实施于课堂之上的，教学方案的精心设计有利于促进教学效果的最大化。教师对核心素养进行全面的分析并将知识点体现的核心素养渗透进整个教学过程是至关重要的。比如，教师可以利用视频、音乐、游戏等方式来进行课堂的导入，这样的导入方式也更能激发学生的学习兴趣，也有利于课堂教学的顺利开展。另外，教师还要充分地考虑学生的意愿和主体地位，学生作为学习的主体，在课堂上要以开放、自主、探究等方式进行教学，并时刻注重对学生核心素养的培养。

2. 整体把握内容，熟悉教材体系

教学内容是我们教学的共同基础，其他结构都是在此知识结构基础之上形成的，并且知识结构具有"整体、逻辑和发展"上引导学生的功能，是学生把握学习内容、提高素养的无法替代的重要结构。作为一名中学数学教师，要熟悉教材体系及课程标准，理解教材编排的意义，更加地梳理清楚知识点的呈现方式。在进行大单元教学设计时要注重对课程标准、教学内容等各个教学要素的全面分析，更要重视数学核心素养在教学过程中的落实。要树立整体观念，在整体上合理规划教学内容及课时安排。

3. 探寻知识联系，重视内容结构化

教师在大单元教学过程中不能将知识点割裂开来进行讲授，而要重视知识之间的联

系。要树立全局观念，从整体上分析教材内容，促进学生全面建构知识体系。核心素养导向的数学课堂教学要将知识与能力加以联结、整合，以融会贯通的知识网络呈现给学生。要对数学知识和数学文化的产生与来源有基本的了解，要了解数学知识的价值，还要了解课程内容和教学内容的安排意图。要从整体上进行单元教学设计，要了解清楚知识之间的内在逻辑关系，以及知识与核心素养的关联。要将中学阶段的数学知识形成结构体系，还要明确教材中每个知识点的具体位置，以及它们的地位和作用，以便于对知识内容进行跨章节、跨年级的整合。

4. 立足现实生活，发现数学元素

数学来源于生活又服务于生活，教师要尽可能地从生活中发现数学元素，并将生活中发现的数学元素渗透到大单元教学设计中去，教师不光要自己发现生活中的数学元素，还要引导学生善于发现身边及生活中的数学元素，将其转化为数学知识，进一步培养学生的核心素养。

第一节 创新思维下的中学数学解题教学

一、解决数学问题的理论模式

(一) 几种有代表性的问题解决的理论模式

1. 问题解决过程的信息加工模式

随着计算机技术的迅速发展，许多人开始尝试用信息加工模式来分析人的问题解决的过程。计算机通过编好的程序可以下棋、诊断病情、为宇宙飞船导航、解答各种复杂的数学问题，其中许多活动都是与人的问题解决的过程极为相似的。特别是计算机信息加工很像人解决问题过程的思维活动，这启发人们可以利用信息加工理论来探讨问题解决过程，诸如怎样搜集信息、加工信息、利用信息解决问题。数学活动中，解题思路的寻找过程较好地符合这种观点。

2. 问题解决的过程总趋向

20 世纪 40 年代，德国心理学家 K. 敦克尔以大学生为对象进行实验，观察他们如何解决问题。根据实验的结果，他认为问题解决过程的总趋向是：先确定问题的范围、指出可能的解决方向，再逐步缩小范围，提出问题解决的一般方法和具体特殊方法，一步步地进行推理，以逼近问题的解决。教学中，学生解答数学习题的部分思维策略较吻合这种观点。

3. 智力结构问题解决模式

美国心理学家吉尔福特以他的智力结构模式为依据，提出了这一模式。这一模式认为，记忆储存是一切心理运演活动的基础，问题解决的过程，开始来自环境和身体内部的输入，而进入问题解决的流通系统后，首先经过"注意"这个过滤的过程，选择信息，进入大脑，从而认识到问题的存在和问题的性质；接着到了寻找发现问题解决办法阶段，经过运演的过程，设想一个又一个可能的解决办法，与此同时，评价过程始终在起作用。来自记忆贮存的许多信息在沿途中受到评价。经过评价，有些想法得到肯定，有些想法可能被否定，在不能解决时，有时要退回原处，甚至是退回到环境中，进行其他事实的调查，有时要求换个角度去考虑问题。在重新认识之后，通过大量创造性思维活动，重新寻找各种可能的解决办法。因此，在获得问题解决办法之前，可能会有一系列重复往返，在解决的过程中，记忆储存不仅为每一项心理演算提供已有的信息，而且始终不断地记录着这个过程中正在出现的各种情况。数学中，学生对数学问题的确定、解决方法的寻找都比较符合这种模式。

（二）数学问题解决的过程或阶段

问题解决的理论和模式，是从总体上探讨解决问题的过程及其理论依据，对实际教育工作者来说，常常会遇到如何把握问题解决过程的阶段问题。尽管问题本身是各式各样的，问题解决的过程不完全雷同，但是问题解决作为一个过程，也并不都是"偶发事件"。许多教育学家和心理学家都提过各种问题解决过程的步骤和图式。

1. 数学解题思考过程

例如，美国的学者通过实验观察，将一般的数学解题思考过程分为六个步骤：①读题，了解问题的条件、结论及清晰程度；②分析，尝试理解整个问题，并选择一种观点来表达它，考虑可能应用的原理和技巧；③探索，寻找和探索有关的信息及各种可能的方法，试探一些思路；④新信息和局部评价，思考和进一步认识前面未注意到的信息和细节，注意到有潜在价值的过程，并对思考的当前状态做宏观估计；⑤计划实施，列出解题计划和目的，并按此进行解题；⑥证实，对所做的实施过程和结果进行检验。

2. 数学问题解决过程

又如，有人对众多心理学家和教育学家提出的问题解决阶段进行了概括，把数学问题解决过程分为以下四个阶段：

（1）明确问题。在这一阶段，学生在感受到困难或令人困惑的环境后，需要探寻其他信息，以明确问题之所在。在课堂教学情境中，教师需要了解学生的情况，仔细思考教材的某些事实。搜寻其他有关资料，有时甚至还要进行实验，才能发现所教问题的性质。人们只有熟悉了问题的特征后，才有可能明确问题的界限，对相关事实和无关事实做出区分，从而用一种便于操纵的方式对现有信息加以排列组合。

（2）易谬主义。在明确了问题及其各个方面之后，人们需要提出各种可以检验的备择的问题解决办法或可能站得住脚的假设。一般说来，成功的问题解决是受两条原则指导的。第一条是层次结构的原则，就是说需要把复杂的问题分解成一系列小问题，直到每一个小问题都是可以解决的；第二条是受启发式原则支配的，也就是说需要使用各式各样的捷径、经验估计和其他手段，以便集中搜寻有前途的备择的问题解决办法，从而避免无休止地在黑暗中摸索。

（3）实施形成的问题解决办法。这一阶段涉及选择最有前途的观念和解决办法，并加以实施，人们必须选择按适当秩序排列过程和活动的策略。没有效益的排列活动，不仅导致浪费时间和精力，而且结果也很糟，因此人们必须对问题解决过程进行检索，以确定各种行动方针是否一致，是否与问题本身的要求相关，还必须权衡证据的轻重，对哪些事情会导致最成功的解决办法做出评估。

（4）回顾。当人们完成某一任务时，必须回顾自己做过的事情，展望自己将要做的事情，在把观念付诸实践时，通常要求沿途做出某些改变，必须始终不断地重新形成观念，以使这些观念适合于现实的问题情境。如果问题解决办法失败了，那就需要部分地或全部地重复问题解决的整个过程。

问题解决过程的这些步骤，实际上与科学研究方法所涉及的步骤有相似之处。这些步骤为我们表明了问题解决活动中所包括的各种成分。对问题解决的研究，有助于人们认识成功的问题解决的各种成分是如何排列组合的。

然而，问题解决的各个步骤从某种意义上讲，是不可能观察到的，而是只能通过推断得出的，况且并不是所有问题解决都要经过这几个步骤或阶段。在有些情况下，这些阶段会有一些重叠，人们有时可能会跳过其中的某一阶段，有时则还要回复到前面的阶段上去。因此，不能把问题解决过程看作一种按刻板的方式实施预先准备的程序的过程。

二、数学问题解决的意义和准则

（一）问题解决对数学的意义

1. 问题解决教学的重要性

国际数学教育界普遍认为，问题解决应作为一种重要的数学教学活动，这种观点主要有两个方面的依据。第一，问题和问题解决是学习数学的重要组成部分，我们可以把问题解决作为一种基本的数学活动，而其他的一些数学活动，诸如概括、抽象、理论构建和概念形成都可以建立在问题解决的基础之上。我们的数学问题，可以来自实际的各个方面，从日常生活中的数值计算到工业生产中的实际问题，从各种神秘的魔术、游戏到高精尖领域的实际问题，通过这些问题的研究可以发挥和施展数学的魔力，可以引出重要的数学概念及重要的数学思想和方法，可以发现数学结论，促成理论的形成。因此，通过问题解决的教学活动，不仅可以传授数学知识，而且可以引发学生学习数学的兴趣，改变学生对数学的态度，使学生对数学产生极高的信念。第二，教学生解决问题能很好地培养学生的思维方法和分析问题、解决问题的能力，从而增加学生在各种场合进行决策判断和应变的能力。我们的学生最终都要走向社会，今后他们所面临的新情况、新问题恐怕更多的是非数学领域的，因而要在缺乏现成模式可以套用的情况下寻求问题的解决，这就要求人们会理性地思考和有目的地思考，包括弄清楚要解决的问题，收集有关的信息。

分析所得信息，提出预期的结果，评价预期的结果。教数学历来有一个目的，就是要教会学生理性地思考和有目的地思考。由于在解决数学问题的过程中，辩证思维和逻辑思维能充分体现，分析、推理、否定及演绎、归纳、类比等重要的思维方法能充分展现，猜想和逻辑证明能充分兼顾，收集信息、分析信息、在现有知识之上做出推断等问题解决的重要阶段能反复经历，因此通过问题解决的教学可以从多侧面给学生提供问题解决的手段、背景，以至思维方式，从而十分有利于学生解决问题的能力的培养，而这种能力在个体中的正迁移作用，正是数学问题解决教学的最后归宿。

2. 关于问题解决的研究成果对教学的意义

问题解决的重要性得到了中外数学教育界的普遍重视，因此，问题解决作为一个研究课题，已经引起了众多研究群体的浓厚兴趣，人们就问题解决所发表的意见、观点、研究结果足以填满厚厚的几大卷书。然而，综观这些研究，不难发现，有不少研究所关注的问题和所进行的研究似乎与课堂教学相距甚远，这样的研究对教学的直接指导意义似乎并不明显。当然，在众多的研究中，也有不少对问题解决的课堂教学问题进行了研究。然而，研究者们的研究兴趣是如此广泛以致许多教师为此感觉到了问题：如何从为数众多的研究中汲取对他们的数学教学最为有用的东西，下面从人们对问题解决的能力及其培养这个教学中的中心问题的研究做些介绍。

（1）成功的问题解决者的重要特征

过去几十年来，人们对问题解决的研究，已经导致了对成功的问题解决者的许多特征的更多了解，并获得了许多有益的结论。概要地说，有下面几点：学生在问题解决中成功与否看来受到他们的认知发展、学习数学的经验及对数学的态度等方面的影响；成功的问题解决者有许多共同的特征，但他们探讨问题的手段、方法、风格可能有所不同；通过接受适当的指导，特别是在问题解决过程中遵循波利亚的问题解决四阶段（理解问题，拟订计划，实施计划，回顾解答）原则，学生解决问题的效率会有明显提高。

关于问题解决的能力同其他认知能力（如空间认识能力）的关系，曾有过不少研究，但这方面的研究所获得的确定结论很少。一般认为，问题解决能力并不是一种单一的个体特征或品质，不同种类的问题往往需要有不同能力的综合，但计算能力似乎与低年级学生的问题解决能力有较强的联系，而对高年级学生，这种联系则不明显。

成功的问题解决者的特征是随着研究方法的改进而不断被揭示的，特别是通过把成功的问题解决者与不成功的问题解决者的行为、思维过程和解题策略进行比较，已经得出了一些颇具启发意义的结果。就行为表现而言，成功的问题解决者同蹩脚的问题解决者有着明显的差异。不成功的问题解决者花在理解问题上的时间很少，往往凭很少的线索，如感觉、印象、猜测来选择答案或解法；相反，优秀的问题解决者在理解问题时表现得积极主动，他们会仔细地理解问题，然后抓住关键的意思，得出有用的解题信息。实际上，成功的问题解决者有两个突出的表现：一是仔细准确地理解问题，当意思不清时会立刻回到原问题上来，重新检查、复习、阅读，以确保没有错误、误解或疏漏；二是使用一步接一步的程序接近或探讨问题的解答。思维过程的特点是最能区别成功的问题解决者同蹩脚的问题解决者的能力强弱的特征，近些年这方面的研究较多，其领导者当属俄国的克鲁特茨基。研究发现，成功者与失败者在思维过程中的主要差别在于两者对问题中的重要因素的了解、识别和洞察的能力。具体地说，成功者往往表现出下述能力：①能抓住问题中的关键意思或思想，提出有用的解题信息，并最终抛弃无用的解题信息；②能迅速准确地看出问题的数学结构，事实上，成功者具有克鲁特茨基所说的"数学大脑构架"，一种根据自己对客观世界的直接或间接的认识而接受或利用数学结构的倾向；③能通过对广泛的一系列问题的分析能力，将问题的解答方法一般化、模式化；④能长时间地记住问题的数学结构。

研究者们发现，上述这些能力往往是成功者在求解问题时表现出的共同特征，但在解题过程中，这些成功者的个人风格仍存在较大差别。有些偏重于利用符号规划或符号代码思考问题；而有些则可能偏重借助于图形思考问题，在解题过程中，他们往往更倾向于使用自己更得心应手的思考方法。

成功者显著区别于不成功者的另一重要特征在于：成功者使用的问题解决策略要比一般的问题解决者使用的策略广泛得多。

一般说来，成功者会积极自觉地使用各种各样的启发式方法和步骤，来探讨解决问题的办法、对策及一切有帮助的事物。这些启发式的方法和步骤构成了很有价值的问题解决策略，举例如下：

①目标定向计划，确定问题的目标：如果终极目标还不能直接达到，再确定中间目标；制订解题计划，这中间可能要综合使用其他一些方法，如试误的方法、列表的方法、寻求模式的方法。

②寻找合适的模式：当遇到新问题时，辨别它属于哪一类先前见过或解过的问题，联想起一些基本模式，并以此为索引，从记忆中提取相应的方法来分析、解决问题。

③映射化归：把遇到的新问题通过映射化归为一个等价的会解的或更容易求解的问题，从而找到解决问题的方法。这一策略也被称为关系映射反演（RMI）原则，它是对多种解题方法的高度概括，例如中学数学中常用的取对数计算法、换元法、引进坐标系法、设计数学模型法、构造发生式函数法等具体的解题方法都体现了这一策略。

④回顾、评价：当问题的解答或解答方法已经找到或已经做出时，会对该解答或解答方法进行回顾、评价，其目的在于，或者将解答进行简化和优化，或者寻找别的解决方法，或者利用所得结果和方法提出新的问题，供进一步探讨。

在实际的解题过程中，成功者能将这些基本的策略通过各种各样有意义的组合，并利用丰富的数学知识，形成形形色色的解题方法和技巧。而不成功者的策略意识很薄弱，往往只凭自己暗记的条条框框思考问题，凭很少的线索如感觉、印象或猜测选择解法、答案；他们对解数学问题的目的和作用存在一种狭窄的片面的认识，往往认为解数学问题的唯一目的就只是获得正确答案，而且每一个问题只有唯一恰当的方法求得答案，因而获得解答或答案以后，几乎没有对问题或解答进行进一步研究的意识。

（2）成功的问题解决者的能力培养

成功的问题解决者的能力培养问题是问题解决教学的核心问题，上述关于成功的问题解决者的诸多特征为我们探讨这个问题提供了有益的启示。集中来看，学生思考数学问题的深度和质量，对待问题解决的态度和兴趣应是促进学生的问题解决能力的两个重要因素，那么，教师能做些什么来影响这两个因素呢？下面准备从数学角度就这个问题提一些原则性的建议。

以身示范，展示问题解决的良好行为。教师在问题解决方面的行为对学生有一种潜移默化的作用，学生需要看看他们的老师是如何提出问题，如何理解问题，如何思考问题，如何积极地使用有效的策略寻找求解方法，又是如何由刚得到的解答或解过的问题提出新问题的。作为一种示范作用、一种榜样的力量，教师传达或深深影响学生的是教师对问题解决的价值观和态度，而这又是通过教师自己在问题解决中的良好的行为表现来实现的。

因此，教师必须把问题解决视为一项重要的教学活动而卷入其中，必须是数学探索活动中的一位热心者而表现出好奇心和热情，有时必须扮演问题解决者的角色，有时又必须是一个持怀疑态度的引导者，引导学生而不是直接告诉学生如何解决问题，而有时又必须充当一位热心的鼓励者，尊重并接受学生的思路和独创性，所有这些都需要教师以最富艺术性的方法表现出来。

言传身教，传授问题解决的某些基本技能。现有的研究表明，问题解决的某些基本技能是有效的问题解决策略得以建立的基础，也是提高问题解决能力的关键因素。认真地传授这些技能，并在实践中经常地应用，不断地巩固、加强，尽可能将其条理化、组织化，使之成为学生机械化的东西，是提高学生问题解决能力的重要途径。

问题解决的基本技能具有不同的层次。波利亚在他的名著《怎样解题》中提出的解题思想，特别是他的解题四阶段原则，应该成为师生解题及其教学的行为准则，不妨称其为准则性技能。教师应该向学生讲授这些准则，并把它们融化在师生的问题解决的行为中。启发式的方法，如根据题意画出图形或示意图、合理估计、猜想、验证、试误、目标定向计划、寻找模式、目标递归、回顾评价、提出新的问题，都可以称为策略性技能，应在教学中认真地向学生介绍、讲解，经常反复地使用，而列方程、套公式、消元、换元、待定系数、反证法、坐标法、构造法、递推法、数学归纳法、配方法等则是工具性技能，更是应该直接教给学生并让他们熟练掌握的基本技能。此外，还需要教给学生阅读数学问题的技能，数学中的阅读不同于普通文体的阅读，这是因为数学语言与自然语言有着一定的差异，数学语言有一套特定的术语、符号，表现出简洁、精练。通常对数学问题的阅读需要多次重复，并注意关键的词语和有关的变量关系；有时还需要借助自然语言或图示说明进行题意的翻译、转换，才能很好地理解，这些阅读技能对学生的问题解决能力也是重要的。

精心组织，创造问题解决的良好课堂环境。应该认识到，学生的问题解决能力的某些方面并不是靠教师的直接传授，而是通过学生与问题打交道的过程，通过学生在课堂上就问题解决同教师和同伴间的相互作用而逐步发展起来的。实际上，学生对数学问题的重要因素的认识或洞察力，对目标定向计划的创造能力乃至一般的使用解题策略的能力都是需要在问题解决过程中通过上述方式逐步地加以培养的。实践表明，这些能力不可能靠教师直接传授获得，相反，必须在问题解决过程中，随着学生对自己或他人的思维过程、思维方法的认识而逐渐发展起来的。教师在这个过程中所能做的或所要做的就是为学生提供一种恰当的课堂环境；一种有利于学生认识自己或他人的思维过程、思维方法的环境；一种能充分发挥学生解决问题的创造能力的环境。这就要求教师精心组织问题解决的教学，用鼓励性的语言保持学生的好奇心、探索的主动性和质疑精神，用启发性的语言激起学生的求知欲和创造的动机。同时，设计好恰当的问题，交替训练学生的正向思维和多向思维，鼓励学生直觉思维和逻辑思维并用，让学生施展创造的才能。

（二）问题解决教学的准则

有迹象表明，当教师有意识地让学生既了解一般问题解决准则，又熟悉一些具体的问题解决的技能，同时创造机会让他们练习使用这些准则和技能时，学生解决数学问题的能力会得到大大提高。然而，来自中学数学课堂教学的调查显示，不少课堂教学花在讨论解题方法上的时间在解题教学中所占时间很少，花在讨论学生解答结果上的时间更少。因此，从调查结果看，不少课堂教学中对一般的问题解决的准则，强调贯彻得不够。因此，怎么改变这种现状，是一个值得认真研究和解决的问题。

下面，我们将介绍、讨论并举例说明如何运用问题解决教学的准则，在教学中教师对这些准则承担着双重的任务。一方面，他应该运用这些准则帮助学生解决问题；另一方面，他还应当使学生明确地了解这些准则，并帮助他们把这些准则融化在具体问题解决的行为之中。

1. 查明学生理解问题

学生对问题不理解就很难保持对问题的兴趣，一般而言，人们是不会对自己一窍不通的学科感兴趣的。例如，对音乐创作理论毫无所知的人大概不会有分析交响乐的兴趣，同样，对橄榄球比赛知之甚少的人，如果没有培养起欣赏比赛的兴趣，也是不太可能去关心橄榄球运动的。

类似地，如果学生没有理解摆在他面前的问题，那么这个问题就很可能不表现为一个问题。学生必须对问题有足够的理解，以致觉得问题的解答在他们的智力范围之内，只有在那时，它才有可能表现为学生的问题。实际上，在学生看来，如果问题的解答似乎超出了他们的智力水平，那么，他们就很可能没有信心去追求问题的解答了。

有时学生对实际上有能力解答的问题，也会感到超出了他们的智力范围。在这种情况下，教师就有责任保证学生认清在什么情况下问题的解答是自己力所能及的，在学生认识到自己有能力解答某个问题以后，还有一件重要的事就是要弄明白问题的所求是什么。下述问题可以作为完成上述教学任务的指导方针。

(1) 学生是否理解问题中的术语的确切含义

比如，如果遇到下列问题：已知等边三角形的中线长为一个单位，试用直尺和圆规作此等边三角形。那么要理解这个问题，首先必须拥有等边三角形及三角形的中线等方面的知识。

(2) 学生是否考虑了所有有意义的信息

认出问题中的已知信息对于探索和导出有意义的知识至关重要。许多学生解题不成功，是因为他们不能确定或找出问题的已知条件。

有时，学生不能解决问题，是因为他们没有用到所有的已知信息，他们或许已经透彻地分析了一部分信息。但如果忽视了某些已知条件，那么就可能漏掉了解题的必不可少的信息。例如，假设要求学生确定顺次连接等腰梯形各边中点所得四边形的性质。如果学生忽视了"梯形是等腰的"这个事实，那么他们的分析只能引导他们得出该四边形为平行四边形的结论。尽管这个结论是正确的，但它不是问题的完整答案。而如果解答者考虑了

"梯形是等腰的"这个已知条件，那么，他的分析将使他发现四边形不仅是平行四边形，而且是一个菱形。

（3）学生能否说明问题的所求

显示学生理解问题的证据，包括他们能确认问题答案的性质。答案是一个数还是一个集合的元素？或求作图形？答案可以由图像、方程式或某些别的数学对象构成。所以重要的是，在阅读完问题后，再认识其答案的性质。认识答案的性质，还能为学生着重于构思解题策略提供方向。例如，考虑下述所谓的抽屉的状态问题：设想 1000 个关闭着的抽屉排成一列，另外有 1000 个人站成一排，现在假设第一个人把每一个抽屉都打开，第二个人每隔一个地把抽屉关上（从第二个抽屉开始关），第三个人每隔两个改变抽屉的状态（如果它开着，就把它关上，如果它关着，就把它打开），第四个人每隔三个地变化抽屉的状态，这个过程继续下去，直到这 1000 个人全部完成了对抽屉状态的操作。问最后哪些抽屉开着？

这个问题的答案是由抽屉编号构成的集合。如果学生理解到这点，那么他们可能会使用的一种策略就是去找出这个集合的元素，由此就有希望找到一个模式，使他们能据此预测其他元素。

一般而言，当问题答案构成一个集合时，一种很有用的策略是设法产生或找出这个集合的一些元素，并希望通过这些元素得到产生其余元素的预感或线索。

尽管知道问题答案的性质，未必能保证找到可行的策略。但是，有些问题通过认识答案的性质，确实能降低解答的难度。应该鼓励学生去确定构成答案的数学实体的种类，并鼓励他们尝试猜想怎样才能产生这个数学实体。

（4）学生能否用自己的语言叙述这个问题

如果适合的话，学生能利用草图解释这个问题吗？如果学生能显示他们知道问题中涉及的所有术语含义，并能找出已知的信息，能确定答案的性质，还能用自己的语言叙述问题，那么教师就有切实的把握认为，学生理解了问题。

2. 帮助学生搜集有意义的思维材料

为了解决问题，解题者有必要找出对解答问题有关的信息。不成功的问题解决尝试，通常是由于没有从已知条件中导出足够的信息所致。实际上，不仅需要确定哪些是题目中已知的，而且需要弄清楚已知条件暗示了什么，即由已知的信息（有时也包括有假定的答案或解答）推出的关系，找出这些关系，是获得有意义的思维材料的方法之一。另一种方法是考虑较为简单的而又与给定问题有关的问题，这些问题也许是把题中的某些而不是全部的条件考虑进去。有意义的信息也可以通过认识或找到类似而又有成功解法的问题来获得。解题者在寻找解答过程中受阻，有时是因为他们坚持从有限的角度收集有关的信息，只从很狭窄的角度收集有关的思维内容，在这种情况下，解题者就需要"打破框框"寻找有用信息的新来源。下面我们进一步讨论并举例说明这些技能。

（1）通过分析已知条件来帮助学生搜集信息

一旦所有的已知条件都被确定，教师就要鼓励学生由已知条件尽量导出一些有关信息，这是非常重要的，即使可能有些导出的信息看上去对于问题的解答并不见得有用，也应当导出这些信息。教师也许知道哪些信息是有用的，哪些信息是无用的。但对于设法解决问题的学生，有必要这样搜集信息，然后再去决定哪些信息对于解题最有作用，所以学生需要训练如何获取信息，如何从中确定最有用的知识和信息。

如果教师劝阻学生不要去导出那些教师已知道对解答无用的信息，那么至少会产生三种不利的后果。第一，学生在获得信息方面不够大胆，但为了得到奖赏，他就要求助于猜测教师会怎么想；第二，不利于学生自己决定哪些信息是无用的；第三，可能会因此压抑那些具有独特潜力和洞察力的学生的解答。

（2）通过分析类似的问题帮助获取信息

有时，解答某个问题所使用的分析方法能充当分析另一个问题的基础。有些问题十分相似以致用这个方法完全可行。问题是具有一定的障碍性的，解答是不容易的，不仅要有敏锐的洞察力，还要有坚忍不拔的精神。对一时难以解答的问题，换一个角度思考，也许能够丰富自己的思维内容，找到成功的解法，甚至捷径。但有些问题往往需要冗长的推导和复杂的计算，解题思路可能很不简单。对于这样的问题在找到更巧妙的解法之前，不应随意放弃已找到的解法。

3. 为学生营造一个有利于解题的气氛

查明学生理解问题，帮助学生获取所有有关信息并不能保证学生就能解答问题，问题的解决需要有一定程度的洞察力，这种洞察力必须经过智力上的努力才能获得，教师不可能提供这种洞察力，而只能提供一种有利于学生将自己的创造力专注于解题的气氛。教师指出学生解题的思路可行，并给足他们研究问题的时间，以此可以鼓励和激发他们解题的努力。如果教师自己认识到问题的障碍性，并做到了不因学生采用无效方法而使他们处于不利境地，那么教师就可能会以正面的方式来鼓励学生，比如可以说"那是一个好的开头，继续下去""那样也许可行，试试看""我也曾被这个问题难住，你要花时间好好考虑"。

时常给学生提示或建议，特别需要给那些因实施不奏效的解题思路而受挫折和沮丧的学生以提示。当学生由于受挫而放弃问题，无论是他们的自我概念还是他们的数学态度都将受到损害，学生无论在数学上还是在心理承受能力上都还不成熟，那种时刻最容易使其丧失信心。当然，还有必要提醒一下，教师在给学生提示时必须小心行事，避免打击那些初看起来显得无效但实际上颇具洞察力的解题思路。教师还应当帮助学生，简洁明白地提出猜想，然后再验证猜想。先形成猜想，再验证猜想，已被证明是一种行之有效的问题解决策略。应该鼓励学生大胆去猜想，然后对猜想加以验证、否定或修正，这种活动常为数学家和数学教师解决问题时使用。遗憾的是，教师们常常总是把自己起初的一次次失败及一次次走进死胡同的结局隐藏起来，不让学生知道。总是给学生这样一种强烈的印象，我们解题时所具有的行为是完全演绎式的。长期这样下去会误导学生，使他们感到灰心丧气。其实我们应该使学生认识到，教师使用问题解决的准则和方法及探寻过程，同鼓励他们使用的问题解决准则和方法以及探寻过程是一样的。

鼓励学生提出猜想、验证猜想常常能导致学生发现问题的多种解法，这就能为教师提供以实例说明数学潜在动力的机会，由此也许可以减轻一部分学生的心理压力，因为这些学生往往以为他们必定能找到正确的解法。从问题定义的另一面看，要成为个人真正的问题，解答者还必须要有解答的兴趣。在问题解决教学中，教师应能利用这一点。在帮助学生理解问题，获取有价值的思维素材及给了他们适当鼓励和足够的时间以后，接下来教师必须等待学生产生自己的解法。

4. 及时鼓励学生对问题及解法进行反思

在找到问题的解法后，让学生回顾一下自己经过努力所获得的成果，既会使人别有一番享受，又有启发意义。学生在努力解决问题时，经历着一定程度的紧张，一旦找到了问题的解法（或一旦学生确信问题的解法已经找到），这种紧张立即就被胜利的喜悦感所代替。学生经过长时间智力活动，终于克服了解法寻找过程中遇到的种种障碍，这种经历会使他们体会到战胜困难后的愉悦。让学生有机会品尝自己取得的成就，能强化学生的成功感。抓住时机利用这种积极的态度，鼓励学生去验证由归纳过程找到的解法，去寻找不同的解决思路，去研究与所解问题有关的问题，可以促进学生对所解问题有更深刻的理解。下面的每一种策略都将说明如何利用学生的成功感。

（1）让学生验证未经演绎方法确定的解法

如果解题思路是用演绎的方法确定的，那么解法的验证实际上已蕴含在演绎过程中。例如，前面求作等边三角形（已知它的中线）的方法，我们使用了由已知信息和经过分析所演绎的信息。演绎推出的信息至少说明了用于完成作图的程序的合理性。然而，通过归纳手段找到的解法，则是没有经过验证的，虽然它的验证对学生而言也许是完全可能的和可接受的。当问题解决的目的是建立数学命题时，那么问题解决的教学教师实际上是在上一堂发现课。因此，完全可以这样说，问题解决的探索经历其实就是发现课。

（2）鼓励学生寻找和介绍问题的不同解法

教师应该虚心接受学生发现的别的解法。人们往往容易满足于某一种解答方法，而排斥其他方法。教师如果不能虚心地接受或让学生提出不同的解题方法就可能会窒息学生的创造性，甚至会使学生受到这样的危害，认为其他的解答方法没有根据或不正确。通过鼓励学生介绍新颖的解法，教师就获得了以实例说明数学的相互关系及其魅力的机会，同时也获得了促进学生数学方面的自我概念的机会。

有时学生们能凭着他们各自的聪明智慧，想出各种各样的解题方法，他们会乐意介绍新颖的解法，尤其是当他们的思路比其他同学甚至比老师的思路巧妙时更是如此。教师不应当美化自己解题的技能，相反，应该热情评价和鼓励学生的聪明智慧，或许还应该为自己创造了学生做出发现的机会而骄傲。如果另外的解法看起来并未显示出不同之处，那么教师就可以要求他们重新把注意力集中到这个问题的不同方面，以此来鼓励他们挖掘出不同的思路。

（3）激励学生研究给定问题的变式题

向学生介绍源于给定问题的富有启发性和挑战性的问题，能激起学生数学上的好奇心，通过改变问题的某些条件，就能设计出可供学生研究的另一些问题。

（三）解题准则的运用

1. 问题解决教学过程中师生的相互作用

前面介绍的各种准则主要着眼于问题解决教学中如何帮助学生解决问题。在教学中，还应设法让学生把这些准则体现在他们的行为中。要做到这一点，一种可行的方法就是，在和学生一起解决问题时，有意识地、明显地指出用到的准则，从而使学生意识到此准则的运用。也就是说，当教师帮助学生解决问题时，应该经常地使用那些准则中体现的想法和主意。类似于下面这样的同题和陈述应该刻画了问题解决教学过程中师生相互作用的特点：①让我们来看看你是否真正理解了这个问题，你能用自己的语言复述这个问题吗？②你能画出草图吗？你画了草图吗？③这个答案和什么相像？了解这一点对我们有帮助吗？④让我们把迄今为止所知道的问题都列出来。⑤我们不妨暂且假设这个问题已被解决，然后尝试由此倒推上去。⑥我们从前做过与此类似的题吗？⑦让我们尝试用另一种方法。⑧为什么你过后就想不起这个问题而把它看作新问题呢？⑨你可以猜一猜，大胆地猜！⑩你产生了某种预感吗？⑪有这种可能性，让我们来看看它行不行。⑫别泄气，这是一个难啃的问题。别指望立刻就能解决它，我敢肯定没那么容易。⑬很好！让我们来看看，这个方法为什么可行？⑭这是一种解法，看看你是否能找到别的解法。⑮很好，我们已经解决了这个问题，现在，如果……那么情况将会怎么样呢？你的解题思路仍然有用吗？

美国数学教育家波利亚也谈到过这点。如果教师希望他的学生产生与上述问题和建议相对应的思维活动，那么他就应该经常天真地向学生们提这些问题和建议。而且，当教师在课堂上解答问题时，他应该稍带戏剧性地大致展示他的想法。并像帮助学生那样向自己提出问题，由于这种引导，学生最终能发现这些问题和建议的真正作用。而且，正是通过这种发现，将使它获得某种比任何一种具体的数学知识都重要得多的东西。

2. 问题解决中数学教师的角色作用

如果说使学生擅长于问题解决的过程是教学的目的之一的话，那么教师强调和评价学生所用的解题方法和程序就是合适和正当的。在许多情况下，问题的实际结果或答案可能总是次要的，比如学生认识到棋盘上正方形的确切个数为 204 这个事实，恐怕并不比具备下面这样一种能力来得重要：能把解决这个问题的过程用于将来的某些问题情境。这就意味着教师应该鼓励学生回顾各自的解题方法，重视不同的解题思路。总之，无论是教师还是学生，找到问题的解答后，应该花些时间和精力对问题及其解答做些回顾。

在问题解决的教学过程中，另一个要考虑的因素主要是时间的花费问题，即教师应把多少时间花在问题解决的活动上。课堂上花在求解和讨论问题的时间以及布置问题的方式往往因老师而异。比如，有的教师喜欢先布置几道问题，允许学生在一定的时间内完成，然后在课堂上检查这些问题的完成情况及他们的解答；而有的教师可能按照平时的计划安排来布置问题，包括日常作业中的问题，或定期布置的一套一套的问题。

教师在实际教学中提供解决问题的机会能达到的程度反映出教师对问题解决的行为重要性做出的价值判断。有些教师总是在讲完预计的课本内容之后介绍和讨论一些问题，一般不愿意打断这种安排；而有些教师可能在主要内容的教学过程中会有意安排一些问题解决的教学，这些做法受到教师偏爱的价值判断的支配。

遗憾的是，在实际教学中教师由于迫于完成预定的年度教学内容而错过了许多把问题作为课程内容介绍的机会。还有就是有些教师对平时课堂上的问题到底在什么程度上可以用问题解决的模式来讨论这个问题，也未认真地加以考虑。实际上在教学中教师必须确定出课堂上的重点问题，即什么是一节课的重点内容，并在此基础上决定是否有可能给学生提供问题解决的经历。

在问题解决的教学中另一件极为重要的事情就是教师的态度。教师必须是数学探索活动中的一位热心者，好奇心也是极为重要的。诸如下面这些质疑："我想知道是否……你以为……可能吗？""我们可以怎样求出……"反映出教师具有的一种态度、一种智力上的好奇心和神态，无疑，教师的这种态度能在学生中起到潜移默化的作用。

教师必须表现出自己的行为神态。这就要求有使人着迷的表情、笑容及其他体态语，用来显示他在做出数学发现时的激动和兴奋。有时，教师必须充当一个同样也在寻找问题解决方法的角色。有时教师又要扮演一个持怀疑态度的角色来引导而不是直接告诉学生如何解决问题。问题解决的教学并非易事，困难之处就在于既要使学生保持持久的兴趣，又要做到不给他们过多的提示以免使探索解答的过程失去真正的挑战性，同时还要避免他们因受挫折而放弃解题。

最后，教师应该以热情的火花点燃学生解答问题的动机。许多诱发动机的方法和技巧，都可以应用于问题解决的教学。此外，由于问题解决自身的特点，问题解决教学中有着更多的动机因素。正如波利亚所指出的，最佳的动机因素来自学生对其作业的兴趣。然而，还有一些不应忽视的动机因素。比如，在学生做题目之前，先让他们对问题的结果或部分的结果进行猜测，学生的自尊多少有点取决于最后的结果。这促使学生急于想知道他的猜测是对还是错，所以学生将主动关心自己的作业和班上同学的作业，学生便不会睡觉，也不会表现出不良行为。

出色的问题解决教学的教师会使用许多教学技能，他们既有帮助学生解决问题的任务，也有帮助学生把解决问题的策略落实到他们各自的行为中去的任务。为了实现这个目的，教师必须以这样的方式向学生提出问题，鼓励他们接受问题的固有挑战，并就如何才能解决问题大胆地提出假设，并检验假设。这就需要有周密细致的计划，还需要以最富艺术性的方法去影响学生。

第二节　创新思维下的命题教学创新

一、命题的含义及数学命题学习

(一) 命题的含义

1. 判断和语句

判断是对思维对象有所肯定或有所否定的思维形式。例如，对角线相等的梯形是等腰梯形；三个内角对应相等的两个三角形必定全等；菱形的四边相等。由于判断是人的主观对客观事物的一种认识，所以判断有真有假，正确地反映了客观事物某种联系的判断，叫作真判断，否则是假判断。

判断作为一种思维形式、一种思想，其形式和表达离不开语言（包括符号的组合）。因此，判断是以语句形式出现的，我们把表达判断的语句称为命题。因此命题又可以说成是可以判断其真假的语句。

2. 判断的种类

（1）分类标准及判断种类

我们可以按不同的标准对判断进行分类。例如，按判断本身是否还包含其他判断可把判断分为简单判断（本身不包含其他判断的判断）及复合判断（本身包含其他判断的判断）。又因为有些判断是断定某些属性是否属于这个或那个思维对象的，有些是断定思维对象之间的关系的，还有些判断是断定各对象之间的制约关系的，所以对于简单判断和复合判断还可以进行分类，将其分类为性质判断和关系判断。而在性质判断中再按照判断的质和量及质量结合，又可分为肯定判断、否定判断、单称判断、全称判断、全称肯定判断、全称否定判断、特称肯定判断和特称否定判断。在关系判断中按照不同的关系可分为对称关系判断和传递判断。

对于复合判断，按照组成复合判断的各个简单判断之间的结合情况，又可将其区分为负判断、联言判断、选言判断、假言判断；在选言判断中又分为相容和不相容的选言判断；在假言判断中又分为充分条件、必要条件和充分必要条件假言判断。

（2）简单判断

性质判断是指断定事物具有或不具有某种性质的判断，性质判断由四个部分组成：主项，用来反映判断中的对象；谓项，用来反映判断中的对象具有或不具有的性质；联项，用来指明判断的主项和谓项之间所存在的联系语词；量项，用来反映主项的数量和范围，如"所有""一切""任何"等叫作全称量词，它们表示对主项的概念的全部外延做了判断；而"有些""有的""存在"等叫作特称量词或存在量词，表示对主项的外延的某些部分有所判断。根据使用量词不同，就得到不同的判断。

（3）复合判断

复合判断包括：①负判断是指在一个判断语句前面加上逻辑连词"并非"而构成的判断；②联言判断是指用逻辑连词"且"将两个判断结合起来得到的，用来断定几种事物情况同时存在的判断；③选言判断是指用逻辑连词"或"将两个判断联结起来得到的，用来断定几种事物情况中至少有一种事物情况存在的判断；④假言判断是指断定一类情况的存在是另一事物情况存在的条件的判断，所以又可称之为条件判断。

在假言判断中，有充分条件假言判断、必要条件假言判断和充分必要条件假言判断。

（二）数学命题学习

1. 命题学习概述

命题学习是美国心理学家奥苏伯尔提出的有意义学习的重要基础之一。按照奥苏伯尔的观点，命题学习实际上就是指发现命题和领会命题语句的意义的学习，这又可分为接受学习和发现学习两种形式。由于命题是以语句来表达的，所以当学生有意义地学习命题时，所学习的语句与学生认知结构中已有的观念会建立联系。奥苏伯尔认为，所学习的命题与学生已有命题之间的这种关系，一般表现为三种类型：

（1）下位关系

指新学习的命题内容类属于学生认知结构中已有的、包摄性较广的观念。这是新教材与学生已有观念之间最普通的一种关系。一种是派生类属，即新的命题内容仅仅是学生已有的、包括面较广的命题的一个例证，或能从已有命题中直接派生出来的。对这种新命题，学生已有的、构成一般命题的意义的表征映象，只须稍做修改，就能产生出新命题的意义。因此，相对说来这种具体命题比较容易学习，只需少量认知活动就能领会其意义。另一种是相关类属。当新命题的内容表现为扩展、修正或限定学生已有的命题，并使其精确化时，表现出来的就是相关类属。例如，学生已知"平行四边形"这一概念的意义，那么，我们可以通过"菱形是四条边一样长的平行四边形"这一命题来界说菱形。在这种情况下，通过对"平行四边形"予以限定，就产生了"菱形"这一概念。

（2）上位关系

当学生学习一种包摄性较广，可以把一系列原有观念类属于其下的新命题时，新命题的意义便与学生认知结构中已有的观念产生了一种上位关系。例如，假定学生已知正方形、长方形和平行四边形的内角之和等于360°，那么任何四边形内角之和等于360°这个一般命题，就与已有观念产生一种上位关系。

（3）组合关系

当学生有意义地学习与认知结构中已有观念既不产生下位关系，又不产生上位关系的新命题时，就产生了组合意义。许多新命题的学习，都具有这类意义。在数学中，很多关系的学习，既不属于学生已掌握的有关观念，也不能总括原有的观念，但它们之间具有的某些共同的关键特征与已有知识的关系能并列地组合在一起，产生一种新的关系——组合关系。

奥苏伯尔根据命题学习的上述类型，提出了命题的接受学习理论和发现学习理论。接受学习理论解释了学生接受性学习命题和长期性保持知识的过程及其内部机制，认为命题的接受学习就是掌握命题的意义，把握事物内部实质性联系的学习。学习过程的实质乃是以符号为代表的新观念与学生认知结构中原有的适当观念建立实质性和非人为的联系。而命题的发现学习则是指不是把学习内容一开始以定论的方式呈现给学生的，而是要求学生在把最终结果命题并入认知结构之前，先要从事某些心理活动，如对学习内容进行重新排列、重新组织或转换。发现学习可以在前面提及命题的三种学习类型中发生，除此之外，发现学习还涉及其他三种学习类型：运用、问题解决、创造。

"运用"是指把已知命题直接转换到类似的新情境中去，有点类似于我们通常所讲的"练习"。"问题解决"是指学生无法把已知命题直接转换到新情境中去，学生必须通过一些策略，使一系列转换前后有序。学生已有的知识可能是与问题解决办法有关的，但须经过多次转换，而非直接运用或练习所能解决的。"创造"则是指，能把认知结构中各种彼此关系很遥远的观念用来解决新问题，而且认知结构中那些命题与该问题有关事先是不知道的，各种转换的规则也是不明显的。

在问题解决中，学生现有知识与所要学习的知识之间应有一定的距离，以便需要学生去探求问题解决的办法。创造是指能产生某种新的产品。这个产品对学生来说可以是新的，在人类认识意义上来说也可以是新的，不管生产的是哪种产品，都应该被视为创造性行为。创造性行为与问题解决的差别在于前者表现出一定的综合水平，能够把各种要素组合在一起，形成新产品，而且这种综合水平应超过问题解决中所需要的水平。

2. 数学命题的学习

数学命题的学习是指数学上的真命题的学习，即对公理、定理、公式的学习。下面按照奥苏伯尔的命题学习理论来分析课堂教学中数学命题的学习机制。

当教师把学习的数学命题采取直接呈现的方式教学时，学生对命题的学习就是接受式的。例如，教师通过语言讲述、使用幻灯或板书等多种教学媒体将"直线与平面平行的判定定理"的内容明确告诉学生。此时，学生学习的主要任务就是接受这个定理。

当新命题与学生已有的知识具有内在逻辑意义时，便使学生具有了理解新命题的心理倾向，那么就发生了有意义的接受学习。有意义的接受学习过程是一个积极的思维过程。它包括以下几个方面：①在已有的知识中找到与新命题相联系的数学知识，如在直线与平面平行判定定理的例子中直线与直线平行的概念，平面外和平面内的直线概念，直线与平面平行概念等，经语义加工而明确新命题的前提和结论；②利用已有数学问题解决的经验，明确新命题与结论的内在联系，在上述的例子中是获得直线与平面平行判定定理的证明，从而明确"要证明直线与平面平行，只要证明平面外的一条直线与平面内的一条直线平行"；③明确新命题与已有数学知识之间的区别。这些思维活动都是积极的，即学生在已有的数学知识和问题解决经验的基础上，通过积极思维而获得新命题的意义。

当新命题的内容不是直接呈现给学生，而是先通过提出某些问题或创设相应的问题情境，促使或引导学生通过思考现有问题的解决过程来发现命题或概括性结论时就发生了有意义的发现学习。

总之，就是要引导学生思考、回答或解决这些问题，然后形成猜想。在此基础上进一步解决或修正猜想，最终导致新命题的发现。

综上所述，我们看到命题的接受学习和发现学习过程中，在学习条件、心理过程，以及它们在认知功能中的作用均有不同。在命题的接受学习中，学习的主要内容基本上是以定论的形式传授给学生的。对学生来讲，学习不包括发现，只要求他们把教学内容加以内化（即把它结合进自己的认知结构之内），以便将来能够再现或派作他用。因此，学习是否有意义，取决于学生是否建立了新命题与已有的知识之间的联系，而学习者的心理倾向取决于新知识与学生已有知识之间是否建立了联系；学生认知结构中新旧知识的相互作用导致新旧知识的同化，从而不仅使新知识获得了意义，而且旧知识也因此得到了修饰而获得新的意义。教师以这种方式设计命题教学内容、安排教学序列时，应适合于学生认知结构的组织特点，这样才能有助于学生对知识的学习、保持、迁移和运用。而在命题的发现学习中，学习的主要内容不是现成地给予学生的，而是在学习内化之前，必须由他们自己去发现这些内容。换言之，学习的首要任务是发现，然后便同接受学习一样，把发现的内容加以内化，以便以后在一定的场合下予以运用。所以，发现学习只是比接受学习多了前面一个阶段——发现，其他没有什么不同。

二、数学命题的教学步骤和策略

（一）数学命题的教学步骤

1. 导入步骤

导入步骤是指教师在命题教学开讲阶段使用的步骤的总称。常为教师使用的导入步骤大致有三种：第一种也是最简单的一种导入步骤，就是教师直截了当地提出要讲授的课题，把学生的注意力引到要讲的中心问题上来，可把这种步骤叫作课题聚焦步骤；第二种导入步骤就是教师明确地陈述出本课题将要达到的目标或结果，我们把这种步骤称为目标展示步骤；第三种导入步骤就是教师试图使学生相信将要学习的命题是很有意义的，值得他们去学习的，我们把这种导入步骤叫作引发动机步骤。人们常常通过指出某个命题的效用性来达到激发动机的目的。例如，在尝试引导学生学习如何求解比例问题时，可以指出日常生活中使用的比例的一些具体例子；又如，有些命题是有理数的乘积运算的基础，当教师打算教这些命题时，可以指出这些命题在代数学习中的重要作用。

对于代数、几何及其他数学课程中的大多数数学命题而言，用后一种引发动机方式很可能会更常用，也更易做到。启发动机在教学中具有重要意义，因此这种步骤在实际中经常为教师使用。数学教师在运用前面几种命题教学的导入步骤时经常可以使用下面方法来启发动机：

（1）陈述这堂课的目标。这种方法有助于学生明确后继学习的方向。

（2）简述学习要点。即教师把在展开这堂课的过程中所要讨论的问题陈述出来。同陈述目标一样，这种方法也可以被看作帮助学生明确学习进展的方向。心理学研究表明，动机形成会随着目标明确的清晰度而增强。

（3）使用类比。使用这种方法实际上就是指教师要从学生熟悉的知识内容中挑选出同他们将要学习的知识内容相类似的某个对象，某个过程或某种情况。这种方法把学生将要学的不熟悉的东西与学生熟悉的东西联系起来了。例如，代数老师可能会提醒学生，在等式的两边施行某些相同的运算，仍得到等式。然后，他就可以引导学生进入方程的求解过程，在求解中，老师还会强调，应该在方程两边施行相同的运算。

（4）利用数学发展中的历史素材。例如，在讲授勾股定理时，教师就可以向学生介绍一些有关我国古代数学中与勾股定理有关的史料。三角函数理论、对数理论都可以通过联系这些理论的发生发展的历史来介绍，处理向量理论也可以仿照此方法。教师要使用这种方法，就不但要懂得数学还需要知晓数学的历史，特别要注意收集有关数学概念、定理和数学进程的丰富史料。

（5）复习一些从属的知识和信息。如果还诱发了动机，那么很可能是因为把以后将要学到的东西同学生可能已熟悉的东西联系了起来。所复习的从属知识和信息应该是对理解后面要讲授的命题是必不可少的。如果使用这种方法，那么最好是通过提问来确定学生是否真正理解了这些必备的知识和信息，因此这种复习还可以是一种诊断，并且如果认为有必要，还可以及时提供补救性的教学。

（6）要向学生说明学习某个具体课题的理由。这一步同上面描述的动机因素的步骤是相似的。有证据显示，当把这种方法同目标陈述步骤结合起来使用时，更能显示其效能，因为后一种方法使得学生能明白他们将要达到的目标。

（7）创设问题情境。问题情境不仅可以有效地吸引学生的注意力，而且还能引起他们对将会产生什么结果的兴趣。学生们对未知世界有着强烈的好奇心，同时也有着强烈的好胜心。通过提出适当的问题情境，教师就能充分利用他们的好奇心和好胜心理，从而引发强烈的学习动机。

2. 下论断步骤

在命题教学中，往往要在适当的时机以概括性陈述或论断的方式提出命题或做出命题或得出结论。此种步骤称为下论断步骤，或陈述结论步骤。

在这种步骤中，有时是教师本人向学生提出某个概括性结论或命题，有时是教师引导学生注意课本上的某个命题或结论的陈述，而有时又是在教师的启发和帮助下由学生用语言表述某个命题。所要表述的命题或结论可能是在讨论中已经被发现或被确认或被证明的。但不管采取何种方式，也不管是在什么时候，只要有结论性的语言陈述，那么就可以看作下论断步骤或陈述结论步骤。在命题教学过程中这种步骤往往会重复使用，目的是对所要教学的内容进行强调。

3. 列举例证步骤

列举例证步骤就是指教师在命题教学中使用某个命题的一个或多个例证来进行讲解或说明。如果一个命题没有用数学符号表达，即只是使用了普通名词，那么用适当的名词或常量代替一个普通名词便可得到这个命题的例证。例如，对于命题：如果不等式两边同除以一个负数，则不等式反向。

使用列举例证步骤的作用在于帮助学生了解和明确命题的意义，向学生说明如何应用命题。

4. 应用步骤

列举例证步骤与应用命题的步骤有着密切的联系。在命题教学中，我们把那些具体应用某个命题的步骤称为应用步骤。命题的应用步骤往往要涉及演绎推理。在应用中，学生要对实际情况或问题进行分析并决定哪个或哪些命题与之有关，然后，再利用实际情况中或给定问题中的已知信息和数据以及所选择的有关命题，推出结论。

在教科书中常常是这样使用应用步骤，或者以例题出现的，这些例题其实就是某个命题的例证；或者提供一些练习或习题，这些练习或习题可以是某个命题的例证。所以在实际教学中，应用步骤实际上就是教师使用的这样一些步骤，借助于问题、练习、习题或例题的形式，试图让学生应用某个命题，或者把这个命题连同其他命题结论一起来加以应用。

5. 解释说明步骤

在命题教学中，为了帮助学生理解命题的意义，教师会着重向学生讲解有关命题，特别当教师认为或判断出有学生对命题中的有些概念含糊不清，或由于命题本身结构比较复杂，或其含义比较隐晦，给学生造成了理解上的困难时，教师会设法对命题的含义进行解释、说明或澄清。为此，教师会使用各种步骤，把以此为目的的步骤统称为解释、说明步骤。第一种解释说明步骤，就是教师使用不同的、多半是较易理解和领会的语言或词汇叙述这个命题的含义。最常见的情况是使用自然语言来意译用数学符号表达的命题。第二种解释说明步骤，则是复习或引导学生自己复习一些对他们来说可能还不太清楚的概念。教师常常通过使用概念教学中的某些步骤来实施这种步骤。第三种解释步骤，就是列举例证步骤，像其他步骤一样，这个步骤也常常被反复使用。一般说来，当教师选择的是学生熟悉的对象或例题时，这种例证对于命题的解释更为有效。

在教学实践中，我们还要考虑到，当命题本身的结构较复杂时，教师就要通过明确讨论命题的构成部分及其间的逻辑关系或通过讨论命题间的蕴含的关系等方法来分析这个命题，因此又可以把这种步骤称为"分析"步骤。

6. 列举反例步骤

在命题教学过程中，教师也会使用"反例"。使用反例的目的是否定不真的命题或结论。在教学中，当学生做出了错误的结论或做出了不正确的概括性陈述时，为了让学生意识到这种错误，并纠正学生的错误，便可采用列举反例步骤。在严密的科学体系中，只要有一个反例就足以证明某一猜想不是真命题。

7. 说理或证明步骤

在教学中，教师经常会问这样的问题："你怎么知道它是一个矩形？"可以把这样的问话看作要求学生去说明或证明某个结论的正确性或合理性。说明或证明某个命题的正确性，就是给出这个命题为真的证据或理由。

在数学命题的教学过程中，教师会使用四种说理步骤。第一种说理步骤就是教师通过指出某一命题或结论已为权威们所接受，以此来达到说理目的。在学生们看来，如果一个命题或结论是教科书中做出的论断，那么它肯定是真的。有时，教师们会利用这种说理步骤，比如往往会以这样的惯用语出现："数学家们知道""已经有人证明"，或者用其他等价的说法。第二种说理步骤是演绎推理或证明。从学生们接受的前提条件出发，进行一系列演绎推理，最后导出这个结论或命题。在学生获得了证明的概念以后，数学教师就会经常使用这种说理来证明定理。在数学课上，演绎推理的步骤有各种形式。比如，不是直接给出证明，而是给学生描述如何才能给出证明。第三种说理步骤是利用列举例证步骤，即通过给出命题的一个或几个例证，把它们作为命题或结论正确的证据。直到学生学会如何证明定理之前，列举例证步骤是数学教师让学生确信某个命题或结论正确的有效方式。

（二）数学命题教学的策略

数学命题的教学，主要指数学定理、公式、法则、公理等数学真命题的教学，我们将其简称为命题教学。

命题的教学与概念的教学过程基本上是类似的。虽然概念和命题作为两个问题分别被提出来，但就人们认识事物的过程而论，它们是一致的，都是在认识论的指导下进行教学的。所以，有关概念教学的思想和方法，原则上也适合于命题的教学。

数学命题教学的基本任务，是使学生认识命题的条件和结论，掌握命题推理过程或证明方法，运用所学的命题进行计算、推理或论证、提高数学基本能力，解答实际问题，并在此基础上使学生熟悉基本的数学思想和数学方法，弄清数学命题的关系，把学过的命题系统化，形成结构紧密的知识体系。所以命题教学的基本策略是命题的提出、命题的明确、命题的说理、证明、命题的应用和命题的系统化。

1. 命题的提出

数学命题是反映数学对象的属性间的关系。人们认识这些关系有的是从对现实世界的空间形式和数量关系的直接观察分析或者是通过测量计算得来的，有的则是从理论指导得来的。因此，命题的引入有多种途径。

（1）发现学习条件下命题的引入

在发现学习条件下，教学过程中不是先提出命题的内容而是通过设计适当的实验、演算、作图、创设一定的问题情境等方法，引导学生在分析、归纳的基础上，提出命题。

在发现式引入命题时，必须通过一些问题来引导学生发现命题，所提的问题不仅要有助于学生形成猜想，而且要能帮助学生在解决问题时不断验证猜想。如果设计的问题学生几乎无法解决，那么这样的问题将无助于数学命题的发现；如果数学问题之间没有内在的联系或这些数学问题没有体现某种规律，那么学生解决这些问题后也难于发现这种联系或规律，即难于形成猜想。因此，在发现学习的情况下，数学问题必须具有内在的联系，或体现某种规律性。

（2）接受学习条件下命题的引入

虽然接受学习中，命题往往是以直接的方式呈现在学生面前，但是由于数学命题大都是用抽象的数学语言来描述的，其含义不易为学生所理解。所以，在教学过程中教师往往会通过适当的导入步骤来引入命题，以使学生产生积极意义的学习心向，促进学生对命题的理解。

2. 命题的明确

明确命题的主要任务是帮助学生分辨定理的条件和结论，发掘定理所涉及的概念的特征或图形的性质，利用有关数学符号，把已知和求证确切而简练地表达出来。每个数学命题都是在且仅在条件完全具备之后才能成立某些结论，反之在不具备这些条件时使用这些结论就会出现错误。

每个数学命题都有相应的适用范围，都是在某些条件下或某个范围内成立的相对真理，条件与范围变了，则可能成为谬误。例如，算术根的运算法则是以各个算术根存在为前提；对数运算法则必须以各对数有意义为前提。还有一些公式的条件是隐含的，如二次函数的极值的公式就隐含着顶点横坐标包含在 x 的取值范围之中。

有时，命题的条件和结论包含需要进一步明确的概念。只有把这些概念具体化，才能用数学符号表达成命题的已知和求证。为此，可引导学生回忆有关的定义，在此基础上将命题的条件和结论改述为易于理解的形式。特别对某些条件或结论比较复杂的命题，要注意分析其结构，解释其意义。对于定理中一些关键性的词语，必须让学生懂得这些词语的意义。

对数学命题的说理或证明是对数学命题逻辑真值的肯定，这种说理或证明的意义在于能使学生明确数学命题的前提和结论之间内在的逻辑关系，即明确"如果满足……条件，那么得到……的结论"或"要得到……结论，那么必须找到……条件"的思维形式的正确性，从而加深对命题的理解。不仅知其然，而且知其所以然，便于记忆和应用。有利于学生学会如何把知识运用于解决问题，从而有助于发展学生的逻辑思维，使学生逐步养成严谨地思考问题的习惯，提高分析和解决问题的能力。

实际上，数学命题的说理或证明过程就是数学问题的解决过程，数学命题证明的教学可以体现解题的一般思想和方法，特别是一些典型命题的证明更具有一定的代表性，掌握这些证明方法对于学生数学能力的发展意义十分重大。例如，平面平行判定定理的证明方法采用了反证法，其证明的教学可以使学生进一步领会反证法；勾股定理的证明应用了面积法、图形割补法、数形结合思想。掌握这些思想和方法对提高分析问题和解决问题的能力具有巨大的作用。

因此，命题证明的教学重点在于让学生掌握证题的思想和方法。对那些思路、方法和技巧上具有典型意义的要加以总结，以提高学生分析、解决问题的能力。为此，在教学时必须把分析法和综合法结合起来使用。对于结构比较复杂的定理可以先以分析法为主寻求证明的思路，分析证明方法的来龙去脉，然后用综合法表述证明过程，把整个过程连贯地、完整地叙述出来。特别在定理教学的入门阶段，更应注意规范化的板书，说明书式的格式和每一步推理的依据，给学生提供必要的示范。

不过有些数学命题非常重要，它的证明也可能非常复杂甚至超出了学生的知识范围，那么就可以通过适当的说理方式使学生认识命题的正确性，例如使用实验法从而有助于发展学生的逻辑思维，使学生逐步养成严谨地思考问题的习惯，提高分析和解决问题的能力。

在命题教学过程中，为了有利于学生灵活应用数学命题能力的发展，还应注意按照数学命题具有的潜在的认识功能来设计相应的数学问题，而不是简单地按照问题的类型和解题方法来设计问题。这样的教学问题往往不是直接利用一个命题就能解决，而是需要根据问题的已知条件，调用一系列数学命题进行推理，导出解决问题的关键条件。

3. 命题的系统化

数学教学中的命题是一个有系统的知识体系，弄清各个命题在数学体系中的地位、作用，以及命题之间的相互关系，可以从总体上把握数学命题的全貌。

加深对数学命题的理解。在命题教学过程中，可以通过复习，把学过的知识整理成系统的知识体系，形成命题的知识链，使学生在命题的结构体系中掌握命题。还可以通过讨论一些公式、定理的推广方法来表现命题知识的系统性。

第一节　思维学导式数学教学的策略

一、动机激发策略

任何学习行为的产生都由学习者自身的需要与有明确所指的目标相结合而来的动机支配。要实现课堂中学生的创新学习，关键在于学生自身的精神状态，在很大程度上取决于学生坚持自我创新学习的动机、意愿和要求，教育成效的大小往往以学生内在的创新意识精神力量为转移。而创新意识的形成既来自人的天然的探索本能和求知欲望，更来自学生的生活理想、人生追求及社会责任感。没有这些需要做基础，学生就不会把已经观察发现的问题上升为自己主动探索研究的课题，创新思维、创新行为也就不会产生。所以，进行理想教育和社会责任感教育是培养创新型人才的关键任务之一。

另外，创新潜质存在于每个人的身上，只是表现方式、层次水平有所不同，并不是神秘莫测的，创新就在我们身边。教师可以以科学家、艺术家的创造经历，周围人物的创新故事做榜样，鼓励学生向他们学习，并随时注意学生中好奇心的萌芽，保护他们的探究欲望，形成人人敢于创新、乐于创新的良好氛围，由被动等待教师的牵引转变为主动求新，以创新为荣。

动机激发策略的教学策略，要求：首先，要看到教学中学生是认识活动的主体，设计问题一定要认真分析学生在认识过程中内在的矛盾性。一定从思维的规律出发，从培养学生具有良好的思维品质出发去设计问题。要考虑从具体到抽象、从感性到理性、由浅入深、由近及远、循序渐进的原则。其次，要深刻分析教材本身的内在矛盾性，从学生已有的基础出发，针对教学目的要求、教材重点、难点、关键设计各种类型的问题。一般地，根据不同的目的要求，应设计不同类型的问题，起到不同的作用，具体的问题类型有以下几种：

（一）激趣型

由于思维具有可导性，兴趣能有效地诱发学生的思维，因此在教学中可以有意识地提出能激发学生的学习兴趣的问题。我们可以从学生所熟悉的基本事实中，从新旧事物的联系中找到"激发点"，激起学生的学习兴趣，这种设问的目的不在于要求学生立即回答，而是为了激起学生的求知欲。

（二）激疑型

"思维自惊奇和疑问开始"要设计那种使学生感到"惊疑"的情境。例如，可以提出问题告诉答案，这个答案大部分学生都认为是对的，然后再指出它是错误的，学生就会感到"惊疑"：错在哪里？或者答案是对的，但又不容易发现它们之间的联系，学生自然要问为什么。有意设置矛盾，使得思维波澜起伏，激起思维的浪花，把学生引入思考的境地。

（三）引发型

为了培养学生的创造性思维能力，可先给学生提供一些感性材料，提出问题引导学生观察，从而发现问题、发现规律，此种设问能起到"启发剂"的作用。

（四）引深型

为了培养学生思维具有深刻性的品质，引导学生深入思考，在分析矛盾中提出有一定深度的问题，启迪思维。

如学了双曲线的切线方程之后提出，双曲线能否有这样的切线：只与双曲线的一支相切，而与另一支相交或者与双曲线的两支都相切？

（五）直观型

直观具有鲜明形象的特点，容易理解，也容易引起注意与思考，对发展学生的观察力、分析思维与直觉思维有良好作用。

（六）递进型

为了培养学生思维具有逻辑性的品质，可根据教材内容设计一个题组，这个题组中的问题不是孤立的，它好似引导学生思维的航标，使学生沿着逻辑的思路进行思考，认识步步深化，从而揭示某种规律或整个知识的链条。

（七）比较型

为了培养学生思维的判断性和敏捷性，可在不同知识间进行比较（类比或对比）。由于知识间的迁移作用，这有助于学生求同思维与求异思维的发展。这种比较可以是正面与反面，正向与逆向，正确与错误，新与旧，等等。

二、设疑促思策略

创新总是在面临问题时产生的，创新始于疑问。课堂教学中教师不只是教材内容的讲授者，还应该成为问题的"制造者"。教师所要做的是创设高质量的问题情境，启发思维，引导探究，促成问题的解决。

问题的设计与思维过程紧密联系，两者的有机结合是实现掌握知识、形成能力、培养创新精神的突破口。问题的提出是依从于一定的课程标准、教学目标的，这个问题应是对学生有意义的。一方面具有可接受性，即学生愿意解决这种问题，并且具备一定的知识基础和能力基础。有的教师经常抱怨学生头脑不灵活，对教师的提问启而不发，难以落实教学目标。其实有很多时候"问题"本身存在问题，即没有考虑学生原有的知识经验，回答不上来也就不足为奇了。另一方面，问题具有挑战性，对于解答者来说没有可直接解决的方法，不能或很难运用已有知识，不能按现成的程序或常规套路去解决，必须思考、探究，寻找处理方法。这类问题具有发散性、探讨性、发展性的特点。

不同的教学时段提问的目的有所不同，初始的问题在于诱发思维，集中注意力，不必追求"难""怪"，而在于"顺""快"，以利于导出新课；教学过程中要更多地向学生提出探索性、开放性的问题，围绕教学目标引导学生思考，水到渠成地解决重点难点；教学结束时可提出带有总结或延伸性的问题，鼓励学生进行深度思考与创新。需要注意，问题是面对每一个学生的，要充分考虑个别差异，面向全体，有所针对。

数学教学中如何引导学生思考，启迪学生的思维，是每个教育工作者应当努力探索的课题，我们做了下面几点的尝试：

（一）设"疑"激趣，激发学生"乐思"

孔子曰："疑虑，思之始，学之知"。有疑虑，才能产生认识冲突，激发认识需求，教学过程是一个不断设疑、破疑、再设疑的过程，教师要善于设问，创造"愤"和"悱"的思维情境，让学生思维活动从潜伏状态转化为活跃状态，有效地激发学生乐于思考问题。

（二）教给方法，引导学生"善思"

中国宋代教育学家程颐说："为学之道，必在于思，思则得之，不思则不得也"。在教学中不能满足于学生懂得某些结论，更重要的是使学生在得到知识的同时，学会善于思考问题的方法，培养学生"善思"的能力。

（三）强化训练，启发学生"广思"

强化发散思维训练，拓宽学生的思路，是培养开拓型人才的需要。为此，在教学中，必须启发学生对同一问题要从不同的角度、不同的结构形式、不同的相互关系出发进行分析，不断地鼓励学生大胆质疑、释疑，培养学生敢于思维和独立思维的习惯，经常性引导学生"再想一想，把问题回答得更完善或更正确"，以充分保护学生思维的积极性，促进学生智能和思维的发展。

1. 一题多解，发散思维

发散思维，就是在解决问题时，根据已有的信息沿着多种渠道从不同角度探索方法、途径的思维形式，经常性地引导学生进行一题多解的训练，可使他们养成举一反三、全方位考虑问题的习惯，从而拓宽学生的知识面，点燃其发散思维的火花。

2. 一题多变，联想思维

一题多变涉及面广，除了变换命题的条件、结论外，常见的还有变换命题的图形，交换命题的条件和结论，寻找命题的特例和借助与命题有共同性的问题进行变换。

（四）丰富想象，培养学生"捷思"

在思考问题上，只有学生"乐思、善思、广思"，才会有"捷思"之言，"捷思"来源于直觉思维，是对某一种问题单刀直入，达到对问题的一种突如其来的顿悟或理解的状态。正如科学史表明：许多科学发现来自直觉。文学家称之为"灵感"。它是一种综合、突发性的心理现象，是一种高度积极的精神力量。引导学生丰富想象，培养学生"捷思"，必须以熟悉和掌握有关的知识结构为依据，从整体上把握事物的本质和规律，以准确的思维活动的速度，培养学生思考问题时严密、敏捷、反应迅速的特点。

三、参与探究策略

思维学导式教学注重学生的研究与探索，强调主动求知及解决实际问题的能力。所以，教师首先要把课堂还给学生，让学生做课堂的主人，真正参与教学的全程中。改变教学的封闭状态和教师的"一言堂"，建立动态开放的教学过程，让学生有充分的"参与权"，从教学内容的选择、教学方法的制定，到作业布置，都可以由师生共同协商来确定。

在探究学习中，注重"实践"以获得亲身体验是关键所在。课堂教学中的实践不只是外化于行为上的"玩玩做做"，更多地体现出"思维实践"的特点，学生头脑中思维活动的积极活跃比外化的行动表现更为重要。教师要把教学过程看作学生的学习过程、思维加工过程，要改变那种只强调结论、重视结果的做法，认识到学习是发现问题、探索问题、讨论问题的过程，着力引导学生注意学习过程本身。要为学生学习新知提供丰富的背景知识材料，这些知识之间应该是具有内在必然联系又不能拿来就用的，需要重新加以组织，而且能从中发现新知识，学生的探究体现在自己对教材内容的独立领会、背景材料的独特解读、解决方式的缜密思考上。通过观察、调查、实验、查阅资料等具体方法，形成关于新知识的初步体验。

在探究过程中，教师的指导帮助不可忽视，强调学生的主体性发挥并不是教师轻松自在，不闻不问；教师的主导作用在创新教育中成为提高教学效果的关键。教师的主导，一方面体现在对探究过程整体走向的把握，密切注意学生思维的脉络，适时加以引导，使探究活动不会天马行空，偏离目标，去之甚远；另一方面体现在，通过对知识形成过程的展现，帮助学生建立新旧知识间的联系，引导学生形成具有结构性、普遍性、迁移性的高效率知识体系。所以，在教学中，教师一方面要加强本学科中的概念、定理、公式、规则的教学，使学生熟练记忆，明确他们在何种条件下才能运用；另一方面要在潜移默化的渗透中巧妙地重现学科的知识结构，将其落实到每一个章节、每一个单元之中，要把每一部分所要掌握的"知识点"作为教学的关键，加以提炼总结，使学习走向纵深，促进知识的迁移。

四、交往互动策略

教学过程中人际交往的特点形态是教学过程本质的表现之一，其本身即具有教育性。一个具有爱、鼓励、平等、安全、合作、分享的教学过程必然会取得令人满意的效果。

师生之间的有效交往须建立在安全、自由的氛围之中。教师对不同类型的学生，具有广泛的"包容性"，以平等的眼光接受与己不同甚至对立的观点，无条件地接受学生的缺点与不足，在这种氛围之下，学生才会乐于承担，敢于表达自己，不必顾虑犯错误而遭到批评的风险，不会担心教师会审视我、会嘲笑我，在自由精神的鼓舞下，创新的种子找到了沃土。

而生生之间的交流互动可以起到相互学习、彼此互补、寻求共识的作用。在互动式的学习中，具有相同知识背景又具有独特个性的学生彼此敞开心扉，把自己的经验教训与他人分享，同时又在不断吸收不同的思想观点。这样不仅有利于开阔自己的视野，拓宽知识范围，而且学习站在他人的立场看待问题，增加了了解他人的机会；更重要的是在互动中加强了情感上的沟通与交融，有利于形成友爱、积极、互助的集体，提高创新的整体效应。

交往互动教学策略的目标在于：通过在实践活动基础上的主体合作与交往，促进学生主体性的发展和培养学生的学习适应性。合作学习的基本要素是：对合作性目标结构的适度认同，成员间的积极互助，个人责任，社交技能与合作意识，小组自评。

交往互动教学策略的实施，核心问题是合作学习的实效性，应注意把握：①任务应有一定难度，问题应有一定的挑战性；②处理好集体教学、小组合作学习的时间分配；③保证每个学生的自主性学习质量；④小组研讨的民主性、超越性；⑤适时引进竞争机制及激励性评价；⑥培养学生的合作意识与交往能力。

交往互动的引导和组织具体表现为：

（一）合理分组

一要将好中差学生合理搭配，使中差生在小组学习时有人帮助；二要培训好小组长，每次分组学习前，小组长一般要先行一步；三要针对实际情况，随时调整学习方式，保持常学常新。

（二）健全分组学习常规

学前先要明确学习要求与任务；学时必须有充分的时间读书和讨论；学后必须提出疑难的问题和见解；学习过程中必须养成"不动笔墨不读书"的习惯。

（三）注重师生合作交流

在小组自学时，教师要积极巡视课堂，针对个性差异个别辅导。在读议评价时，教师要因材施导：对差生多鼓励，及时肯定闪光点，调动他们的参与积极性；对优生则要挖掘潜力，鼓励创新，在学生争执不下时，教师要敢于挑起辩论，以促进学习步步深入。

（四）及时反馈

小组学习结果，教师要及时引导学生交流反馈，让他们集思广益、取长补短、共同提高。

五、差异发展策略

差异是指学生个体之间稳定的个性特点的不同。差异是客观存在的，不同学生有不同的成就感、学习能力倾向、学习方式、兴趣爱好及生活经验，面对有差异的学生，最大限度地利用学生的潜能实施有差异的教学，在个性差异中揭示学生作为单个个性的独特性，使每个学生都得到有效发展。

促进学生差异发展的教学策略，要求：①关注"生活世界"，让学生学会思考；②实施"开放式"教学，让不同学生都得到提高；③了解学生的差异所在，指导学生的学习策略。

六、体验成功策略

现代教学强调学生的经历、经验和体验，尤其是引导和帮助学生获得成功的积极情感体验，这有利于促进学生良好个性的发展，实现认知与情感、逻辑思维与形象思维的统一。

体验成功的教学策略，要求：①看到每个学生都是特殊的个性，需要充分信任、尊重和关怀，在尊重差异的前提下，引导学生体验成功；②要给每个学生提供思考、创造、表现及成功的机会，引导学生在主动参与中自主地体验成功；③相信所有学生都能学习，都会学习；④创设良好的环境，引导学生在合作与竞争中体验成功。

在实施思维学导式教学的过程中，在遵循以上的教学策略的前提下还要注意以下几点：

（一）调整师生关系，呵护学生自主学习的灵性

苏霍林斯基曾经说过：教育——首先是关怀备至地、深思熟虑地、小心翼翼地去触及年轻的心灵。教与学关系的本质是人与人之间的关心，儿童的世界是一个奇妙而充满幻想的世界，孩子理所应当是这个世界的主人，他们是按照自己的思维逻辑、价值观念和游戏规则在这个世界里生活，有着强烈的追求学习、接触客观世界的心理需求。遗憾的是我们成人忽视了属于孩子的价值，板起面孔向孩子灌输自己老于世故的说教，粗暴地控制、干预或任意改变孩子的世界，扼杀了学生自主学习和想象、创造的灵性，最终与孩子之间形成了一道难以逾越的代沟。从某种意义上说，教师是派往儿童心灵世界的友好使者，他必须重新找回那些已被遗忘的价值观，真诚关爱学生，深入了解学生的个性、特点、家庭生活、社会交往等，自觉地与自己的教学对象"相似"；还要善于换位移情，研究儿童心理，精心为学生服务，细致耐心地与学生达到情感的沟通，心理上的认同，使学生去掉心理压力，精神得到彻底的解放，积极、主动地参与获取知识的过程，通过自主学习来了解知识、认识客观世界。

（二）营造和谐氛围，激发自主学习意识

课堂教学活动是培养学生自主学习意识的主要途径。创设良好和谐的课堂学习氛围是培养学生自主学习意识的基础和关键。良好和谐的学习氛围会使学生产生学习的主动性和原动力，会驱动学生强烈的求知欲，并在已创设的优良的学习氛围中高潮迭起，从而乘

"乐学"之舟驶向知识的海洋。创设和谐的课堂学习氛围，有各种手段和方法，比如运用体态语言、面目表情等非语言手段，采用实物、图片、音乐渲染、模仿表情、多媒体电教等方法，调动学生的自主学习意识。

（三）整合多元学法，拓宽自主学习渠道

教师面对着的是一群活生生的孩子。他们是有思想的、有个性的、正在成长的社会性的人，而不是一张白纸。他们在学习之前，有自身已有的学习动机，也有自身所特有的学习方式，学生的学习是一个学生自身建构的过程，教师应努力拓宽学生自主学习的渠道，帮助他们整合多元学法，调动起他们的学习积极性，促使学生自主学习。多元学法整合，可以拓宽学生自主学习的渠道，形成探求创新的心理愿望和性格特征，学生自身主动参与会转化为内在的精神财富，使身心得到成长和发展。

（四）走向社会实践，优化自主学习资源

引导学生观察、实验、参加社会调查活动，能够接触许多真实、具体的环境和人文活动相关的知识，扩大视野。有许多知识是课堂上、书本中学不到的，学生结合自己的观察、实践及亲身体验，收集大量实际资料。这些素材拓宽了学生的知识面，保证了学生主动学习的要求。比如，学生可以自己播种花籽，亲自观察植物是怎样生长的，做好观察发展变化的记录等。这样既能使学生观察到动植物生长变化的规律，又能培养学生的个人感悟能力和独特见解，更能使学生关爱生命、亲近自然。

教师只有想方设法地把学生的眼光引向校外世界，优化学习资源，并注重教会学生对陌生领域进行观察、实践以谋求答案，用自己的身体去经历生活，用自己的心灵去感悟生命，才能激发学生的生命力，促进学生的学习和成长需要。

课堂教学过程优化首先是教育观念的优化，研究优化课堂教学，应始终把教育观念的优化放在首位，而教学意识作为教师课堂教学行为的准则，要符合新课程理念的要求。新课程对教师的教学活动提出了更高的要求，思维学导式数学教学从新课理念、教学关系、教学方法三个方面带你走进教学效益不断提高的新境界。

第二节　思维学导式数学教学的意识与要求

一、思维学导式数学教学的意识

（一）主体意识

优化课堂教学，先要强化以学生为主体的意识。教师必须明确，学生是一个充满活力和生机的人，他们不是学校教育的工具，更不是知识的容器，而是学校教育的主体。他既是认识的主体，也是发展的主体，教师在课堂教学上，要因材施教，使每个学生都在原有的基础上求得发展。教学过程是以学生为主体活动的过程，教学应"以学为本"，因学论教。教学过程的优化程度取决于学生参与教学的程度。在实践中我们提出了衡量学生有效参与教学的几个标志。

（1）从调动学生积极的学习情感的程度看参与的有效性。

（2）从组织学生开展的学习活动的广度和深度看参与的有效性。教师在课堂上，要为学生创设自主学习的氛围和方式，学生自主学习程度越高，学生参与的有效性也就越强。

（3）从激发学生思维活动的广度和深度看参与的有效性。学生参与教学过程首先是思维的参与，不能激发学生积极参与的思维活动，不能视为有效参与。

（二）目标意识

教师在整个教学过程中应充分认识和发挥教学目标的期望、定向、激励和调控的功能，从全面、准确的教学目标出发；教师应对每一节课、每一单元要解决的问题有清楚、具体的认识，密切围绕教学目标来组织教学内容，选择教学方法，实施教学方案；学生则在教师帮助下明确每节课、每个单元的学习目标，从而调动自己的注意力、思维和已有的认识，实现学习目标。教学过程既是一个认识的理性过程，同时也是一个情感的、社会化的非理性过程。兴趣、动机、情感、意志及价值观等组成的动力系统对由感知、记忆、思维等组成的认知活动，起着定向、始动、鉴别、调节、维持、强化的作用，正是这两个系统的相互联系，相互作用，才保证了教学活动的顺利进行。因此，教师在制定教学目标时，既要有认知目标，也要有能力培养目标，还要有情感目标。

（三）情感意识

课堂教学的优化，归根到底是教学观念的转变和优化，而核心就是怎样看待每个学生，是否相信他们的学习潜能，是否尊重他们的人格，是否设法帮助他们发挥潜能和发展个性。"情感意识"要求在课堂教学中师生之间形成一个真诚的、理解的人际关系和情感氛围，让学生在不断的主观认可、教师认可、学校认可的过程中学习。

（四）动态意识

动态意识是指在教学过程中树立动态发展的观点，根据课堂教学的变化情况随机对课堂结构进行变通和调控，使课堂结构不断适应课堂教学的进展。

对课堂结构进行深入剖析，我们发现它是由教学内容、教学对象、教学条件、教学方法等多种因素构成的有机集合体。这一集合体中的任何一种因素的变化都会引起整个教学结构的变化，诸多因素的任意组合都会产生一种新的教学结构，因此，课堂教学实践中存在着许多风格各异、功能不同的教学结构。由于教学结构的特殊组成，使得不可能有任何一种适用于不同教学情境的通用的课堂结构模式。即使课前教师可进行多方面的准备，精心设计某一课堂教学结构，但毕竟不可能对课堂教学的实际进展情况进行准确的全部预测，所以任何一种预告设计的课堂结构都不可能完全吻合教学的实际。

需要特别指出的是，学生作为课堂教学中的最活跃、最重要的教学因素，其动态变化的特点更决定了课堂教学的结构必须是发展变化的。在传统课堂教学中，学生是一个被动的、任凭教师操纵的"机器"，而教学结构则是一个束缚学生的"套"：当学生掉队时，套住学生，把他硬拉到前面；学生跑快了，就把他套回来，让他等一等。在这样的课堂上，学生永远是"套中人"。这种课堂表面看来似乎风平浪静、有条不紊，其实这种表面的平稳是用抑制学生的主动性、积极性和创造性为代价的，这种代价的付出究其根本原因就在于结构的僵化不变。

（五）训练意识

训练意识是指在教学过程中始终以训练为主线，根据课堂训练的目标要求和任务把教学结构设计成一种科学的训练程序。课堂教学本质上是教师指导下学生训练的过程，学生知识的获取、能力的增强、素质的提高等无不是训练的结果。传统课堂教学追求结构的精致，讲究几步几法，把较多的时间用于烦琐的讲解分析，把大量的精力用于结构的外在形式上，而恰恰忽视了课堂教学的实质内容，忽略了课堂训练的真实效果。淡化课堂结构要求我们力避琐碎的讲解，把宝贵的课堂时间多用来进行各种形式的训练，做到讲练结合，精讲精练，精讲巧练。确立课堂训练意识，强化过程训练、补偿训练和综合训练，把训练贯串和安排在课堂教学的各个结构和环节中。

（六）反馈意识

教学过程是由教师、学生、教学内容、教学方法和教学手段等因素构成的一个信息交互系统。只有依据教学目标，不断地进行反馈矫正，才能有效地控制教学过程，及时消除教学过程中的失误，完成预定的教学目标。课堂教学的优化，不仅要求教师要有强烈的反馈矫正意识，并且通过教学，使学生也树立和强化反馈矫正意识。让学生能清楚地了解自己学习过程中的成功和不足，及时调整、完善和弥补自己的方法和知识。

我们力求把较抽象的意识变为具体的课堂教学优化的着力点，促进教师将现代教育教学思想渗透到课堂教学之中，把树立现代教育教学观念的目标，变为教师的课堂行为要求。评价一堂课优化程度的高低就看这"六个意识"是强化还是淡化，是明确还是模糊。

在优化课堂教学过程"六个意识"的指导下，教师的教育观念逐渐发生变化，随之教学行为也跟着变了。教师们感到：过去老是不相信每一个学生都能学好，现在看来只要通过努力是可以实现的，关键是要相信他们，鼓励他们，帮助他们采取有效的学习方法。过去不相信学生的学习潜能，习惯一讲到底"抱着走"，现在课堂教学"满堂灌"的现象消失了。优化课堂教学过程的"六个意识"，变成教师的思考和行动，课堂教学的优化程度大大提高。

二、思维学导式数学教学的要求

（一）体现新课理念，培养创新能力

我国基础教育的课程改革是一次课程文化的全面而深刻的变革。随着课程功能、课程理念、课程内容、课程架构、课程实施与课程评价的变化，新课程必然对教师的教学活动（包括教学设计、课堂教学、教学评价等）提出一定的要求，这些要求主要落实在以下一些方面。

1. 充分体现新课程的基本理念

基础教育课程改革把"学生发展为本"作为基本的课程理念："学生的发展"既指全体学生的发展，也是指全面和谐的发展、终身持续的发展、活泼主动的发展和个性特长的发展。新课程的教学设计要为每位学生的发展创造合适的"学习条件"。

（1）促进全体学生的最佳发展

新课程建构了一个符合素质要求的，具有普及性、基础性和发展性的课程体系，这为教学设计提供了一个很好的平台。新课程的教学设计要以提高全体国民素质为目标，面向全体学生，促使每位学生在原有基础上取得最大限度的发展。面向全体学生的实质是面向

每一个有差异的学生"个体",因此在教学中,教师要把基本要求同特殊要求结合起来,把着眼全体同因材施教结合起来,把班级授课同差异教学结合起来。

(2) 着眼学生的基本素养的全面提高

学生的素养是他的内在心理特性,取决于他的心理结构及其质量水平;提高学生素养,就必须化知识为智慧,积文化为品性。新课程把课程的功能定位于促进学生的全面发展,因此思维学导式的教学设计不仅要重视基础的教学和基本技能的训练,发展学生的智慧和能力,而且要促进他们积极的情感和态度,以及正确价值观的形成。

(3) 引导学生生动活泼与主动地学习

为了培养适应新世纪要求的、具有创新精神和实践能力的一代新人,思维学导式教学设计要求注重充分发挥学习者的主体作用,创设合适的教学情境和条件,激发学生学习的热情和动机,引导他们主动参与、乐于探究、勤于动手,在自主的活动中理解、掌握和运用所学的知识。

2. 把握教学活动的结构

我们通常把教学活动的结构看成是教师、学生、教材和环境四个因素相互作用的动态系统。思维学导式教学对"课程"含义的理解,也从强调"教材"这一单一因素走向教师、学生、教材、环境四个要素的整合。因此,思维学导式的教学设计应当以系统的眼光和动态的观念看待教学活动,处理好各个要素之间的相互关系,整体地把握结构。

(1) 课程的目标结构决定教学的活动结构

课程的目标是课程编制的根据,也是教学活动的出发点和归宿,思维学导式的教学设计作为达到课程目标的一种筹划,它必然以课程目标为依归。在国家课程标准中,不仅对课程的总目标、分目标及内容标准进行了清晰的叙述,而且还提出了每一部分目标的结构框架,即知识与技能、过程与方法、态度情感与价值观。因此,思维学导式的教学设计要把教师的教学、学生的学习、教材的组织以及环境的构建统一起来,使之围绕这三个方面的要求形成有序运行的系统。

(2) 整合教师、学生、教材、环境四个结构要素

在新课程的视野中,教材绝不仅等于课程,教学设计也并不只是备"课"。思维学导式教学强调把课程视为学生的经验,强调教学过程本身的价值,这就必然把课程视为教师、学生、教材、环境四个因素持续交互作用的动态环境,课程由此变成一种动态的、生长性的"生态系统"和完整文化,教学设计当然也就应当注重对教师、学生、教材、环境四个因素的配合和整合。

(3) 实现学生学习方式、教材呈现方式、教师教学方式与师生互动方式的同步变革

新课程的实施，要求改变学生的学习方式，确立学生在课程中的主体地位，建立自主、探索、发现、研究及合作学习的机制，而要真正转变学生的学习方式，就必定要改变教材的呈现方式、教材的教学方式和师生的互动方式，这可以说是新课程的教学设计的着力点。事实上，当代的课程学习方式已经走向以理解、体验、反思、研究、创造为根本；现代信息技术也已全面介入教学过程，这一切都不能不促使新课程的教学设计有一次新的跨越。

3. 突出创新精神与实践能力的培养

（1）培养学生的各种能力

培养学生搜集和处理信息的能力、获取新知识的能力、分析和解决问题的能力和团结协作的能力。

（2）让学生感受和理解知识的产生与发展的过程

思维学导式教学把过程与方法作为课程目标之一，强调"过程"，强调学生感知、理解并参与新知识的寻求与获得，这是新课程实施很重要的特点。就学科知识的掌握而言，"过程"表征该学科的探究经历与方法，结果表征该学科的探究成果，只有二者的完善结合，才能算是真正地全面占有了知识，而且感受和理解知识的产生与发展的过程，对于教会学生学习、弘扬科学精神、提高科学素养、培养创新意识与实践能力、发展学生的创造个性，都有重要的意义。

（3）创设学生自主参与、探究发现、合作交流的教学情境

为了培养学生的创新精神与实践能力，教学设计应当创设一定的情境，安排一系列的"教学事件"，并提供相应的教学条件，通过教材呈现方式的变革、活动任务的"交付"、教学方式与师生互动方式的变化，最大限度地组织学生亲历科学探究的过程，在动手、动口、动脑和"做中学""用中学"的协作参与中，发展他们的个性和能力。

4. 根据学科特点和知识类型设计教学

教学设计总是针对特定的学科和不同的知识类型而做出的具体筹划。学科的特点相异和知识类型的差别，必然是教学设计要认真研究的一个重要方面。新课程在学科观和知识观上的变化，更要求我们更新教学观念，努力探索符合不同学科特点和知识类型的教学设计思路和教学模式。

（1）超越学科中心与知识本位取向

随着当代课程价值观的变化和课程功能观的调整，以学科为中心、知识为本位的取向被"学生发展为本"所取代，"学科观"也赋予了新的内涵——学科是培养学生生存与发展能力的教学内容，是谋求学生整体发展、有利于学生主体活动而选取的经过整合的文明

成果；学科知识的框架是假设性的、动态变化的；学科的学习是以人类文化遗产为线索展开的对话，各门学科知识的学习是建立在超学科的综合性学习的基础上的。

（2）凸显本学科在目标、内容、方法上的特点

每一门学科都有自己特定的研究对象和范围，它们的体系建构和知识集合（现象、事实、概念、法则、规律等）也各具特色，反映了客观世界的多样性和各种关系与联系的复杂性。教学设计必须认真钻研课程标准对各门学科的性质界定、目标设置、内容构成及教学建议，针对各自学科的特点，提出有效教学的模式和具体措施。

（3）按照知识类型组织教学

当代对知识的分类多种多样，针对不同类型知识的教学设计也异彩纷呈。加涅根据学习结果的分类，以及他对教学事件同学习过程关系所做的研究，已经为人们所熟知并进入教学设计的操作领域，最近引起人们注意的是以美国约翰·罗伯特·安德森、马克斯·弗雷德里克·梅耶为代表的认知心理学家对知识的分类，即按照陈述性知识、程序性知识和策略性知识进行不同的教学设计。这种主张为我们的教学设计拓宽了思路。

5. 适应学生的学习心理和年龄特征

学习理论是教学设计最重要的理论基础。当系统理论为教学的整体设计勾勒出大的方向与图景以后，学习理论便为教学设计提供具体的指导，学习理论中的知觉、强化、记忆、转换、理解、迁移、问题解决等研究成果，都对教学设计产生深刻的影响。

（1）认真研究学生的阶段特征和学习准备

"为学习而设计"，必须做到"心中有人"。学生是发展中的人，在某一年龄阶段，都会出现一些一般的、典型的、本质的心理特征，教学设计应当认真分析并根据学生的发展水平、认知方式和已有的知识经验准备，提供适当的学习指导和支持条件，以保证他们的学习需要与动机、知识经验与智慧技能、认知策略与学习方式，能与课程的习得很好地匹配起来。根据这方面，课程标准的"学段"划分，很值得认真研究。

（2）考虑学习活动中动力（情意）因素与智慧（认知）因素的统一

在影响学生学习成效的心理变量中，动力因素、智慧因素和策略因素总是综合地发生作用的；教学设计应当将这三者统一起来，使情知渗透、求知与得法统合，在强化认知活动中发展学生的智力兴趣和学习效能感，使学科学习的过程成为学生全面和谐发展的过程。

（二）改进教学方法，彰显教学效能

1. 依据教学目的和教学任务来选择

教学目的及由此所确定的教学任务，决定了教学活动应采取的方法和方式。比如，为

了引导学生增长新知，就应多用讲授、演示等方法；为了帮助学生复习巩固知识，可采用问答、讨论、练习等方法；若是为了提高学生的口头语言表达能力，发展智力，则要用谈话、讨论等方法。当然，为了训练技能技巧，培养运用操作能力，离开练习、实验、实习作业法是不行的。另外，为了提高学生的写作能力，就必须用笔头作业练习法，而不是靠传授写作常识和技巧。教学方法为教学目的服务，必须借助于一定的内容体系，离开科学的、规范化的教学内容，教学方法就没有任何实际意义。由于教学内容具有不同的内在逻辑和特征，因此教学内容也是选用教学方法的重要依据。一般来说，有些内容采用归纳法为好，有的内容则需要用演绎法。有的教材内容要求学生掌握规律和理论，揭示事物之间的因果关系，依据事实做出概括时，应多用发现法或讨论法；如果内容的实践性较强，如音乐、体育、美术等课程，应多用演示、观察和练习。此外，不同学科因为教材的不相同，应采用不同的方法。如语文、外语常用讲读；物理、化学、生物常用讲授与演示相结合及实验法；地理课常用地图、幻灯等直观方式。同时，在学科教学过程中的某一阶段，具体的教学内容，也要求采用与之相适应的不同方法。如语文教学中应用文的教学要用讲解和练习相结合的方法，古典文章要用串讲评点方法，而诗歌等文学作品则要用评价和朗读相结合的方法，以引导学生领会其中的意境和韵味。当然，自学辅导包括指导学生预习的方法是各科教学中都经常采用的。也正因为有了各具特色的方法，才使得各科教学异彩纷呈。

2. 把握学生的可接受性和教师的可操作性

在教学活动中，学生是学习发展的主体，是教学活动取得最后效果的决定因素。因此，概括学生的特点和接受水平，是选用教学方法妥当与否的关键。不同年龄、年级、知识基础、能力水平、个性、兴趣、学习习惯的学生要求教师采用不同的方法。如果学生年龄较小，就应多用问答方式，少用讨论法。对于缺乏足够的必要感性认识基础或认识不够充分的学生，就必须结合直观演示方法以加深理解；若是对于已经具有对事物的大量感性经验和认识的学生，就没有必要再用直观演示的方法。再如，培养学生语言表达能力，由于低年级学生抽象思维能力较弱，就应侧重学说练习，而对于高年级学生则要用谈话或讨论。对于已经形成自学能力或习惯者，运用讲授法时要注意"点到为止"，不必面面俱到。

由于教学方法的选择和运用离不开教师的主观能动活动，教师自身的特点也是选用教学方法所要考虑的重要依据。首先，教师本身的素质条件，应成为选用教学方法的重要因素。如有的教师形象思维能力较强，就可以多采用生动形象的语言把问题的现象、事实描绘得生动具体，然后从事实出发，由浅入深，揭示事物的内在规律；有些教师不善于用具体形象的语言描述，却长于运用直观教具的演示并能与讲解相配合，引导学生学会仔细地有目的地观察，也同样清晰地讲清了问题，扬长避短，从而发挥了个人优势。另外，对于同样的方法，教师对问题的理解在深度上的差异，也是选用教学方法应当考虑的。比如，教师基于对问题和材料内容具有充分透彻的理解，运用讲授法就能够从不同角度灵活机智地引导学生思考。否则，缺乏对于问题和材料的融会贯通，就只能囫囵吞枣，机械死板，抓不住问题的焦点和关键，难以适应学生的疑问，教学效果难免一团糟，甚至影响教师自身的形象和信心。其次，对于纷繁复杂的教学方法体系，大多数教师比较擅长，而有些教师可能不太熟悉，更谈不上擅长了。所以，要求教师要创造性地根据自身特点和教材内容特点，对教材进行认真的钻研，探索有效的教学方法和手段，不能永远停留在自己已熟悉的教学方法上"裹足不前"。因此，每个教师要努力提高自身素质，探索适合于教学实际的新教学方法，以促进学生更好地发展。

3. 力求实现教学方法和教学效果的完美统一

选择教学方法是为实现教学目的服务的，成功的教学方法应当是方法与效果的统一。但在教学实践中，教学方法与教学效果并非能够完全相一致，这是因为教学方法的应用要取得预期的效果，还要受到很多因素的影响和制约。如果选用方法得当，教学组织有序，师生配合默契，学生活跃积极，就能较为顺利地完成教学任务，教学效果良好。否则，教师不讲究方式方法，教学准备不充分，生搬硬套，或照本宣科，学生就难以体会学习和掌握知识的愉快，就会使活生生的教学过程变成死水一潭，毫无生气，教学效果将会是令人难堪的。所以，教师对于引导学生掌握的新知识、新技能，应全面考虑，做到细致入微地预测教学方法与学生的学习活动能否找到适当的结合点，从而做到心中有数，有备而来。当然，任何好的教学方法在运用时都不可能立竿见影，需要教师具有在教学过程中及时评估的习惯，学会科学全面的评估方法，并能有效地进行调控，根据实际情况对症下药，逐步摸索出一套适合自身特点和学生特点的有效方法，进而在教学过程中不断加以总结、完善。所以，教学方法从根本上讲是动态的、灵活的，而取得良好的教学效果则是选用一切教学方法所应追求的终极目标。

4. 充分考虑教学的客观条件

应当说，在教学方法的选择上，师生方面的主观因素是先决条件，但是教学中的客观条件也是不可忽视的，如时间、空间、场地、仪器、基础等。任何一种教学方法的运用都是教学体系中一系列因素的有机结合，而这些条件是选择教学方法的必要前提和基础。比如，讨论法、发现法的选用，要求有较充裕的时间，对于较复杂的教学内容来讲往往是不现实的；有的方法对设备和空间要求较高，如参观法、实习法等；实验法也往往因缺乏必要的设备而难以进行；等等。这些客观条件有些是经过努力可以改变的，而有些则是难以改变的。因此，教师需要对教学方法进行适当的选择和灵活处理，以弥补客观条件的不足，保证教学目的的实现和教学任务的完成。

第三节　思维学导式数学教学的模式

一、关于课型

（一）课型的概念及分类

"课型"，一是指课的类型，它是在对各种课进行分类的基础上产生的。在生物教学中，有的课主要是传授新知识，有的课主要是复习巩固应用知识，有的课要进行实验操作，培养学生的动手能力。课型就是把各种课按照某种标准划分为不同类型，每一种类型就是一种课型。二是指课的模型，它是在对各类型的课在教材、教法方面的共同特征抽象概括的基础上形成的。

课型的分类因基点的选择不同而有所区别，一般可按教学任务的不同，把课型分为新授课、练习课、实验课、复习课、检测课和活动课。每一类课型又可根据不同的标准分为若干种亚型。如"新授课"可按学习的中心内容的不同分为五种亚型：

（1）以"事实学习"为中心内容的课型；

（2）以"概念学习"为中心内容的课型；

（3）以"规律学习"为中心内容的课型；

（4）以"联系学习"为中心内容的课型；

（5）以"方法（技能）学习"为中心内容的课型。

什么是学习的中心内容呢？每节课的教学内容，以横向看，大体可包括知识、技能、能力、思想教育四个方面。从纵向看，各个方面的教学内容又可以分为不同的目标层次，如在知识方面通常是了解、理解、掌握、应用四个层次；在能力方面，各学科的要求不尽相同，但各种能力反映在教材中并不是同一层次的，有的是基本能力，有的是具体能力，有的是综合能力。每节课的教学内容中，通常会有某项内容处于中心地位，其他教学内容或者作为它的铺垫，或者围绕它进行，或者为它做过渡以便它拓展，这项内容便是中心内容。如化学中的元素化合物课一般属于"事实学习"的课型，地理学中的生态系统课一般属于"联系学习"的课型，理化生的分组实验课，一般属于"技能学习"的课型，等等。教学中心内容决定课的教学过程结构及其主要特征，一般地说，教学中心内容相同的课，教学目的、教学过程结构、教学方法等大体相同；教学中心内容不同的课，教学目的、教学过程结构、教学方法等具有明显的差异。

（二）课型的结构

课的结构是指构成课堂教学活动的要素（教师、学生、教学内容、教学设备和方法）之间重要的、稳定的相互联系和相互作用方式。这些联系和作用方式的功能大小明显地因教学思想、教学目的、教学策略的取向不同而区别。

由于课堂教学是一个充满师生生命活力的系统，充分调动和激活师生参与教学活动的积极性、主动性和创造性，是使各种课型教学得以成功的前提和基础。

由于课堂教学是一个以学生为认知、实践、发展主体的特殊认识过程和实践过程，在课堂教学中恰当发挥教师的主导作用，充分调动学生学习的主体性，遵循认识论所揭示的认知规律进行教学，是使各种课型教学达到预期教学目的的基本保证。

由于课堂教学是一个师生和生生之间人际沟通、交往过程，课堂的交往中，存在两种信息交流和互动：一种是知识信息；另一种是心理信息。两种交往形态和两种信息交往内容对各种课型教学目标的实现有着同样重要的意义。

所以，课堂教学的结构有几个明显的特征，这些特征，影响和决定课堂教学功能。这几个特征是：①课堂教学结构的整体性；②课堂教学行为的目的性；③课堂教学活动的社会交往性。

我们需要选择各学科重要的基本课型，研究和揭示其结构和性质，从而认识不同课型的特征，使我们的教学设计及教学组织实施自觉地遵循和符合课型的特征和要求，更好地完成教学任务。

单元课课型做这样的基本分类：①概念课，以学生进行"概念学习"为主的课；②命题课，以学生进行"命题学习"为主的课；③习题课（解题课），以学生进行"解决问题学习"为主的课；④讲评课，作为对上述几类"学习"的一种补充，强化学习反馈信息，培养学生能对自己的五类"学习"及时调控，以利于及时矫正和巩固知识，为转入下一个环节学习做准备（实质上也是"内化学习"的一个组成部分）；⑤单元回顾总结课，以学生进行"内化学习"为主的课。

学段末课型系包括知识、技能系统课，思想方法提炼课，数学思维训练课，综合复习强化课等基本类型。①知识、技能系统课的主要目的是相互关联知识的网络化和基本技能的熟练化，它对于知识间有内在逻辑联系的多个章节组合有更重要的意义。②思想方法提炼课是通过一定的方式，把零散的思想方法进行适当的集中和提炼，形成系统。数学思想方法虽然是数学知识的重要形态，但在教科书中它却是以隐性知识的方式分散于数学知识体系各个角落的。隐性知识的显性化是思想方法提炼课的主要目的。③数学思维训练课的目的显然不是知识与技能的掌握，而是以知识与技能的运用为载体完成建设学生数学思维结构的任务，实现数学认知结构与数学思维结构的和谐统一、同步发展。其主要特征是学生能够反思自己的思维状况与问题解决者之间的差距，而不是具体解决了多少题目。④综合复习强化课的主要任务是发展综合运用能力，即沟通不同知识、不同专题之间的内在联系，在较高层次上运用它们解决各种具体问题。这种综合至少包括三个方面：按主题的整合；以问题为中心的跨学科连通；各知识块之间的交汇与融合。综合运用还表现在对知识的超越性方面，所谓超越，就是解题时不拘泥于课本知识和常用方法，而是着眼于分析问题和思考问题的方法，概括提高、综合拓展、灵活运用，最终落实于提高学生的数学思维品质和解决问题的能力。

从教学活动方式、方法的视角，把课堂教学（新授课）的课型分类成讲授型、问答型、学导型、合作型、探究型五种。按教学内容分类的五种课型，它们之间具有什么关系呢？如果我们在一个平面直角坐标系中把这"两维"按不同分类方法分类的课型分别加以两两组合，我们将会惊喜地发现课型理论更为微观的事实，它对我们认识和理解教学过程结构设计的规律，其意义是显而易见的。例如，"事实学习型"可以与"按活动方式分类的课型"依次结合为：①事实学习·讲授型；②事实学习·问答型；③事实学习·学导型；④事实学习·合作型；⑤事实学习·探究型。

（三）课型的特征和对教学的要求

特征是事物的全部属性中最重要和最突出的本质属性，特征的表述应是简约的、具体的。

课型的特征是由课的性质、任务、结构和功能决定的。

中学数学命题课，是一种重要的新授课课型，进行命题课教学是学生获取新知、提高数学素养的基础，数学命题课必须突出如下一些特点：

第一，重视指导学生区分命题的条件和结论，对基本问题，要详细讲解，认真作图，教学语言要准确，论证要严格，书写要规范，便于学生模仿。要允许学生有一个适应和准备的过程，对练习及作业中出现的共同性问题应及时在课堂上做集体纠正。

第二，要引导学生探索证明思路，着重介绍命题证明的思考方法，通常应当是"分析与综合相结合"的方法，即假定结论成立，看其应具备什么充分条件或从已知条件出发，看其能推出什么结果，前后结合进行分析，想想条件与结论有无必然联系和依赖性，是否需要添加辅助元素（线、角、元）等。还要注意引导学生进行命题转换，展示完整的思维过程。

第三，在命题教学中，不宜把思维过程嚼得过碎，更不能采用灌输式教学方法。例如，不要总是由教师给学生进行化难为易的讲解，也不要步步提示或做铺垫，应积极引导学生养成知难而进，经历化难为易的思维训练，进行学习的有效迁移。引导学生养成独立思考、勤奋、目标明确、坚持不懈等良好的个性品质，既尝试和体会成功的喜悦，又能提高进一步学习的兴趣。通过一个阶段教学后，要及时归纳小结，使学生掌握各种证明方法。

第四，在命题教学中，对学有余力的学生要适时适度地对他们进行专题研究的训练，揭示知识间的内在联系，让他们获得超出原有知识框架的认知水平，把命题研究和所学知识进行重新组织，建构新的认知结构。

掌握不同课型的结构和特征，目的不在于为教师提供固定的模式，而是使他们了解课的分类标准和分类的方法，认识不同类型的课的结构、特征和作用，以便他们能从自身的实际条件出发，创造性地安排和设计不同的课，组织好每一个单元以及整门课程的教学。

二、教学模式

（一）教学模式的结构

教学活动存在于一定的空间和时间之中。在空间上，表现为根据一定的教学理论，处理、协调教学过程的各个要素在教学活动中的地位和相互关系；在时间上，表现为怎样安排教学活动的各个阶段或环节的程序。这样，不同的教学理论、教学目标，设计和组织师生活动的不同安排，就构成不同的教学模式。

教学模式一般由下述要素组成：

（1）提出模式涉及的教育理论和价值取向，这是模式得以形成的基础。

任何教学模式都是在一定的教育理论或教育思想指导下构建的。例如，美国心理学家杰罗姆·布鲁纳发现法教学模式的理论基础是认知心理学，美国心理学家伯尔赫斯·弗雷德里克·斯金纳程序教学模式的理论基础是行为主义心理学，教育家巴班斯基最优化模式的理论基础是系统科学。我们在学习、研究、运用和构建各种教学模式时，必须首先关注提出模式所涉及的教育理论和价值取向。

（2）提出模式所针对的教学目标，教学目标是教学模式的要素。

由于模式是为实现教学目标服务的，教学目标直接反映了该模式的价值观，决定了实现目标的内容、方法选择和运用策略、师生交往方式，教学目标也是教学评价的标准和尺度。

（3）建立教学活动程序，这是教学模式结构的核心问题。

教学活动程序是指教学中各步骤应完成的任务，其实质是处理好师生针对教学内容在时间序列上的教学活动步骤。

（4）师生角色，这是构成教学模式重要的能动的要素。

任何教学活动都是师生的交往活动，包含了认知信息的交往和人际关系的交往，这种交往的价值取向、方式和方法，互动与配合成为构成教学模式重要的能动的要素。不同的教学模式，师生关系及角色特征有很大的差异，例如教师对课堂教学管理，可以是专制型（高度集中型）、民主型或放任型，这种差异是由教学模式的价值取向、要完成的教学任务的特征及选择的教学策略等因素决定的。

（5）提出的教学策略。

任何一种教学模式都有与之相关的教学策略，它是指这种教学模式在实施过程中所采用的教学方式、方法和措施的总和，教学策略是影响模式功能的要素。

（6）提出的评价标准和方法。

任何一种教学模式都有其适用的情景和范围，功能也不尽相同，因此任何一种教学模式，都应有与之相应的评价标准、评价方法和反馈、调控方法。

（7）所必需的支持条件。

任何一种教学模式都必须依赖一定的内部及外部支持条件，这是实施教学活动的保障。例如，教师的素质（师德、专业水平、教学技能等）、教学设备、环境、师生人际关系，等等。

以上七个要素相互联系、相互作用，构成一个完整的教学模式。

（二）教学模式的功能

美国学者多伊奇曾研究一般模式的功能，他认为模式一般具有四种功能。①构造功能。它能指出事物中各系统、各部分的关系和作用，能使我们对事物有整体的、清晰的认识。②解释功能。它能用简洁、明了的方式说明事物的复杂现象。③启发功能。它能揭示各种关系，以表明某种排列秩序。④推断功能。它能根据规律推断出预期的结果。

有学者指出，教学模式的研究能较好地解决教学理论与教学实践之间严重脱节的问题，它既可以丰富和发展教育理论，又可以更好地指导教学实践。教学模式的功能主要表现在三方面。①教学模式是一种设计和组织教学的理论。它在一定教育价值理念指导下，对教学过程诸要素、诸环节进行审视，进行重组重构，有利于突破原有的教学理论框架，较好地解决教育理论与教学实践严重脱离的现状。教学模式研究，可以促进教学理论学习和普及；可以推动教学改革的深化，使教学工作理性化、概括化，还可以帮助教学管理和教学研究科学化。②教学模式有利于将有效的教学经验通过理论概括、总结上升为范式、范型，从而丰富和发展理论，促进理论和方法的创新。③由于教学模式具有简洁明了、可操作性强的特点，有时一种教学模式往往可以用一个词或一句话概括。因此，它有利于教育理论的推广，便于教师理解、掌握和运用，它的处方性、参照性特点，使它能揭示出模式具有"如果运用……教学模式，就必然产生……的教学效果"的功能。教学模式的运用，有利于大面积改善课堂教学现状，从而提高课堂教学质量。

（三）教学模式的分类

教学模式林林总总，层出不穷，令人眼花缭乱，但可归结为若干类型，现将一些重要的分类列举如下：

分类之一（着眼于心理科学）：①信息加工教学模式（以认知学派理论为依据）；②行为教学模式（以行为主义学派理论为依据）；③个性教学模式（以人本主义学派理论为依据）；④交往教学模式（以社会本位教育思想为依据）；⑤合作教学模式（以人本主义和社会本位教育思想为依据）。

分类之二（着眼于现代教学理论）：①着重于认知发展的教学模式；②着重于整体优化的教学模式；③着重于探究发现的教学模式；④着重于技能训练和行为形成的教学模式；⑤着眼于非理性主义的、开放性的教学模式。

分类之三（着眼于教学活动特征）：①指导——接受教学模式；②自学——辅导教学模式；③探索——发现教学模式；④情趣——陶冶教学模式；⑤示范——模仿教学模式。

（四）教学模式的构建

模式的构建，可以从实践出发，经过概括、归纳、综合提出各种模式，模式经证实，即有可能形成理论。

模式的构建，也可以从理论出发，经过类比、演绎、分析而提出各种模式，进而到实践中加以应用，以解决不同的问题。

现代科学方法论中，建模是一种重要的研究方法，科学研究有定性研究和定量研究两种主要方法，从模式论看，则有定性建模和定量建模两种建模方式，教学建模主要采用定性建模的方法。

教学模式的构建要遵循教学模式的结构进行。我国学者查有梁先生提出定性构建教学模式的基本程序是：①建模目的，明确建立教学模式所达到的目的；②典型实例，通过调查研究，找出一个典型的个案；③抓住特征，通过理论分析，概括出基本特征和基本过程（程序）；④确定关键词，进行语义比较，找出表述模式的关键词；⑤简要表述，对模式做出简要的定性表述；⑥具体实施，在教学中实施模式，注意充分体现模式的特征和过程；⑦形成子模式群，在教学实践中，因不同的实际情况，能"变换""适应"，从而形成系列的子模式群；⑧建模评价，对模式设计和实践进行归纳总结，以便改进。

上述各个阶段应是联系的、多向的。在理论和实践上，教学模式只有经过修改、完善、发展才能构建一个有效的教学模式。

（五）学习、研究教学模式的策略和方法

学习、研究教学模式，包括了学模、用模、评模、建模这几个重要的方面。

"学模"是指通过学习，了解和掌握中外各种基本的教学模式，包括每种教学模式的理论背景，实施的目的、程序、策略和条件，适用的范围、长处及局限性，并能结合实例掌握其特征和要义。通过学习，掌握各种基本的教学模式是选模、用模的前提和基础。

"用模"是指能根据教学的实际需求，能选择，能应用。在用模中，凡是不了解条件，盲目地使用；不变化，僵化地使用；不组合，孤立地使用，都不会是有效的。

"评模"是指要对各种教学模式进行评价，评价既要包括理论的审视，又要考虑其实施和操作的可行性、有效性。要通过评价，修正、完善、发展教学模式。

"建模"是更高的要求。将有效的、成功的教学实践通过概括、归纳、提炼上升为有典型意义的操作范式，模式可以丰富和发展教学理论，可以有效地解决教学的问题，提高教学质量。

教育有模，但无定模，贵在得模；无模之模，乃为至模。建立教学模式，掌握教学模式，最终是为了超越教学模式。教学既是科学，也是哲学；既是技术，又是艺术。建立某种教学模式，最终都应超越这种教学模式，这才是达到艺术境界的教学，才算是掌握了学模、用模、评模、建模的精髓。

（六）课型和教学模式的联系和区别

课型是客观存在的事实，不以人的主观意念而转移。模式是主观对客观的认识和改造，因为模式内蕴含着构建者和运用者的思想、观念，所认同的教学原则，所选择的教学策略、方式和方法。

教学模式的构建和运用要依据和反映课型的特征，使教学活动更贴近教学规律。体现不同指导思想的教学模式对特定课型的表征方式是不同的，例如对某种课型，有人用认知模式去表征，有人则用行为模式去表征。

第五章 学生数学思维能力的培养

第一节 理性思维能力的培养

一、经验性思维

数学学习过程与事物发展过程一样，都是相对变化的统一。学生学习数学的内部矛盾是学生原有认知水平与新的需要之间的矛盾，这里的原有认知水平就是已形成的学习数学的经验。这个经验既含有对具体知识的掌握，又包括感悟具体知识体现方法的认识。具有经验性学习水平的人把新的学习看成是一种需要，这种需要不仅铺平了学习活动的道路，而且还引导和调节人的活动动机，促进新的学习的成功。经验性思维是指掌握了必备的数学基础，基本懂得数学学习方法，且具有必备的解决数学问题的基础所形成的、随时可以取用的思维模式。这个思维模式是特定的、符合个体特色的、具有个体学习意义的模式，这种模式对掌握数学内部各种关系，进行判断、推理、综合、概括起着奠基作用。因此，经验性思维对于稳定数学学习兴趣，增强数学学习信念，提高数学学习效果发挥着积极作用。

经验性思维水平是建立在对已掌握知识和方法的基础之上的，同样遵循着知识和方法建构的逻辑性，符合数学发现的一般规则，也符合个体自身的认识规律。系统化的知识和数学理论凝聚着人类认识活动所特有的思维经验，任何有意义的认识都是按照一定的记忆规则加以系统化的，体现着思维逻辑的一般规则。掌握它们，就意味着获得了一定水平的经验性思维。原有经验的获得过程，是指知识掌握的认识规律和思维方法形成的认识体验。这种获得过程所形成的经验概括远比知识和方法本身丰富实用得多，对个体对新的需要学习的知识的获得过程有较深刻的指导作用。这是经验性思维对学习获得提高的贡献。

数学知识经验系统是经验性思维水平的具体表现，这个经验系统是学生头脑中已有的数学知识、经验及其组织，包括数学基础知识和数学基本技能。数学基础知识是学生头脑中已有的数学事实、结论性知识及其组织特征，它是学生经过数学学习后形成的经验系统，包括数学概念、数学语言、数学公式与符号、数学命题和数学方法，以及它们的组织网络。数学基本技能是在数学基础知识发生、发展和应用过程中产生的，是完成数学活动任务的复杂的动作系统。如果学生的数学知识经验越丰富、知识组织越合理，就越容易内化外界输入信息，并把它吸收为自己知识体系的一部分。

（一）强调经验性思维具有确定的意义

（1）更要关注那些带有一般性的认知技能和方法的掌握，经验内部的结构需要形成有支配、调节认知加工过程并进行合理组织的技能。

（2）更要关注那些形成新知识的一般性认识活动方式，尤其是进行创造性活动的方法和技能。经验内部结构是一个合理、有序、完善的整体，内部活动结构需要不断引进获取知识的有效方式，形成更强大的认知操作系统。数学认知操作是在已有的经验系统基础上，运用知觉、想象、思维等对数学信息进行组织、处理的较为稳定的个性认知特征，可以形成数学能力和数学思维能力。

基于以上分析，数学经验性思维具有以下功能：当数学新信息刺激时，经验性思维就会自觉对已有的知识经验过滤、外化，以找出与新信息有联系的知识经验，这是选择性功能。在没有外来环境的影响下，经验系统是静态的，隐含于数学知识体系和活动规则之中，体现在活动方式的选择之中；当经验系统被外界打破，经验的活动方式就会展开，随之就会用选择的经验去说明、解释和容纳这个外来的信息，这是同化功能。如果原有认识不能接受新信息，经验性思维就会对原有结构进行改造，实现新信息的同化，这是顺应功能。容纳新的信息后，主体会从整体上把握数学事实或结论，从而产生数学直觉，这是预见功能。最后在应用中发生迁移，形成更为完善的经验性思维。

经验性思维对形成学习迁移能力有积极的影响。认识不是人脑对事物直接的简单反映，而是以原有知识为基础在主客体的相互作用中建构而成的，这种建构体现了经验的迁移。学习对数学对象的认识依赖于主体指向这个对象的活动，表明主体对事物的认识是以个体的知识经验、需要、信念等为基础的，它不是简单吸收来自客体的信息。

因此，要重视学生头脑中原有的知识经验的意义。

（二）数学教学活动中，发展学习经验水平的教学策略

1. 充分提示知识内在的思维因素，暴露知识形成的思维环境

数学基本概念是数学的核心实体，掌握概念就是把概念形成的原因、背景及思维的价值弄明白，把由概念演绎的数学方法纳入自己的经验体系，构建属于自己的知识系统。概念学习也是一种数学规定的学习，定义、法则、公式等数学描述都是科学法定的规定，它直接与人的数学学习相联系，为人的思维格式定向，所以概念及概念间关系的学习是实现

经验水平的重要条件。揭示概念的思维价值比明确概念的应用更为重要，因为学生掌握了某个概念，但不一定掌握了它与相关概念的关系；即使懂得了概念之间的内在关系，但也不一定明确概念的智力价值。揭示数学知识的内在思维因素，需要感知概念、思读概念、比较概念、内化概念和应用概念五个基本过程。

感知概念就是指有意识地知觉概念，这一过程主要通过视觉完成，触觉和听觉辅助发挥作用。观察是知觉的重要形式，通过观察激发思维对观察的对象进行识别、鉴定和比较、概括，形成对事物本质的认识。数学概念尽管是直观的产物，但它是抽象了的直观，只有通过思维的上升才能获得观念的认识，有时还要借助动作来帮助观察，验证观察所发现的结果。概念学习要靠观察了解概念的特点和结构，便于把握概念的本质。在实际教学活动中，这一过程尽管被关注但有时也会被忽略。思读概念就是抓住关键的词、句用"心"去认识它，挖掘它的背景因素和意义，并且需要一组动作来协助掌握。

这一过程在数学教学中有所注意但不细致。例如，教材用黑体字来设计问题思考、教师常用对概念表述的字词进行分析指导，都是这一过程的显性直观。但教学是对教材及其输出信息的补充和强化，因此教师指导学生进行思读能更快地让学生明白概念。强化概念的朗读或默读既是提高效果的手段，也是使学生掌握概念学习方法的重要过程。比较概念是指比较旧概念与新学习的概念，寻找它们之间的依存关系或差异性，有利于对概念实质的把握。比较学习是一种极好的学习方法，大多数数学知识在特定的环境中具有外延的相似性，直译通过比较才能真正区分它们的本质，才能在概念应用方面不至于发生混淆或"误用"。比较学习方法在数学学习和教学中尤为重要。通常情况下，教师比较重视这一过程，而且还通过操作来澄清概念的差异，让学生在活动中体会或认识相关概念；但学生往往对教师的训练不以为然，只是在作业练习上有所体现。内化概念对知识掌握有极大意义，对于学生而言，内化知识的过程是既要掌握新概念的符号体系，又要掌握这些符号所表达的实际内容，这也叫作有意义学习。在一个数学知识体系中，各知识点、块之间有着确定的、内在的实质性关联，这些特点决定了数学学习应当且必须注重知识内在关联的系统化的学习，这恰好是有意义学习所必需的外部条件。教学上，教师非常重视这一过程，如用是非判断来填补思维上的空白和澄清不正确的认识等。应用概念是加强学生对新知识理解的最后一道保障环节。教师通过范例把概念应用的思想教给学生，让学生形成能够在适当的背景中准确取用知识的经验。在这一过程中，教师角色的部分转变能使学生的学习过程变得充实有效，学生则能不断转化和修正教师所提供的信息，以一种具有个人特点的、有意义的方式来构建新知识，形成具有鲜明个性特点的经验思维。

2. 充分揭示数学关系的内在思维因素，呈现抽象知识的特殊表现活动

数学命题、原理尽管各自独立，生成的环境也有所区别，但它们所表现的思维活动是

相似的。数学思维的相似性是思维相似律在数学思维活动中的反映。数学思维的相似性在思维活动中发挥着重要作用。数学思维中到处渗透着异中求同、同中辨异的比较和分析过程。数学中的相似问题如几何相似、关系相似、结构相似、静态相似与动态相似等为思维的相似性创造了机会。数学思维中的联想、类比、归纳和猜想等都是运用相似性探求数学规律、发现数学结论的主导方法。对相似因素和相似关系的认识，能加深理解数学对象的内部联系和规律性，提高思维的深刻性，发展思维的创造性。

数学思维的相似性是对问题相似性的一种认识的反映。例如，解析几何的创立，把数和形内在规律揭示了出来，给思维的相似分析提供了更大的空间。代数学及分析学就能借助几何术语运用几何类比而获得新的生命力。又如，通过思维的空间模拟，把一个个函数看成一个个"点"，而把某类函数的全体看作一个"空间"、函数间的相异程度看作"点"之间的"距离"，由此得到了各种无穷维的函数空间。一个微分积分方程组的求解，往往归结为相应函数空间中一个几何变换的不动点问题，这样不仅分析的问题具有几何"直观"的意义，而且给抽象代数以有力的方法。

数学教学中要特别注意用知识的特殊表现活动来揭示各种关系的性质特征，让学生学得明白、用得放心，这是毋庸置疑的道理。因为数学知识是在生产实际中不断积累形成的，这个积累反映了人类思维创造性的本质，数学在发展中一个个知识被发现和创造出来，使知识之间具有明确的姻缘关系。数学创造的本质是在已知的数学事实所可能造成的新组合之中做出正确的选择。从已有概念、图像、变换、结构等出发可以构造出不计其数的新组合，尽管大多数都可能是无用的，但只要组合成功就会导致新的发现。即使是新的发现在已知世界中找不到原型，在数学世界里也可以通过思维的特殊抽象高度，找到所谓的"理想的元素"。这是建立在已有抽象数学概念之上的再次抽象的结果，是与真实世界遥遥相距的以至于被看作"思维的创造物和想象物"。这正显示了数学知识的亲缘关系。

对于具有抽象关系和数学问题的教学，要把有目的的学习活动作为教学过程的主导活动。对于教师而言，教学必须强调要使学生掌握一定的活动技能。如果在教学过程中，教师不顾学生的实际或掩饰了学生思维困难之处，而是按自己的思路或逻辑进行灌输式教学，那么轮到学生自己解决问题时往往是无可适从的；相反，如果教师注重学生的实际，敢于适时地暴露学生思维的缺陷，从而准确了解错误之因，及时纠正学生理解上的偏颇，弥补认识上的不足，扫除思维障碍，则有利于完善学生思维结构，与培养学生的思维能力。对于学生而言，要教育学生有责任使自己的知识和技能不断地发生改变，并通过自我完善的学习方式来记忆和使用信息。

揭示数学关系的内在因素，呈现知识的特殊表现活动，包括需要设计情景、置移转换、寻求办法、表述解答四个基本过程。

设计情景是将确定的数学关系置于一个相应的背景中，作为学生思考的对象。这个对象就是提出问题，问题的条件是显性的，但问题背后的思维却是隐性的，问题情景起思维定向作用，保证思维具有稳定、一致的方向。置换转移是思维活动阶段，也是明确隐含关系、问题解决的核心环节。从学生方面讲，它又分为四个阶段，即弄清问题、拟订计划、实现计划、回顾检验。求解一个问题的关键是构想一个解题计划的思路，这个思路可能是逐渐形成的，或者是在明显失败的尝试和一度犹豫不决之后突然闪出的好念头。解题过程就是运用探索法诱发好念头的过程。从思维的作用这一角度对解题过程中的思维活动进行分析，指出解题过程中需要有对问题解决的要求和愿望，需要有对问题的猜测和预见；需要动员和组织各种各样的因素，分离和组合它们，辨认和回忆它们，并重新配置和充实对该问题的构思，以演化出更有希望的前景。寻求办法是在上一个程序完成后所做的心理上的选择。心理上的选择就是思维活动的结果，即认识活动对信息加工处理是将自己过去已经掌握的事实应用于新的情景，通过新旧信息的选择和不断组合寻找解决问题的办法。同时，活动主体所关心的不仅仅是信息的利用，还要建立一种用于辨认经过内外环境过滤的新信息的线索和辨认从记忆中检索出来的与问题要求相吻合的旧信息的线索的模型。通过探究模型，得到可能的解决方法。问题解决中的创造性，表现在主体能从记忆的部分线索中有选择地检索出旧信息，以及根据新的情况改变对这个信息的利用，灵活地对记忆中组织好的知识重新解释和建构。表述解答就是应用思维的语言整理思维的结果，其中体现了学生经验思维应用于新情景转化的能力。

3. 充分揭示数学应用的思维价值，呈现真实的描画模拟活动

数学是现实的抽象且又为实践服务的科学，数学应用客观反映了数学描述实践活动的功能。为培养学生的数学应用意识，巩固学生掌握数学的理性成果，提高学生分析问题、解决问题的能力，那么数学教学重视数学应用的实践是必需的。把原本从生产实践中获得的数学关系重新回归到具体实践活动中去，用实际的问题对数学关系或模型进行包装，组织这种问题的教学就是数学应用教学。数学应用教学中，组织的实际问题尽管多样、对现实的描述各不相同，但分析的思维程序是相近的，这就是数学问题的相似性。由于数学思维是解决数学问题的心智活动，它总是指向问题的变换，表现为不断地提出问题、分析问题和解决问题，使数学思维的结果形成问题的系统和定理的序列，达到掌握问题对象的数学特征和关系结构的目的。数学问题的相似性为思维的有序活动提供了方向和动力。因此，问题性是数学思维目的性的体现，解决问题的活动是数学思维活动的中心。这一特点有利于数学应用问题的教学，也有利于学生构建真实经验性思维。

充分揭示数学应用的思维价值，其教学策略包括审题、建模、求解、检验四个基本环

节。审题就是客观分析问题的性质，组织和动员原有的思维经验，对有价值的信息进行重组和编码，形成较为科学的判断。在这个过程中，由于数学应用的广泛性及实际问题非数学情景的多样性，往往需要在陌生的情景中去理解、分析问题的性质，舍弃与问题非本质的、无关的因素，形成对数学本质问题的认识，并理顺数量关系。教学的重点是引导学生冷静、缜密地阅读题目，明确实际问题中所含的量及相关量的数学关系；必要时对学生生疏情景、名词、概念做必要的解释和提示，以帮助学生将实际问题数学化。建模是掌握数学应用的关键突破口，在明白题意后，准确揭示实际问题所包含的量的关系并转化为数学问题。这一过程，在教学中是难点，也是重点。教师必须引导学生分析题目中各量的特点，寻求已知与未知的关系，将文字语言转化为数学语言或图形语言，找到与此相联系的数学知识，建成数学模型。求解是对揭示出来的数学关系进行合情的解答，并得出数学结论。这一过程体现了数学语言的内化功能，教学的着眼点是帮助学生澄清逻辑格式，纠正不规范行为。检验是将得到的结论，根据实际意义适当增删，还原为实际问题。检验包含着两个程序：一是检验数学关系的运算、推理是否合理；二是检验得到的结论是否符合实际问题的要求。教学中，对这两个程序都要知道学生进行论证。

数学应用教学要重视数学知识应用于解决实际问题的功能，强调实际问题的数学化特征，突出实际问题的思维性；教给学生解答应用题的基本方法、步骤、建模过程和建模思想，从而有效地建构经验性思维。

二、语言能力

（一）数学语言的三个显著特点

一是符号多、公式多，体现了数学语言的抽象性，同时也揭示了数学发展和进步的规律。数学符号语言是数学修养的重要标志，同时对增强数学思维能力起重大促进作用。数学符号的创设，是数学发现的需要，也是数学思维抽象性的需要。它是通过使用数学符号、改进数学文字语言在数学发展中不断形成的，是对数学的高度概括和抽象。

二是语言精确、简练，体现了数学语言表达的科学性。数学语言由语言规则所规定，在表达形式和含义之间，有着唯一确定的对应关系，赋予了精确性的特征；又由于数学语言可以把冗长的自然语言、数学文字语言解放出来，简明扼要地表述精密而复杂的科学内容，又赋予了简练的特征。

三是语言结构严密、形式严整，体现了数学语言的独特性。数学语言表述对象明确，科学反映数学理论知识，是逻辑性与严谨性的统一。

从数学语言的特点来看，学习数学首先要弄清语言符号的含义，并掌握数学语言之间的关系；其次，要努力做到理解由语言所表达的数学关系的意义，也就是对数学判断的理解；最后，要学会用数学语言来描述数学问题或揭示数学问题内在的关系。在数学中，各种量、量的关系、量的变化，以及在量之间的推导和演算，都是以符号形式表示的。符号作为一种思维的语言，可以把大量丰富深刻的含义隐藏在符号的背后，储存在长时记忆之中，从而大大简化和加速思维的过程。同时，数学语言还有着自然语言所没有的可操作性。逻辑只是用推理来把握事物对象间的关系，而数学是定量描述这种关系，是把推理变成了运算，运算过程是由数学语言来表述的。数学正是依靠数学的语言进行推理的，这也正是数学语言的可操作性。数学思维借用了可操作性的数学语言，才得以不断深入地把握客观世界精密、细致而又极其复杂的关系。

数学语言的使用对数学思维有重大影响。这是因为语言是表达思维的一种操作，正确反映思维的结果需要精确同步的语言。如果数学语言用得不到位，就会使思维的成果大打折扣。数学语言是人类研究数学精思妙想的结晶，它有助于正确而敏捷地进行思维。在数学学习中随着学习的深入，概括性和抽象性要求不断提高，数学语言的应用要求也越来越高，而且越来越复杂。复杂的概念和关系都是在简单的概念和关系中发展起来的，这些概念和关系都是由数学语言表述的。如果语言词意不明或混乱，甚至词不达意，就很难理解和掌握数学概念和关系。正如数学家斯托利亚尔所说："学生知识表面化的根源往往是，数学语言的学习中语义处理和句法处理之间配合不当。形式和内容的脱节实质上就是数学语言的符号和公式与它们所表示的东西脱节。"如果不能正确熟练地使用数学语言，将直接影响到对数学概念及其关系的理解和掌握，影响到数学思维的通畅与发展。

要发展学生的数学思维必须打好扎实的语言基础，因为语言永远是思维的外壳。数学教学帮助学生形成数学语感和经验性思维能力，为将来能够承载更多的知识而奠定牢固的基础也是基本任务之一。数学是以严谨的语言来建构严密的逻辑结构的，违背了逻辑就违背了数学的真谛。因此，训练学生的语言时要符合客观规律性。也就是说，讲话要有根据、有因果、有前提、有条件，要足以反映学生逻辑思维的过程。

（二）加强学生语言能力培养的策略

1. 教师要做好示范

教师的语言行为直接影响学生的语言行为，所以教师的榜样作用是非常重要的。首先，教师的语言应该是学生的表率，因为学生具有很强的模仿力，教师的数学语言直接关系到学生数学语言的发展；教师的语言力求用词准确、简明扼要、条理清楚、前后连贯、逻辑性强。其次，教师的语言要与教材和学生的实际语言基础相一致。这是因为数学语言太抽象、太严谨、太简练，而语言又是思维的外壳，如果脱离了教材和学生实际，教师的语言必然失效，对学生的学习会有更大的影响。最后，教师的语言要充分揭示和展示学习的过程，让学生眼耳协调、手脑并用，激活动员多种分析器参与认识过程。

2. 教师要重视主体发现

在教学中，学生的认识活动是课堂真正的"主导"活动，要增强学生语言运用的环境。首先，给学生语言表达的机会，要求学生对课程的学习发表自己的见解，用自己的语言对数学判断进行分析和解释，在表达观点之前用思维语言在大脑中进行系统的思考，即怎么样把自己的所想所思用语言很好地表达出来。其次，要求学生准确描述解答数学问题的思维过程，锻炼思维与语言同构的能力。

3. 教师要发挥好范例的作用

范例是学生接触数学语言的老师，通过它对数学概念的包装，为学生提供语言翻译的情景。一般情况下，仅凭直接思维是较难认识范例的，要通过范例的结构间接地唤起原有的经验才可能获得其认识。所以，范例是训练学生语言能力的极好工具。首先，由学生细读范例，在教师帮助下实现条件语言和结论语言的对接。其次，有意识地让学生发现范例所提供的语言信息，并学会分解、组合和运用这些信息。最后，由学生对整理好的语言信息进行反馈，教师则做出适当的修补和完善。

语言是交流的工具，是正常人用来进行思维的武器，掌握了语言的人都用语言来概述问题。没有语言，人与人的相互了解和交流就无法进行。语言是思维的灵魂，思维活动的结果、认识活动的规定都是用词和词组成的句子表达出来并巩固下来的，成为人类宝贵的物质财富，所以语言也是承传知识的重要载体。不懂或不了解语言的表达形式，就没有办法学习知识、认识知识。数学语言是传承数学知识与数学对话的工具，没有基本的数学语言基础，就等于与数学知识是陌路人，互不认识。数学语言不等同于自然语言，它是数学抽象与具体数学对象的统一。自然语言表达的方式一般是陈述性的，即对某事或某现象进行说明性的解释或提问，有时也是最简单的判断，而数学语言是明确的判断。为了提高学生学习数学的能力，应有效地提高学生数学语言的阅读、表达和应用能力。

（三）加强学生语言能力培养的两个最基本的方法

1. 给学生创造用数学语言交流的环境

这个环境可以是课堂内的活动也可以是课外组织交流。一般来说，在课堂上组织数学语言的交流，效果更好。这是因为课堂是正常的学习时间，而且课堂活动中使用数学语言也是十分规范的。最值得肯定的方法是小组合作学习。这种学习方式不仅给学生数学语言相互表达的实践提供了很好的机会，而且教师也可参与其中，促进了生生互动、师生互动的生动局面。小组合作讨论，交流自己的想法，总结和归纳实验结果，这一系列的教学手段都是在培养学生课堂交流的能力。学习主体只有在相互交流、相互探讨的过程中思维才会擦出火花，同时也只有在相互之间的探讨与比较中才能扩大其思维面、增强其数学语言的应用能力。让学生从不同的角度相互比较与思考，取长补短，以训练学生语言的承接能力。在交流互动中，学生对语言特别是对新学习的语言的接受程度是有区别的。语言能力好的学生，可以通过与原有掌握的语言的比较迅速获得对新语言的认识并及时内化。例如，对分析法语句熟练，他就会很快掌握反证法语句。但小组活动中也会出现接受语言速度慢甚至原有基础语言都没有掌握好的学生，他们在语言表达上处于劣势，那么，教师是不是要对一些表达得不正确或者不够贴切的想法进行批评或者是减少他们的发言机会呢？显然，这样做是不对的。教师应尽量帮助他们恢复原有语言系统，并指导他们学好新的语言。另外，尽管当时不会表达或表达不够准确，但并不意味着这个学生的语言表达水平就很低，或许只是他们发挥得不太好而已。其实，一两次表达不太好并不影响学习数学，何况只要努力，语言水平就一定会提高。许多数学家在介绍自己的发现时，从来都不会介绍自己是怎么进行研究的，而总是呈现给我们最完美的形式，把结果表达出来。

数学教材给出的一些公式、概念等都是人类发现遗承下来的正确结论。这些结论的语言是经历史推敲过的，是经得起考验的，何况数学家们在对自己的研究成果进行展示之前走了很多的弯路，最后才找到最好的表达方法。学生在极短的时间内，一下子是达不到用这样完美的语言来表达他们思维的。因此，无论学生说得好坏，其中都包含了学生的思维过程和学习过程。教师应该尽量予以引导，让他们获得自己表达的成功感。教师在评价学生语言表达时，只要学生能够用自己的语言真实地解释出数学对象，就应该给予鼓励；即使表达不够完整或不完全正确，也应给予精神上的表彰，以此激励更多学生积极参与交流。如果教师过重看待学生语言表达的完美性，对学生表达得不够完整或不够精确进行指责，那就是对学生的交流热情泼冷水，就会导致学生因为怕说错而不敢发表自己的观点。同时，教师还要不断示范解读数学对象，对教材知识内容进行补充和强化，以利于学生从中获得间接的经验。如果教师在教学中只是照本宣科，把教材内容原原本本灌输给学生，无疑将会抑制学生语言的发展，阻碍学生思维语言能力的提高，学生得到的将仅仅是静态的数学符号和呆板的语言情景。

在数学教学活动中，可以用直观的对象对学生进行语言训练。直观能调动知觉的胃口、激发思维活动，自发的活动能刺激语言形成。不少学生都爱好篮球运动，既锻炼身体又劳逸结合。因为他喜欢，所以他练篮球的频率高，时间久了，就自然明确了一定的篮球技巧。当你问他某些肢体动作时，他会滔滔不绝地用语言表达出来，而且非常正确。直观启发的道理与此是完全相同的。例如，在看图说话训练中，先让学生看图，进行全面观察，要求简单说出图中内容；在看图的基础上，再要求学生对图的内容进行分析并口述，理清图中的数量关系。这样一个让学生从简单描述到问题分析的过程，可以培养学生语言思维能力。如果长时间坚持用这样的方法进行训练，学生在潜意识中就能形成口述的习惯。当他遇到需要解决的问题时，就会自觉地去寻找和分析情景中的信息，也会对获得的信息进行组织和理解，最后会以语言的形式表达出来。而且，不论是在和老师还是在和同学进行交流，他的语言都会体现他的思维方向。数学教学不仅要反映数学活动的结果，而且还要反映得到这些理论的思维活动的过程。

坚持不懈地培养学生的数学语言表达能力，对学生数学思维的发展是很有效的。

2. 强化学生的动作效果

我们可以先看看人的肢体与心理对数学学习的关系。动作指心理动作和肢体动作。心理动作是知觉的反映，当人关注某个对象或现象时，会引起知觉的感应，从而又引起心理动作，产生力求对这个对象或现象弄明白的愿望，并指挥大脑发布对肢体动作的命令。这一过程是引起动作的过程。动作对于训练语言控制能力极为重要。首先，思维语言要通过心理动作传递给肢体动作，肢体动作把思维语言的结果表达出来，表达的过程是语言转换的过程，即思维的内部语言转化为外部语言。外部语言是思维的外壳，是反映思维结果的间接工具。前面说的给学生创造语言表达的环境，其实是为语言的转移服务的。转移得是否准确，那就是内部语言与外部语言对接的问题了。所以，学生语言表达得不完整或不完全正确，有时并不反映学生内部语言存在某些问题，可能是语言转移出现了偏差，或语言翻译出现了偏离。其次，肢体动作的结果又作为视觉的对象引起心理反应，形成第二次心理动作。这时的心理动作对肢体动作的结果进行识别和鉴定，如果符合表明动作结束；否则，就会进行第二次动作转换，直到与心理动作完全一致为止。如前所述，学生能够表达思维的结果，就等于是内部动作和外部动作的协调吗？其实这与支撑心理动作的基础或过去的经验积累有关，说明如果过去的基础不扎实、知识结构不合理、知识体系有漏洞，将会导致心理动作失真。学生外部动作是实体动作，看得见、摸得着；而心理动作是虚体动作，无法观察和检验。由于内部动作与外部动作是互动的，不会存在分离的可能，所以加强外部动作的训练，也就能强化内部动作的训练，使心理动作达到稳定而真实的效果，形成良好的逻辑思维体系，以增长智力。教学活动中，要让学生多动手、多动口，促进语言动作的成熟与发展，提高语言转换和语言表达能力。

再看看学生重视数学语言学习的态度。学生数学语言不过关，在一定程度上是学生对语言的学习不太重视。把数学语言的学习与自然语言的学习等同起来，认为学习知识比掌握语言重要得多。数学教学中，教师要认真强调数学语言作用的重要性，教育学生学好数学应当掌握好数学语言；除了重视语言学习之外，在规范使用数学语言方面也应严格要求。

一是使用数学语言必须严格准确。学习活动中，学生往往对语言的应用缺乏持久性，或思考不认真，或表述不规范，或逻辑缺乏严谨、推理缺乏根据。学生特别容易忽视次要的语言信息，即使有时表达毛病是明显的，也不认真去更正。有时表达毛病的出现并非思维问题，是因为言不由心、不能正确翻译思维。这些都是不严格准确地使用数学语言所导致的后果。

二是严格训练学生思维语言与表达语言的一致性。数学语言能力也表现在思维语言与表达语言的互译能力上，在这中间其实还存在着一个问题信息语言的翻译能力。也就是说，在解决问题时，思维要对问题的信息进行语言翻译，经过加工找到问题的解答；思维又将解答的语言传递给肢体动作做出对价表达，最终形成问题的解。

三是严格规范训练学生使用数学语言。数学语言的产生是一种科学的"约定"。在数学实践活动中，这种"约定"就是规范，要学习这种规范并严格遵循这种规范，否则就会出现混乱和错误。为了使学生更好地掌握数学语言，教师还要重视指导学生阅读教材，以养成良好的读书习惯。因为教材语言是规范的、严谨的，而且教材又是对教学的支持和检验，所以阅读教材有利于促进学生学习能力的发展。一旦这种能力成为学生的个性特征，它将迁移到数学学习的各种场合，在更广泛的范围内发挥作用。

数学语言可以清楚、简洁、准确地描述日常生活中的许多现象，让学生养成乐意运用数学语言进行交流的习惯，既可以增强学生应用数学的意识，也可以提高学生运用数学语言的能力。在教学中，要帮助学生形成个开阔的视野，了解数学对于人类发展的应用价值。在知识实践、能力培养的基础上，教师应主动地向学生展示现实生活中的数学信息和数学的广泛应用，向学生提供丰富的阅读材料，让学生感受到现实生活与数学知识是密切相关且处处与语言有必然联系的。

总之，在培养学生语言能力方面，教师应不断追求提高自身的语言素养，通过教师语言的示范作用，对学生初步逻辑思维能力与严密语言表达能力产生良好的影响。学生要坚持主动接触来自教材、教师、课堂呈现的语言环境，并参与讨论、解释和表达，通过教师、教材、课堂的耳濡目染，就会慢慢形成严密的语言逻辑，也会大大提高数学思维能力。

第二节　操作思维能力的培养

一、比较

比较存在于一切事物当中。比较是人类思维活动的鼻祖，也是人类意识能动性的基础，它的产生是基于事物的相关性与差异性。比较认识的状态就是一种思维形态，人们在比较中认识事物的不同点与相同点的方法就是比较思维方法。比较思维方法存在于一切思维活动中。所谓"比较"，在《现代汉语词典》中解释为"就两种或两种以上同类的事物辨别异同或高下，或用来比较性状和程度的差别，或表示具有一定程度"；哲学上可解释为通过联系与发展的思维视角，对事物的属性、特征、运动规律等进行分析和总结，最后得出结论的思维方法。从这个解释中可以知道，比较的作用视角为联系与发展，作用途径为分析与总结。

比较思维是根据一定的需要和一定的规则把彼此有一定联系的人物、事物、事实或事理加以对照，通过把它们的活动规律与人的思维经验联系起来加以分析和归纳，找出其相似性、不同点，并由此判断和厘定人物、事物、事实或事理、处理问题的思维方法。所以比较思维有明显的特点。

第一，比较具有可选择性。主要体现在可比较的内容上。比较时，人可以根据自己的需要，自主地、有针对性地选择比较的内容，选择好了内容才能进行分析与总结。由于比较的可选择性，使客观世界变得鲜活起来，从而促进了人的思维活跃，增强了人认识客观事物的效果。

第二，比较具有广泛性。由于事物的广博性与思维的多方向、多领域性增加了人们对各种事物认识的难度，而比较是思维活动的添加剂，能帮助人们定思维方向并增强思维的效率。比较无处不在，只要是思维能够涉及的领域，比较就会随之而行。这说明比较又具有多样性，即比较种类的多样性、比较视角的多样性和比较内容的多样性。这样人们可以根据作用、目的的不同，从不同层面、不同方向做出比较，从而提高分析综合水平。但比较思维不是固定不变的，它会随着认识的强化发生变化，它是一种发展的思维。

第三，比较具有兼容性。比较思维方法能吸收其他的认识方法为其所用。例如，分析和综合在经验性思维水平上的统一就表现在比较中，特殊化与一般化、归纳与演绎等都可以运用到比较思维的分析操作中。比较也是所有抽象和概括的必要条件。可见，兼容性是比较思维方法活力的来源，体现着其顽强的生命力。

　　比较是一种智力动作，通过比较从物体和现象中分出单独特征，找到它们共同的或不同的特征。即根据事物的共同性与差异性对其进行分类，将具有相同属性的事物归入同一类，具有不同属性的事物归入不同的类。由此可见，比较是从对比或对照物体和现象开始的，也就是从综合开始的。通过这种综合性动作，对被比较客体进行分析，划分它们的异同并进行分类。分类是比较的后继过程。通过分类将共同的对象统一起来，也就是将客体又综合起来，这样就产生了概括。分类要选择好标准，选择得好还可能导致重要规律的发现。

　　比较有两种基本形式，即类比和对比。类比是将一系列事物对象中具有共同特征的对象分出来，这是肯定抽象的智力动作；对比是在一系列事物对象中进行特征对照，将特征相对立地揭示出来，这是否定抽象的智力动作。

　　数学中的比较是多方面的，包括数学概念的比较、数量关系的比较、形式结构的比较、数学性质的比较及数学方法选择的比较等。数学对象的差异性和同一性是进行比较的客观基础。比较数学对象的差异性，可以将数学对象加以区别；比较数学对象的同一性，可以认识数学对象间的联系；比较数学方法的适应性，可以强化数学应用技能。

　　数学中的类比是一种推理，它是根据两个对象之间有某些相同或相似属性，并知道其中的一个对象还有其他属性，从而推出另一个对象也具有相同或相似属性的一种推理。它是一种或然推理。也就是说，由类比推理得出来的结论可能正确，也可能不正确。因为，类比推理的客观依据是事物所具有的各属性之间的相互联系和相互制约，虽然类比的对象有其相似的一面，但它们也有不同的一面，这也是 A 事物区别于 B 事物的本质所在。

　　怎样来提高类比的可靠性呢？第一，在类比推理中相似性质的根据越多那么类比结论的可靠性就越大；第二，在类比推理中相似性质的关系越密切那么类比的运用就越有效，类比结论的可靠程度就越高。

　　类比推理在人类认识活动中，特别是在创造性思维活动中有着重要作用。数学比较中的类比思维方法对促进数学发展有重大效果，数学理论的创立和进一步完善是人类长期实践，以及高度分类、对比与创造而积累起来的思维精华。人类在漫长的社会实践中，在改造大自然的策略中，不仅逐步形成了认识客观自然的思想，从经验系统中创建和抽象了符合科学认识规律的思维系统，而且掌握和发展了探索自然奥秘的科学思维方法。数学类比思维方法就是人类长期社会实践的产物，数学类比指在数学问题的研究中由特殊到特殊的推理的动作思维，它与联想发生着必然的和本质的联系。其推理过程是从某一具体对象的属性，在直觉思维的启导下联想到另一对象已获得的相同或相似的属性，并以此为依据，把其中某一对象已知的属性迁移到另一对象中去。显然，数学类比思维方法就是根据两种数学对象类似之处的比较，由已获得的或筛选可能有用的知识信息，通过思维的内化旁生和引出新的结论和关系的一种准逻辑的推理方法。

类比是数学思维的表现形式，十分强调数学事件之间的内在联系，强调用联系而不是孤立的观点看待问题，只有这样才能提供联想的契机。提倡这种联系的观点才能提供联想的时空和背景，进而发现新问题。新问题的解决，所产生的新思想、新方法，其收获与意义将比原两类对象简单相加之和大得多。法国数学家拉普拉斯指出：甚至在数学里，发现真理的主要工具也是归纳和类比。

类比从感性的相似发展成为理性的本能是潜意识作用的反映，但又并非一种严格的推理方法，是在直觉与想象下的一种非逻辑推理。欧拉将有限方程与"无限"方程进行类比，最后导致的结果是否真实须加以严格的证明。但可喜的是，欧拉这种极妙的类比办法与严格证明的结果是完全一致的。欧拉的成功之处在于，他准确地把握了两类事物对象的内在归因，在个性中找到了共性所在，然后通过非逻辑的推理建立了一种新的关系，寓类于思、寓理于导，促进事物向可比较性转化。正因为如此，类比的价值受到了世界上许多著名的科学家、哲学家的颂扬。德国天文数学家开普勒把类比喻为"自然秘密的参与者"，指出，"我珍惜类比胜过别的东西，它是我最可信赖的教师，它能解释自然界的秘密，在几何学中它应该是最不容易忽视的"。自然科学家兼哲学家康德说：每当理智缺乏可靠论证的思路时，类比这个方法往往能指导我们前进。当代数学教育家波利亚把类比看成是"获得发现的伟大源泉类比似乎在一切发现中有作用，而且在某些发现中它有最大的作用"。在我国古代，就有把"类"的概念用到判断和推理中的实例。

在数学中，无论是数学发现还是数学应用，进行类比的例子和内容是十分广泛的。例如，可把立体几何图形和平面几何图形做类比，把数量关系与几何直观做类比，把有限与无限做类比，还可以进行方法之间的类比，等等。

对类比在性质上进行划分，一般可分为性质类比和关系类比两大类。所谓性质类比，指作为两类可比较的对象有共同或相同的属性的思维形式；所谓关系类比，指作为两类可比较对象具有相同或相似的因果关系和序的关系的思维形式。

类比的形式是多样的，类比在解决数学问题的过程中之所以有极大的力量和作用，究其原因在于它符合自然规律。自然界的此事彼物都在不断地发生交换和传递，从而提供了类比的可能和联想的空间。数学世界更是一个有机的结合体，已发现的理论之中或已有的理论与未被发现的理论之间都有着必然的联系，这些联系为类比提供或开辟了广阔的领域。类比推理并不比其他推理逊色，有时更易找到数学发展的症结，从而调节推理关系，把握问题的方向。这与类比思维的特征是分不开的，类比思维"用现行的判断，不带任何论证的形式进入意识"。

事实上，类比思维的作用体现在四个方面。第一，把研究对象的本质与个体原有的经验或感官新摄取的有用信息联系起来，这种联系加快了思维的进程，使思维具有简约、生动和直接性；第二，在科学史和数学经验系统中有许多特例，便于模仿和借鉴；第三，类比思维在数学对象的探索中，不必受论证的条条框框的限制，在合理地把未知领域中的问题转化为熟悉知识领域中时具有形式上的自由性；第四，运用类比思维时，可以从背景材料中直接引发各种念头，其中有些念头是与已有的知识信息不同的。这些不同的念头一旦更明确化、更具体化，就很有可能成为新发现，打开科学发明的"智慧之窗"，因而具有创造性。总之，类比思维在探索数学问题的活动中，可以大大简化活动过程，提高活动效率。当然，不论是数学研究，还是从事已有数学知识的学习和应用数学知识解决实际问题，都好比登攀一座从来没有走过的高山。对于新的问题来说，并没有熟路可循，只有一步步探索前进，摸索自己的路才能达到光辉的顶点。在这一过程中，类比是一种极富创造性的工具。在资料很少、还不足以进行归纳推理和演绎推理的情况下，类比更是得天独厚，恰恰可以扬长避短，充分发挥自己的优势。类比的重要功绩在于，以"凭借稀少的知识和个别熟悉的对象，可以探测和推移到未知的陌生的对象"，表现了一种勇于开拓、敢于创新的特有品格。

类比是人们从已经掌握了的事物属性出发，推理正在被研究中的事物的属性，并做出某种判断的推理方法。在数学中，类比是发展概念、推导性质定理、运算的重要手段，也是探索问题、解题的一种重要方法。按照类比对象的视角不同，类比常分为以下三种类型。

（一）概念-性质类比型

概念-性质类比型，即数学概念的相似得出与概念相关联的性质的相似。如果概念相似程度大，则与此相联系的性质相似程度也大。在推导性质教学中"分式的基本性质：分式的分子与分母同乘（或除以）一个不等于 0 的整式，分式的值不变"就是由"分数的基本性质：一个分数的分子、分母同乘（或除以）一个不为 0 的数，分数的值不变"类比得来；"梯形的中位线性质定理"就是由"三角形中位线定理"类比得来。在教学时，可引导学生类比三角形中位线性质定理得出，再通过试验验证它正确的可能性，最后师生共同证明。

学生要学习"三角形相似的判定"，学生的原有知识是"三角形全等的判定"，它们在横向是存在相互吻合的或类比的关系。前者是学生不易理解的新知识，但学生熟悉"三角形全等的判定"。结合学生已有的知识经验，让学生自己去思考、探索和归纳，充分运用已有的知识结构进行学习，运用类比的方法，学会在原有的知识基础上学习和建构新的知识，同时也能在一定程度上培养学生的数学思维能力与数学概括能力和关联能力。在教学时，能够对两者之间的异同进行深入的比较，从定义到性质，再到判定都进行，通过对比，学生对新知识相似三角形的各种性质判定的理解和运用，对相似三角形的知识结构都会有一个深刻的理解，不仅对学生构造自己的知识体系有一定的帮助，而且对于知识的正迁移的产生也会有一定的积极作用。

（二）要素、结构–功能类比型

根据系统论的知识可知，决定一个系统的功能不仅靠要素，更重要的是结构。要素结构的相似可推出功能结论的相似。另外，数学同构理论也告诉我们，两个数学系统如果是同构的，其性质、功能都有很大相似性。

实物归类能够使学生体会到日常生活中的分类现象，使其在自主分类的过程中掌握一定的分类标准与方法，接下来，借助多项式让学生完成分类，在此情形下，学生会将多项式与实物分类展开比较，得出不同的分类方法与结果，教师便可因势利导，引出"合并同类项"的概念及方法。

数学公式和定理的发现过程，是数学家智慧的集中体现，所以自然是进行合情推理能力培养的典型材料。如果只教给学生结论，实在是一大损失。

（三）要素、结构–方法类比型

由类比问题与目标问题构成要素结构相同，得出具有相同或相似解决方法。对解题而言，它是一种寻求解题思路、猜测问题答案或结论的发现方法。许多数学题的解题思路的产生都是一个类比推理的过程，从条件要达到结论的彼岸，如何选择入口？如何实现过渡？其表现为善于根据问题的特征（结构、属性等），联想某一熟悉的问题，依据它们在某些方面相似或相同之处，去推断解题方法或思路。

转化类比就是将原命题类比到比原命题简单的问题，以便提供解决思路和方法，最终获得原命题的解决方案。比如，可先将多元问题类比为少元问题，高次问题类比到低次问题，普遍问题类比为特殊问题，未知问题转化到已知问题等。

数学教学中加强比较思维的培养对于提高学生数学学习能力有重要作用：

一是有利于零乱的知识系统化。知识零乱、不规则是影响学生学习的直接因素。知识为什么零乱，究其原因一般有三种情况：①对知识缺乏用联系的观点学习，多次学习的知识没有坚持温习消化，日积月累，知识就成了一堆散沙；②学而不思、不用，尽管需要时，有感觉，也想得起来，但就是找不着；③大脑里装了不少知识，大部分可能还记得住，但在运用时总是出错，老是改不了。如何把知识理顺呢？这是一个很复杂的过程，但只要坚持运用比较法，成功就有希望。比较是数学思维的一种形态，比较可以将诸多数学概念或知识的共同本质划分出来，再借助知识的外延分析它们的联系，最后在应用中明确各自的功能，从而掌握这类知识的体系。从理论上讲，世界上完全没有联系的事物恐怕是很难找到的，零乱的知识只是因为它们之间在形式上很少有共同性、类似性、对称性和规则性。另外，所谓零乱，也是指全体对象而言，其中某些局部往往还是有规则的。在这种情况下，先抓住各部分的规则总是好的。为了便于记忆，在比较中对零乱的知识制造一些人为的外在联系，这需要有灵活的创造性，要对内容做反复的探究和深入的理解。在这里，教师要创造让学生善于应用比较方法整理知识的机会，并在教学中注重表现知识学习中的比较、分析与综合。

二是有利于知识迁移。知识迁移是学习成果的一个标志，每个人都有迁移水平，只是知识还没有内化时迁移水平难以发挥。现代心理学研究表明，各种知识对人的大脑皮层的刺激与影响相似因素越多，越容易引起迁移相似因素是知识比较的结果。优秀学生和教师总是在学习和教学中重视抓住可比较因素，寻找内在联系和创造外在联系，使知识形成一个或多个完整的系统。加强知识间的类比，是促进旧知识向新知识迁移的一种有效途径。科学史上，许多发明创造都是由此而来的。把过去学得的知识、技能用于将来可能遇到的情景中去是完全可能的，这有利于知识和技能的正向迁移。美国学者贾德在研究迁移现象时表明："只要一个人对他的经验进行了概括，就可以完成从个情景到另一个情景的迁移。"这充分说明了对知识进行比较、概括和梳理的重要作用。知识之间或多或少有一些共同要素和一般原理，利用这些共同的相似因素在比较中进行概括，就能形成知识的迁移效果。在数学中，每一个数学问题的解决，无不是旧知识向新知识比较迁移的结果。在教学中，要注意让学生牢固掌握知识体系，并会用这些知识去分析、探讨相似内容的知识，从而提高知识的迁移能力。由此，加强各知识间的比较、掌握知识的迁移途径就显得极为重要。

经上所述，比较是任何注意和思维的基础，是思维过程产生的基本条件。比较思维的运行方式带有跳跃性的思维特征，在比较中常常通过联想产生认识上质的飞跃，所以比较也是健全认知系统、思维系统的基础。俄国教育家乌申斯基说过："比较是一切理解和思维的基础，我们正是通过比较来了解世界上的一切。"比较思维可以把具有同一属性、相近属性或相关属性、相反属性的对象进行对照，找出它们之间存在的差异及其原因，并从这些原因的对比中归纳出具有实质性的或对主体有意义的结论。所以，对比较思维过程的熟悉和了解，能够培养学生科学地联系、注意、鉴别、判断事理的能力，进而通过推理认识主客观世界，顺利有效地开展创造性思维。

二、分析与综合

从逻辑思维关系上看，分析方法是在思想上和实际中将对象、对象的特征、对象间的相互关系分解为各个部分、各个因素分别加以考虑的逻辑方法；而综合方法是指在思想上把事物对象的各个部分、各个因素结合成一个统一体加以考虑的逻辑方法。

从思维对象的因果关系上看，分析方法是在思想中执果索因，语句表达是把肯定语气变成假定语气；综合方法是在思想中由因导果语句形式是"关系三段论"。从思维对象所满足的标准上看，分析方法是从结论追索到已知事实，应当满足客观对象有唯一明确的终点状态和每步推理存在可逆推理的条件。综合方法是从已知事实逼近结论目标，也必须满足用于推理的前提是真实的和每步推理是允许的。

分析方法与综合方法从它们各自的出发点和思维运动的方向看，虽然二者是相反的、对立的方法，但它们在整个认识过程中的关系又是辩证统一的。首先，分析是综合的基础，没有分析，认识就不能深入、具体、精细，就不能把对象的各部分弄清楚，就不能正确把握各部分之间的联系。只有弄清了每部分的意义，才能了解整体上所包含的内容。其次，综合是分析的前提，对整体如果没有初步的综合，分析就不充分，甚至是盲目的。只有分析，没有综合，就会使认识囿于枝节之见，难于统观全局、把握整体。最后，分析与综合在一定条件下可以互相转化。人的认识往往是从现象到本质、由低级本领向高级本领不断深化的过程。在这个过程中，从感性具体到理性抽象，从现象深入到本质，从无序到形成有序，均以分析为主要特征。通过对各部分有了对本质的体验之后，就要用这个本质来说明现象或把分析的结果组合起来，在思想中形成一个完整的图式；在此基础上，可以提出假设和猜想，这个过程是以综合为主要特征的。由分析上升到综合后，当新的事实与原有理论发生矛盾时，认识必然又在新的层次上转化为分析，通过新的分析实现新的综合。因此，人的认识总是在分析与综合过程中不断深化和完善的。数学新概念的形成是对数学事实进行比较分析、综合概括的结果，比较分析是为了发现本质属性，综合概括是对本质属性的语言表述。

数学新概念问题一般具有两个特征：一是已知关系或对知识本身的提出不是以已知熟悉的形式给出，这些知识或关系往往都被符号语言所掩盖，或通过知识移植后抹杀了其具体性；二是在叙述方式上提高了文字语言的理解难度，而且在知识的结合上也有较大的跨度。

数学新概念问题的解答也需要进行两个方向的研究。一是分析条件及其关系，分析结论或未知存在的形态，引出某些联想，这就是构思。构思，即表明解题计划已经开始运筹。这个计划实际上是倒退制订的，这就是分析问题所固有的思维格式。一般来说，因分析目标引出的联想产生构思是自然的，是大脑思考问题的不知不觉的行动念头。倒退制订计划是解题的一种有意义的活动。然而，倒退着制订计划有时也会遇到难以解决的问题，于是也需要辅之以顺着的思考，这样交替着从两端去推，可能就在某个中间地带建立问题间的某个希望的联系。但也许这种联系的希望不大，即便如此，也可以从中受到某些启示，为倒退着思考问题提供寻找有希望的联系的手段和途径。总之，当倒退着思考发生障碍时，不要过早地限定自己，不要过死地把自己限制在一条路上。或重新倒退着思考，或借助顺着思考的帮助尽快完成解题计划。二是当倒退计划制订后，就要沿着计划相反的方向前进着实施计划，即用综合的方法把思维过程表达出来。当倒退着制订计划的工作已经成功，展布在鸿沟上的逻辑网络已臻完善，情况就很不同了，这时我们就有了一个从已知量到未知量的从前往后推的程序。分析与综合方法在解题中的应用，反映了制订计划与实施计划这种反变现象的客观存在。

三、归纳与演绎

归纳方法是指通过个别事实分析去引出普遍结论的逻辑方法。由于普遍是由大量特殊所组成，因此通过由特殊寻找或发现一般规律是归纳方法的基本核心。归纳方法按照它的概括对象的范围或性质可分为完全归纳法、不完全归纳法和因果联系归纳法。完全归纳在前提判断中，已对结论的判断范围全部做出了判断，具有确凿可靠性；不完全归纳是从部分推广到全体，归纳的结论具有不可控成分，但它是强有力的"发现"的基础；因果联系归纳是通过对事物对象的因果分析，推出该类事物中所有对象都具有某一属性。

归纳方法的本质在于从已知到未知、从特殊到普遍、从经验事实到事物内在规律性的飞跃构成的程序和模式。逻辑学家穆勒说过：归纳是在某种可追寻原因的方面，从一个或某些特殊事例使我们知道是真的东西，推到所有与前述事例相似的事例也为真的理智的操作。在中学数学学习中完全归纳法尽管是真实的推理，但全部归纳由于认识或不能穷尽原因具有一定的局限性。因此，一般采用不完全归纳法。尽管不完全归纳法的结论具有似真性，但在数学研究或学习中是不可缺少的。首先，它的结论是对经验事实的初步判断，至少是局部的概括，对全局有一定的参考；其次，根据局部概括，可以启发探索的观点。如果没有初步的概括，就不可能形成较为深刻的科学结论。教学中要注重培养学生归纳的思想，对所学知识进行归纳、整理，从整体上把握研究对象的规律性，以便在实践中灵活运用。

演绎方法在思维方向上与归纳方法正好相反。它是从一般到个别的认识方法，即从已知的一般原理出发来考察某一特殊的现象，并判断有关这个对象的属性的方法。哲学家塔尔斯基说："演绎方法是构造科学时所用的方法中最完善的一个，它在很大程度上消除了误差和模糊不清之处，而不会陷入无穷倒退。由于这个方法，对于一个给定的定理的概念的内容和定理的真实性提出怀疑的理由大为减少。"演绎方法的作用体现在两个方。首先，它科学的推理无懈可击。数学学习中，根据已知事实去论证或推出一个真实的结论就是演绎方法的意义。其次，它可以发现已有认识中的错误，是对理论揭示的逻辑检验，是揭露错误理论存在内在矛盾的重要工具。在数学学习中，练习、解题等训练活动几乎都是运用演绎方法时应该重视演绎方法，尤其要重视用演绎法检验学习中、解题中是否存在逻辑错误。在数学中，完全归纳法与演绎法是数学论证和表达的主要方法；不完全归纳法虽是似真推理，但个性中包含着共性，特殊中孕育着一般，按照对象的构成去观察归纳，可以形成探索性的观点，一旦这种观点实现，就可获得一种可以预见性的成功感。如果没有不完全归纳的初步概括，人们就无法形成抽象的科学结论，因此它在数学创造中起着重要的作用。

归纳方法与演绎方法作为一种完整的数学逻辑方法相互依存，彼此间存在辩证统一的关系。一方面，归纳方法是演绎的基础，演绎的出发点正是归纳的结果，欧氏几何体系的初始原理就是人类长期实践归纳的产物；另一方面，归纳离不开演绎，演绎是归纳的来源之一，又指导和补充归纳，同时概括出某种共同的特征也需要演绎的充分配合。这就是说，在由特殊到一般的过程中，由归纳获得初步概括，再由演绎获得新的层次上的归纳，逐层上升达到归纳的目的。因此，归纳与演绎互为条件并相互转化，归纳出来的结论可以转化为演绎的前提，演绎的结论又可指导和验证归纳。

用归纳推理解答问题的方法是归纳方法。其特点是，从包含在论据中的个别、特殊场合下的事理，推出包含在论题中的一般原理。例如，正弦定理的证明，就是从三角形是具体的锐角、钝角和直角三角形的归纳中获得的一般概念，即三角形的各边与它对角正弦的比相等，并且等于这个三角形外接圆的直径；等差、等比数列的通项的推导也是归纳推理的结果。

（一）概念角度

数学概念教学一般包括：概念的引入，概念的表述，概念的辨析，概念的应用。传统的数学概念教学往往把概念直接丢给学生，然后让学生记忆、模仿和练习，这往往使得学生只了解到概念的表面，而未顿悟概念的本质内涵，不知道概念是如何形成的，更不能灵活地应用。概念的形成，即要从实例和具体经验出发，通过观察、分析、比较、归纳、猜想、抽象、概括等思维过程获得概念的意义，深化概念的理解。基于概念的形成特点和归纳的思维过程，下面选择"二元一次方程组"为教学主题，按照"创设问题情境，提供归纳材料—观察分析—归纳共性—抽象概括—深化理解—反思归纳"的过程进行。具体如下：

1. 创设问题情境，提供归纳材料

此环节，一方面为学生提供归纳素材，一方面让学生在尝试解题的过程中感受新知识解决现有问题产生认知的冲突，从而产生学习新知的渴望。

2. 观察分析

学生在具体问题情境中，借助已有知识基础，通过分析题意，找出数量关系，进而在已设的基础上列出相对应的方程，并观察各个方程的特点。

3. 归纳共性

在观察分析的基础上，归纳出各个方程未知数的次数、项数特点，并思考用文字语言怎么表述。在此阶段，由于学生知识水平的差异、观察视角的不同，可能会出现不同的表述形式，这时教师就要引导学生分析他们表述形式的差异性，进而形成对该类型方程的整体性认识。

4. 反思归纳

此阶段，一方面反思整个学习过程中的归纳活动及思维方式，另一方面反思二元一次方程组的本质特征，同时结合已有知识进行系统总结。

在概念教学中进行归纳活动提升学生的归纳推理能力时，关键是要将归纳推理的思维方式渗透到知识中，而不是将现成的数学知识直接呈现给学生，让学生被动接受。要从学生的心理发展特点及现有的知识水平出发，对课本材料重加工，以变成学生乐于接受并能够深刻理解概念本质内涵的情境材料，不仅达到知识升华的目的，而且学生的归纳等各个方面能力也有所提高。

（二）命题原理角度

数学命题是表示概念具有某性质或概念之间具有某种关系的判断，其主要形式是公式、定理、原理及法则。命题学习以概念学习为基础，主要学习过程包括命题的获得、命题的证明、命题的应用。在命题教学过程中，关键是让学生参与到命题是如何获得的过程中及命题证明方法的探索过程中，以此体悟归纳推理的思维活动，积累数学活动经验。

在命题教学过程中，教师要尽量再现命题是如何获得的过程，构造教学情境，让学生经历再发现、再创造的过程，通过观察、对比、分析，形成猜想，并能探索严密的论证方法，最后在学习活动结束后，又能主动归纳获得命题的方法及反思命题形成及论证过程中遇到的障碍。这对学生的长远发展也是大有裨益的。

（三）解题角度

在新课程观念的影响下，解题教学就是要教给学生解题的方法，形成良好的解题思维习惯，即在解题之后能够对该类题的思维困惑进行反思，以及这类题考察的知识点、方法都是什么，如果能力允许的话可以对题型进行改编，进行思维的"再创造"过程。在解题过程中，学生不断尝试，突破解题困惑，借助特例形成猜想找到解题思路的过程，也是学生归纳推理能力不断提升的过程。

问题解决，往往考察的是一个学生的综合能力。这就要求学生能在分类的基础上，运用归纳的思维将已有的知识系统化，同时在遇到问题时，能够在理清题意的基础上，借助已有知识框架，用归纳的思维策略探寻解题思路。这些都不是一蹴而就的，需要教师在平常的教学过程中多加引导，学生在学习活动中多反思、多归纳。

用演绎推理解答问题的方法是演绎方法。其特点是，所引用作为论据的是一般原理，而论题是特殊场合下该原理的某种表现形式。因此，使用演绎方法要注意把一般原理正确地、恰当地应用到特殊场合。由于数学是演绎发展的结构，大量的问题都是由演绎推理形成的，所以掌握数学就意味着要掌握演绎的方法。

归纳方法是由具体、特殊、个别到一般的推理方法，在归纳过程中，演绎方法起着更重要的作用。

四、特殊化与一般化

（一）特殊化方法

特殊化方法是指从一般上升到具体的逻辑方法。它的基本形式有两种：一是以简单情形看待数学问题，当一个问题看不清楚时，就要把问题简化一下，简化问题或退一步看问题，都是为了有利于看清问题，善于将问题退到简单情形可以为探索研究途径提供线索和积累经验，并成为解决问题的突破口；二是以极端情形看待数学问题，即从众多已知信息中考虑极端的情形，着眼于某种数量达到极端值的对象或某种图形达到极端性的对象并把数值的极端性质或图形的极端性质作为分析问题的出发点，进而达到解决问题的目的。

简单情形和极端情形是特殊化方法的两个方面，尽管它们都是为了简化问题的难度，但它们是有区别的。简单情形是把复杂问题退化到能入手的情形然后对其逐级论证，并通过研究退化问题的启示，发现解决问题的途径。极端情形是对问题特殊性质的研究，这个特殊性质并不表示是一个简单的问题，它代表着问题结构中稳定的、不变的特点，利用这一特点可以使问题的全部结构明朗化，因而可一举突破问题的"防线"，获得并非验证性的成功。

（二）一般化方法

一般化方法是指从特殊到一般的逻辑方法，是对具体的抽象概括的过程。数学理论的相对完备性正是体现了它的概括性和一般性，高度的抽象是一般化的本质特征。恩格斯指出：纯数学的对象是现实世界的空间形式和数量关系，所以是非常现实的材料。这些材料以极度抽象的形式出现，这只能在表面上掩盖它起源于外部世界的事实。但是，为了能够从纯粹的状态中研究这些形式和关系，必须使它们完全脱离自己的内容，把内容作为无关紧要的东西。数学一般化的过程有的是建立在对真实事物的直接抽象程度上，有的则是建立在间接的抽象之上。在某些情形下，数学概念及其原理与真实世界的距离还可能相去甚远，以致被看作"思维的创造物和想象物"。

（三）特殊化与一般化方法的关系

特殊化方法与一般化方法是一对辩证关系的反映。这是因为数学本身是具体化与抽象化辩证统一的结果，概念原理从数学内部理论来说要从具体到抽象，从数学外部反馈来说要从抽象到具体，即一方面需要更高的抽象和统一，另一方面需要更广泛的具体。从数学问题编制的角度来看，需要体现问题的一般性，以利于受试者获得较深刻的认识；而受试者又必须把抽象化为具体，以利于弄清楚数学内部的结构、性质，启发解题思路。从抽象回到具体是数学教学与学习的重要过程。学习任何一个数学概念、原理，因为它是已被抽象了的知识，是来源于数学实际的抽象，为了弄明白它，需要使它退化到直观的实际，这就是具体化。如果没有具体化过程，高度抽象的数学理论就难以说清楚。从抽象回到具体，是一个辩证的思维过程。抽象不是空洞的幻想，而是对客观事物某一方面本质的概括的反映。数学实际是抽象上升运动的可靠基础。同时，从抽象上升到具体的每一步过程，都来检验。数学正是与实际的紧密结合才焕发出灿烂的光彩，才具有如此强大的生命力。

在数学逻辑思维方法中，综合、演绎、一般化思维是抽象思维的表现形式，它们都是运用思维的力量，从对象中抽取本质的属性而抛开其他非本质的东西。分析、归纳、特殊化思维是概括思维的具体表现形式，它们都是在思维中从单独对象的属性推广到这一类事物的全体的思维方法。抽象与概括和分析与综合一样，也是相互联系、不可分割的。数学中的比较思维是一种特殊的思维形式，它既有逻辑思维的一面，又有形象思维的一面，形象因素产生比较，推理因素遵循逻辑。

在数学逻辑思维中，抽象数学思维既不同于以动作为支柱的动作思维，也不同于以表象为凭借的形象思维，它已摆脱了对感性材料的依赖，把确定的已知经验作为直接的感性材料，凭借着思维的力量分析解决数学问题。因此，抽象数学思维一般有经验型与理论型两种类型。前者是在数学实践活动的基础上，以实际经验为"直观"依据来形成概念或关系，并进行判断和数学推理。例如，当有一定数学基础后，应用数学知识解决实际数学问题，就是运用了数学经验来解决的。后者是以理论为依据，运用科学的概念、原理、定律公式等进行判断和推理。科学家和理论工作者的思维多属于这种类型。经验型的思维由于常常局限于狭隘的经验，因而其抽象水平较低。但是，作为学习和教学来讲，是承接前人经验财富的学习，形成和强化经验型思维是十分必要的。

第三节　形象思维能力的培养

一、形象思维形式

形象是直观的一种知觉，产生形象的感觉是观察。由事物形象的特征、形状，让大脑产生对形象的认识，形成形象的思维状态。这种状态包括联想、想象、模拟等。

（一）联想思维方法

联想是在直觉的启示下，由一事物想到他事物，由眼前的事物回忆起有关事物的思维方法。联想的基本特点是，通过观察事物的原型和形象彼此联结的比较达到对事物的认识。

联想方法有两种基本形式。一是观察中的联想。观察是思维的门户，也是思维的起点。它的本质是一种心理过程，是人用各种感官进行有目的、有组织的获得外界信息的一种知觉活动。通过观察，为丰富的联想提供足够的原始材料，保证联想的方向性和广阔性，并把观察所获得的信息的表象进行加工组合，形成新的形象。所以，观察中的联想一般是对所观察事物对象的某些属性进行归纳上升到一般规律，进而走进"猜测"的境地。数学家波利亚指出："观察可以导致发现，观察可以揭示某些原则、模型和规律。观察假如在某些好的想法或某些观点的指引下，更有可能得出有价值的结果。"在观察的时候，机遇只偏爱那些有准备的头脑，有准备的头脑正是有雄厚的基础知识、有敏锐的思考力、有孜孜以求的学习精神等。学习中的灵感并不是无准备的自发，而是观察、体验在头脑中的飞跃，是从感性认识上升到理性认识的飞跃。二是类比中的联想。类比是指从一种特殊到另一种特殊的推理，本质上是某类内化的过程，通过类比为联想提供时空背景。类比中的联想一般是在两类事物的可比性基础上，通过对原有形象的勾连，从事物的联系中把握事物。在数学学习中，联想思维的基础是原有认知结构，因为数学知识都是已被加工了的抽象知识，通过观察知识的形态，未必能激发联想。因此，只有具备一定的知识基础和掌握一定的数学方法技能才能产生联想，进而解决问题。

联想是人类认识自然的本能，因为客观事物都处在不断地运动变化之中，此事彼物之间存在着必然的联系。这些联系反映在人的思维中就形成了主观形态上的事物联系，它使人能够达到对事物由思维表象向思维理性的迁移，这是联想的客观基础。但联想方法毕竟并非逻辑方法，它对客观事物关系的反映必然带有主观色彩，具有猜测性或者或然性。克服联想的这种天生不足或模糊不定除了要具备雄厚的知识经验之外，还需要配以其他的科学方法对联想的结果进行补充和修正，特别要注意加强逻辑方法在联想中的主导地位，这样才能提高联想结果的可靠性。

（二）想象思维方法

想象是以现实形象为基础并对其进行加工改造后在主观上聚积某种新形象的思维方法，在客观事实面前表现为某种顿悟。它的思维方式不是对直接信息发生重大反映，而是把直接信息作为过渡的天桥去寻求在直接信息所能达到的结果之外的图景。因此，它的基本特征是新颖性和创造性。想象是在头脑中对已有表象进行加工、改造，重新组合形成新形象的心理过程。想象不是凭空产生的，它以实践经验和知识为基础，是在社会实践活动中产生和发展的。

想象在认识活动、学习过程和社会实践中有重要的作用。想象力是智力活动的翅膀。爱因斯坦说："想象力比知识更重要，因为知识是有限的，而想象力概括着世界上的一切，推动着进步，并且是知识进化的源泉。严格地说，想象力是科学研究的实在因素。"想象力是智力活动赋予创造性的重要条件。教师对学生的培养目标、学生对未来的理想等都是离不开想象的心理过程，想象力也激励着他们获得成功。所以，想象是学生搞好学习的重要心理因素。每个想腾飞的人都应该重视保护、发展想象力这个翅膀。

想象是认识事物的内隐力量，一旦花蕾绽放就会产生巨大的效果。正如雨果所说："想象就是深度，没有一种心理机能比想象更能自我深化。"数学中的想象表现为再创性想象和开创性想象。再创性想象是以数学的基本知识和原理为依据，以原有认知结构为基础，对思维对象做必要的改造或翻译形成新形象的方法。开创性想象是主体有目的、有组织地在已知数学事实中，对记忆的形象材料进行加工而创造性地发现新形象的方法。开创性想象是数学发现的基本途径之一。

想象在客观上来自一种高度的直觉和顿悟，虽然具有一定的理性基础，具有人的不可抑制的洞察能力，但它也缺乏逻辑的依据。因此，想象的结果必须通过逻辑的方法做出科学的检验。尽管如此，想象仍不失为形象思维的基本方法，一切有价值的想象或发现都受非逻辑的支配。科学的想象是天才的象征。智慧的人，不仅仅表示顺应逻辑，而且反映着非逻辑的想象。

（三）模拟思维方法

模拟思维方法是根据对象客体的本质和特性建立或选择一种与对象客体相似的模型，

通过研究模型达到对对象客体认识的方法。模拟的基本特征体现为：它不是直接研究对象本身，而是研究它的模型，在模型中获得有关原型的信息。

模拟是事物形象的反映，当主体获得原型的某种形象后，就会引起记忆中的某些形象材料，因而就会产生一种直觉悟性，将原型形象外推到某一模型形象之中，这一过程就是模拟过程。数学模拟是对模型与原型之间在数学形式相似基础上进行的一种模拟方法，它根据数学形式的同一性来导出相似标准，而不是根据共同的物理规律。

数学中的模拟方法主要有经验模拟和暗箱模拟。经验模拟是主体通过对直接的数学形象材料进行分析加工而获得新形象的方法。由于客观事物大多是不可能直接研究的，不少未知现象远离了主体的经验，要想弄清楚它，仅凭经验模拟是不够的，需要凭借实验模拟逐步进行探索和认识，这就是暗箱模拟方法。例如，在中学数学应用的探究性学习中，常常采用暗箱（函数）模拟方法。应当指出，模拟方法是相似理论指导下的运用，在建立模型时必须论证型与原型的相似性以及将模型导出的结果外推到原型之中的合理性，这是它逻辑的一面。然而，模拟方法也是一种形象认识方法，运用模拟方法得出来的结果同样具有不可靠性，所以必须进行逻辑修正补充。

数学中形象思维方法的主要特征是形象性和跳跃性。形象性表现的思维内容（思维对象、记忆的材料）是数学形象化材料，思维过程则是对这些形象材料的利用或处理，并形成更高级的形象，思维结果是通过感知形象刺激主体行为的结果。形象思维方法的跳跃性表现在利用已有形象上升到高级形象时不仅没有严格规则和充分理由，而且不受形式逻辑规律的控制和约束，具有自发性或跳跃性。

应该指出，数学中的逻辑思维方法和形象思维方法尽管在思维方法上有所不同，但它们在思维过程和思维结果上是相互联系、相互补充的。一方面，逻辑思维方法具有理性的抽象性和推演性，但并非没有形象的支配，抽象是对感知形象材料的加工和概括，推演更含有形象因素；另一方面，形象思维方法尽管具有思维的简缩，但思维的结果具有预示性或猜测性，需要逻辑思维方法加以修正和补充。要指出的是，形象思维方法是基础，它对逻辑思维方法的运用具有预示和启示功能，它能提高逻辑思维方法应用的空间和背景；逻辑思维方法是主导，它对形象思维方法具有指导和修正的功能，为形象思维方法提供真实材料。在数学思维方法中，形象思维方法在于引入思维材料，提供思维方向，形成主体认识的雏形；逻辑思维方法则是整理思维材料，修正思维关系加深主体认识，完成思维结果。所以，二者在数学运用中是紧密结合、相互补充的。例如，中学数学中的"数形结合法"是最典型的逻辑与形象思维方法相结合的运用。

在数学的学习和应用中，常常提到数学直觉思维和数学直观思维，它们都属于形象思维范畴，但也有自己的特点。直觉思维是由形象刺激知觉产生的一种思维形态，由观察形成的印记带有判断的成分，直觉尽管"突如其来"，但并不是神秘莫测的东西。直观思维也是人脑对客观事物及其关系的一种直接的识别或猜想的思维形式，既有深刻的形象思维特点，又有强烈的抽象思维特点。直觉思维与直观思维都是常规的数学思维形式，具有发现的功能。

二、形象思维培养

数学形象思维的培养只有建立在具有一定数学基础知识和掌握一定的数学方法之上才能形成效果。因为数学知识和数学问题都具有一定的抽象性，对抽象数学的认识，其直观性就是保存在大脑的原有知识体系和经验体系。数学教学活动中，只有不断地巩固数学基础，加强数学技能的提高，才更有利于形象思维的培养。

大脑右半球喜欢整体的、综合和形象的思维，右半球是形象思维中枢，它的思维材料侧重于知识和问题的形象、直观形象和空间位置等。在开发右半球的潜能时，主要就是利用形象记忆和形象思维活动，这是开展右脑训练的基本原则。另外，使知识形象化、直观化有利于形象思维的培养。

（一）积累丰富的形象材料

学生头脑中数学形象材料的来源表现在三个方面，即教材中的概念、命题和例题。要求学生养成认真读书的习惯，明确概念的定义方法，掌握命题的推导过程，学习例题的格式要求；坚持练习教材中的习题，巩固最基本的数学能力，尽量扩大对数学知识、关系等意义形象的掌握，有意识地思考和自定义知识形象，广泛积累表象材料，丰富表象储备。教师要帮助学生记忆数学形象材料。概念产生过程中的直观形象，公式、法则转化为口诀形象，根据动作格式总结的动作模式形象，数学的符号系统、图形语言，等等，都是宝贵的数学形象资源。教学中，要善于进行总结、归纳和概括。

数学活动中，问题情景的创设可以激发学习动机，但更重要的是激发形象思维。因为问题具有一种存在的形式，它的结构、语言等都会释放出多种信息，其中整体和直观细节的信息就会被直观思维捕获，从而打开联想的思路唤起已储存的经验，提供逻辑思维的推理方向，加快问题的解决。启发直觉挖掘数学美感，也是展现数学形象材料的方法。数学美主要表现在数学本身的简单性、对称性、相似性与和谐性。美的观点一旦与数学问题的条件和结论的特征结合，思维主体就凭借已有的知识和经验产生审美直觉，从而确定解题总思想和入手方向。

可以说，丰富的表象储存无论对形象思维还是对抽象思维都丰富的背景材料，恰当地设置教学情景，促使学生做整体思考。数学形象思维的重要特征之一就是思维形式的整体性。对于面临的问题情景首先从整体上考察其特点，着眼于从整体上揭示事物的本质与内在联系往往可以激发形象思维，从而导致思维的创新。

（二）引导学生寻找和发现事物的内在联系

数学知识是一个具有亲缘关系的系统，要弄清关系系统中数学知识的内在联系，就要明确知识的整体特征和知识的概括性特点。知识是客观存在的，给知识下定义，是在诸多事实的比较中舍去了非本质属性而形成的本质认识。由于数学思维揭示的是数学关系之间内在的形式结构和数量关系及能够把握一类事物共有的数学属性。数学思维的概括性与数学知识的是互为表里、互为因果的。数学思维方法、思维模式的形成是数学思维概括水平的重要表现，概括水平能够反映思维活动的速度、广度、深度、灵活程度及创造程度。因此，提高主体的数学概括水平是发展数学思维能力的重要标志，也是把握知识间的内在联系、合理形成数学知识结构的重要手段。培养学生数学概括性水平，要从具体事例出发，让学生通过对事例的比较、分析，抽象出本质，形成概括意识。教学活动中，把需要学习的新概念退化到最原始的具体，由学生去概括本质。在数学问题教学中，同样可以将问题的直接信息进行抽象取舍，概括发现与目标最接近的有用信息，并指导学生分析概括的具体方法。

数学教学活动中，要设计一定的探究性学习活动，安排一定的直觉活动阶段，给学生留下直觉思维的空间，活跃学生的数学思维。

学生的思维能力是在实践和训练中发展的。在教学中适当推迟做出结论的时机，给学生一定的直觉思维的空间，有利于学生在整体观察和细部考察的结合中发现知识的内在规律，做出直觉判断，这是发展学生直觉思维能力的必要措施。探究性学习活动有利于增强学生直觉活动空间，在形成丰富生动的形象后，能激发联想和想象。教学中，要指导学生进行有意义的直觉活动；一是要学生用已知知识解释概念和命题；二是要学生解释数学问题内部的知识形态和关系；三是要加强学生思维语言的转换训练。

探究性学习活动中，要鼓励学生大胆猜测，养成善于猜想的数学思维习惯。猜想是一种合情推理，它与论证所用的逻辑推理相辅相成。科学的猜想、有根据的猜想，可以为数学研究和学习指明道路，可以从猜想中瞭望到理想的目标。数学由直觉到联想再到想象，这个过程为猜想奠定了物质基础。数学结构中许多命题的发现、思路的形成和方法的创造，都可以由学生通过数学猜想而得到。要精心安排活动内容，设计直觉猜想问题。在这种活动中，让学生体会更多形象材料的作用。形象材料不是问题的装饰，而是具有丰富内涵的思想材料。它是激发思维、创造联想和猜想的物质保证。让学生养成对形象材料认真观察和分析的良好习惯，在引导学生开展各种归纳、类比等丰富多彩的探索活动中鼓励他们提出数学猜想和创见。一般来说，知识经验越多、想象力越丰富，提出数学猜想的方法就掌握得越熟练，猜想的真实性就越高，实现数学创造的可能性也就越大。培养敢于猜想、善于探索的思维习惯是形成数学直觉、发展数学思维、获得数学发现的基本途径。

数学专家认为，科学研究真正可贵的因素是直觉思维。同样，数学解题中通过直觉思维联想的品质也是可贵的。对问题做全面的思考之后，不经详尽推理步骤，直接触及对象的本质，迅速得出预感性判断，这就是联想的意义。尤其是在一些若干问题往往无从下手时，就更需要由直觉来产生解题联想，使本来受阻的思维获得释放、使难解的问题迎刃而解。

直觉思维源于问题，问题启动直觉思维。因此教学要促进学生直觉思维就应当培养学生的问题意识。好的问题情境可以激发学生的直觉思维。

形象思维是问题对象引起的，所以形象思维是大脑对问题结构形象产生的直接的心理反映，体现了数学形象思维的问题性。数学思维动作是由问题引起的并发展成为解决数学问题的心智。这种心智总是指向解决问题的目标，达到掌握问题对象的数学特征和关系结构的目的。问题性是数学形象思维目的性的体现。因此，教学中加强数学问题的教学，加强范例的演示与讲解，也是重要的培养形象思维能力的方法。

数学形象思维的另一个重要特征，是思维方向的综合性。在数学教学中引导学生从复杂的问题中寻找内在的联系，特别是发现隐蔽的联系，从而把各种信息综合考察并做出直觉判断，是激发形象思维的重要途径。

发展学生的思维是数学教学的重要目标，发展思维重在培养思维能力。逻辑思维和形象思维是数学思维的两种基本形式。数学教学不仅能传授知识和方法，而且通过具体知识和方法的传授形成数学思维的品质，提高分析问题、提出问题和解决问题的思维能力。在数学教学中，逻辑思维能力的培养是核心通过培养逻辑思维来发展形象思维，通过大量数学知识和方法的掌握来强化形象思维活动的能力。逻辑思维是人脑的一种理性活动，思维主体把感性认识阶段获得的对于事物认识的信息材料抽象成概念，运用概念进行判断，并按一定逻辑关系进行推理，从而产生新的认识。所以，逻辑思维具有规范、严密、确定和可重复的特点。形象思维是以获得具体的形象材料来刺激的心理活动，并以释放形象材料的信息为契机打开思维的想象空间，唤醒已有的知识经验为逻辑判断提供基础。所以，形象思维具有零散、顿悟、潜意识和稍纵即逝的特点。数学实践是数学逻辑思维形成和发展的基础，数学概念的应用和数学问题的解决需要数学实践，数学实践又确定着逻辑思维的任务和方向。

实践的发展对于感性经验的增加也使逻辑思维逐步深化和发展。数学概念和关系的掌握也增加了形象思维丰富的感性材料，搭建了形象思维与逻辑思维的通道。思维借助于形象想象，借助于逻辑判断，来获得永无止境的认识。

第一节　素质教育观下的数学素养

一、数学素养的提高

（一）更新观念，加强自身思想建设

提高数学素养首先要深刻领悟数学素养的含义，数学素养是指人们通过数学教育及自身的实践和认识活动，所获得的数学知识、技能、能力、观念和品质的素养。它除了具有素质的一切特性外还具有精确性、思想性、开发性和有用性等特征。

提高数学素养有着极其重要的意义。在社会文明高度发展的今天，物质世界和精神世界只有通过量化才能达到完善的展示，而数学正是这一高超智慧成就的结晶，它已渗透到日常生活的各个领域。提高学生的数学素养，即提高了学生适应社会、参加生产和进一步学习所必需的数学基础知识和基本技能，这是时代的需要，也是学生实现自身价值的需要。提高学生数学素养应认清"应试教育"体制给数学教育带来的弊端。在长期"应试教育"的影响下，数学教育重智轻能、重少数尖子生忽视大多数学生、重视理论价值忽视实际应用价值的现象非常严重，理论与实际脱节，知识与能力脱节，无法跟上时代的要求。

提高学生数学素养，还要求教师应树立教书育人的数学观、教育观，不能把数学教学看成是单纯的知识传授，而应育人于教书中，树立"教师是主导，学生是主体"的思想，使数学教育成为真正意义上的素质教育，成为数字化的教育，让学生学习、参与数字化过程，充分发挥数学的形式训练价值及应用价值。同时，应结合我国改革开放及经济建设的实际，把辩证唯物主义和爱国主义教育的内容始终贯彻在教学中，激发学生的民族自豪感和建设祖国的责任感。

（二）加强学习，提高自身业务素质

科学技术日新月异的发展，新思想、新观念层出不穷，给数学教学不断注入了新的活

力。随着投影仪、电视录像、计算机的日益普及应用，以微机辅助教学为代表的现代化教学方法将相对抽象、枯燥的数学教学变得直观、形象、情趣盎然。

在这种形势下，单一的知识结构已远不能胜任提高学生数学素养的需要，这就要求数学教师不断加强自己的业务学习，拓宽知识领域，更新知识结构，时刻了解数学发展的最新动向、经济建设及社会发展对数学的要求等，丰富自己的知识储备，成为学生的示范者、咨询者、质疑者、鼓励者。

（三）探索提高数学素养的有效途径

1. 重视教材改革

教材内容的调整是提高数学素养应优先解决的问题，严格地说，我国目前部分数学教材基本上是按应试目的而设计的，忽视了实际应用。数学仅被看成是继续学习的工具，它所强调的思维、推理、判断等能力，也基本都是通过习题来培养的，以致数学学习变成了解题能力的训练。而很多例题、习题又是多年不变的，无法跟上社会进步的形势，因此教材改革势在必行。在新教材未出台之前，立足现行教材，充分挖掘内涵，渗透一些与市场经济、日常生活、科技发展密切相关的数学应用内容则是必需和有效的。但教材内容调整应注意这样几个原则：一是要更贴近生活，提高学生的兴趣，同时有利于学生了解一般社会知识与科学知识；二是要具有典型性，使学生能够形成科学解题的思维方法，达到举一反三、横向渗透的目的；三是要更具科学性、通俗性、趣味性。

2. 突出基本教学思想和方法教学

在数学教学活动中，数学思想方法和数学知识是两个有机组成部分，掌握了思想方法可产生和获得知识，而知识中又蕴藏着思想方法，两者密不可分、缺一不可。正是由于这种辩证统一的关系，决定了我们在教学中，在强调知识的同时还得突出思想方法教学。在教学的每一个环节，如概念讲解、定理证明、例题解答，都蕴含着大量的数学思想方法。作为教师要善于挖掘，在知识教学的同时，始终渗透必要的思想方法传授。

3. 加强数学运用能力教学

数学运用能力是目前数学教学的薄弱环节，因此提高学生数学运用能力是提高数学素养的关键，在实际教学中应注意从这样两个方面努力：

（1）重视数学概念的演变过程教学。数学概念来源于实践，是对实际问题高度抽象的结果，能更准确地反映科学本质，具有普遍意义。但正是这种概括和抽象的结果，使数学学习和数学应用之间形成了一条难以逾越的鸿沟，致使学生们虽学了很多知识却不知如何运用。这就要求在数学概念教学中能体现从实践中来到实践中去的原则，使学生弄清数学概念的发生、发展过程，弄清概念在现实中的原型是什么，演变后的一般意义又是什么。这样才能追本求源，以不变应万变。这样在学习导数的应用，如生产效率、边际、弹性时，就不至于觉得过于抽象而无从下手了。

（2）开展模型教学及数学建模能力训练。在运用数学知识去解决实际问题时，首先要构筑实际问题的数学模型，然后用数学理论和方法寻出其结果，再返回到实际问题中实现问题解决，最后反过来又促进数学新思想、新理论的建立和发展。

因此，数学建模是沟通数学理论与实践的中介和桥梁，培养学生数学建模能力是培养数学思维和应用能力的重要手段，在教学过程中穿插建模能力训练对学生是十分必要的。

培养学生建模能力是一个循序渐进的过程。开始应从简单问题入手，师生共同创建模型，引导学生初步掌握用数学形式刻画和构造模型的方法，培养学生积极参与和勇于创造的意识，随着能力和经验的增加，可通过实习作业或活动小组的形式，由学生展开分析讨论，分析每种模型的有效性，提出修改意见，讨论是否有进一步扩展的意义。这样学生可以在不断发展、不断创造中培养信心，纠正理解的片面性。

二、中学数学教师的素养

（一）数学教师数学修养水平的提高

如何提高教师的数学素养呢？应该从下面几个方面入手：①对于数学的整体认识，了解现代数学及其主要学科的来龙去脉，了解什么是数学的严格性和逻辑性；②严格的数学训练，要有较系统的练习；③结合中学教材分析现代数学思想是如何具体体现的。

在数学课程中，我们注重以下三个方面。①加强对数学内容的数学思想和方法论的讲解，这是指具体说明所讲授的数学内容的通常的陈述方式是什么，这样陈述的内在合理性和作用，它提供了什么样的思维方式或感知方式，这样做的目的是使教师与讲授者一起去"感受"数学某一部分的内容，作为数学的"主人"去检阅数学境界，以便加深对数学科学性的认识。②加强数学计算和论证的训练，这是指要求教师完成一定量的练习，要有一定量的有意义的难题，以便让学生切身感受一些基本数学概念和思想方法的运用，这种经验对于教师理解数学思想和方法是十分宝贵的，这样做的目的是为了避免教师仅从字面上对数学思想和方法进行理解或满足于几个难以说明问题的例子，以便教师对数学内容和思想有较好的掌握。③加强与中学数学课程的结合，尤其是新的中学数学课程标准增加了许多新内容之后，更需要在现代数学思想方法与中学的实际情况的结合上融会贯通。在这方面的教学活动中，讲授者引导教师理解开设这些课程的目的和意义，并且注意发现教师存在的普遍性问题。

这三个方面的内容，前两个方面以课程主讲者为主，第三个方面则注意充分发挥教师的作用，主讲者主要是引导。

（二）面对新课程教师应增强信息素养

随着以多媒体技术、网络技术为核心的现代信息技术在社会各领域的普及应用，人类开始步入信息社会。信息技术不仅改变着人们的工作和生活方式，也改变着教育和学习方式。学校也不可避免地卷入到社会信息化的强大旋涡中，课堂教学正面临着重大变革。这场变革不仅仅是教育形式和学习方式的重大变革，更重要的是对教育思想、理念、模式、方法等产生深刻的影响。大力推进信息技术在教学过程中的普遍应用，促进信息技术与学科课程的整合，逐步实现教学内容的呈现方式、学生的学习方式、教师的教学方式和师生互动方式的变革，充分发挥信息技术的优势，为学生的学习和发展提供丰富多彩的教育环境和有力的学习工具。作为教学前沿的教师、新课程的实践者，认识、掌握并创新地运用信息技术已成必然，信息素养亦是衡量教师教学能力的重要指标。可处在教学前沿的一部分教师，对信息技术应用的理解还存在一定的误区。下面就教师掌握信息技术的重要性和紧迫性及信息技术对现行教育的巨大冲击进行说明。

信息技术极大地活跃了教学内容的呈现方式。"知之者不如好之者，好之者不如乐之者。"教师只有具备了一定的信息技术能力，恰当地使用电教媒体、网络，以绘声绘色、栩栩如生的形象反映客观事物，以图、文、声并茂的三维方式呈现教学内容，才能最大限度地满足学生的视听感官需求，激发学生的学习兴趣。试想，在一堂数学课上，把本堂课的教学内容按照建构主义的理论逐层呈现，定理和概念等知识点通过超级链接展示出来，会极具诱惑力和挑战性，让学生获得良好的心理体验，产生强烈的学习动机。至于练习课，则可利用多媒体、网络的交互功能，让学生进入个性化学习。不论何种程度的学生，只要练习过了关，就会给予"好极了""你真棒""请多努力""别灰心，再来一次"等鼓励性配音评价，并辅以学生喜闻乐见的卡通图画形式，使学生能全身心地投入，以饱满的热情进行学习。又如，体育课上，体育教师由于年龄的限制，有些项目如体操、背越式跳高等，很难按要求做出正确的示范，而且任何一个体育教师也不可能"逐帧"完成慢动作。而运用计算机辅助教学，教师可根据需要，把一个技术动作分解成"组件"教学，并配以逼真的音响效果，学生就会领会其要点，理解其精髓，学习进度和质量都得到了保证。信息技术作为一种高效的学习工具，无疑在改变我们的学习方式。信息技术改变着学习和教育的以往经验。人们不再仅仅依附于教师、书本和生活经验，不再必需一个固定的班级，不必每个人按同一步骤学习同一内容，不再遵从于同一评价标准，而使教育过程从根本上成为一种选择过程。电脑和网络，以及其他多媒体设备成为教育的中介。教师通过信息技术发送信息，学生通过信息技术接收信息，知识的学习让位给不受时间和地域限制的信息技术。

把信息技术融入到各学科教学中，进行教学再设计，"刷新"教学方式。课件制作、学生电子阅览室、数字化投影教室等这些新生事物如雨后春笋般地涌现，教师们也不再陌生。具备了这些物质条件还远远不够，作为核心力量的人——教师，如何实现信息技术与教学全过程、全方位的整合，优化整个教学系统才是关键。应做到以下几点：一是利用信息技术的开放性特点，实现和优化自己的交叉性知识结构，在"传"学生各门学科理论之"道"，"授"学生参与社会之"业"，"解"学生面对新矛盾、新问题之"惑"的过程中，把握教学重点；二是利用信息技术的交互性特点，实现师生之间的双向交流，如通过电子邮件形式的作业提交、批改，通过网上答题释疑形式的课后辅导等，让师生间的交流突破时间、空间的限制；三是利用信息技术的共享性特点，加强学科间资源共享，通过"备课论坛""在线讨论""教案共享""试题下载"等栏目版块，实现学科间知识交流的自然流畅，没有了办公室和学科的界限，提升了教师个人能力；四是利用其实时性的特点，解决教学内容滞后于时代发展的矛盾。

信息技术架起师生互动的桥梁，倡导新型的师生关系。"为了每个学生的发展"是新课程的核心理念。教师应着重于促进学生的成长和发展，充分考虑发挥学生的主动性、创造性，积极理解学生具有的"未完成性"和"可塑性"。学生可以选择适合于他自己的教学内容、进度和标准。在信息技术面前，教师在知识和信息方面的优势将逐渐丧失，面对每天排山倒海而来的新知识和信息，师生处在同一起跑线上。正如上网学习后的学生高兴地说："在网络上，我可以和老师站得一样高了。"而且，由于年轻人的敏锐性和接受能力快的特点，教师反而会处于劣势。这就需要教师从单一的知识和信息传授的任务中解放出来，充分体现教师既是教育者，又是学习者、研究者的身份，勇于学习，勇于探索，勇于实践，成为学生的学习伙伴。在自主、合作、探究、创新的学习过程中，师生可互相评判，也可展开辩论，以达到创新知识、演练思维、健全人格、共享学习成果的目的。

三、学生的数学素养

要达到以上教育教学目的，在数学教学过程的具体操作中，应注重以下几个方面：

(一) 应用数学思想，深入理解数学教材的系统结构

数学素质教育包括基础知识技能、数学思想方法、数学应用能力、数学观念品质等方面的教育。基础知识技能是最基本的要求。这就要求教师应对教材知识有着全面深入的理解。中学数学教材的各部分知识及各章节间存在着相对独立而又相互关联、相互补充、综

合、深化的关系。这一系统结构体现了辩证统一和变化发展的哲学思想，中学数学知识结构严谨，是数学思想的体现。从初中的有理数到高中的复数，从直线与数轴发展到平面、立体几何和空间解析几何，从有限到无穷，等等，处处体现了数学思想方法。使学生明确理解这些数学发展过程，有利于培养他们具备变化发展的数学观念，激发他们发现、创新、求知的欲望和主观能动性，逐渐转化为自身的数学素质，融合到将来的学习、工作和生活中。

（二）挖掘数学教材各章节包含的数学思想和哲理，明确素质教育方向

数学素质教育实施的主要渠道是课堂，提高课堂教学的质量和效率是进行素质教育的关键。利用数学思想教学对提高课堂教学质量和效率具有重要的意义。

中学数学教材中包含着许多数学思想和哲理。数学素质教育的目的，就是将这些思想观念和思维方式转化为学生自身的意识思维。这就要求教师首先必须深入挖掘各章节知识中所包含的数学思想，认识该部分教材知识的来源与发展，体会教材含义，进一步剖析数学思想及其应用，并以此为主导，确定每章节素质教育的方向，组织教学。

（三）以数学思想为主导，根据实际情况，组织教学

1. 树立以数学素质教育为首要的指导思想

数学思想为主导的教学是数学素质教育的体现。它不仅重视基础知识和基本技能的传授，而且面向全体学生，培养他们的数学思维和数学观念，从而提高数学教学质量。在组织教学过程中，应始终将数学素质教育作为指导思想。

2. 根据实际情况，因材施教是数学思想的体现

数学的知识结构是变化发展的整体，对于不同专业要求，不同的学生群体，他们所需的知识深度不尽相同。在实际教学过程中，数学思想教学以提高全体学生的素养为目的，依据实际需求，结合不同专业实际，提高学生数学应用能力，使学生在理解数学思想观念的基础上，在不同专业、不同行业中发挥作用。

3. 数学课堂教学应始终贯彻数学思想教学

明确教学目的和素质教育方向。在组织教学过程中，应始终贯穿着数学思想，使数学思想观念及思维方式潜移默化，并逐渐转化为学生的自觉意识和思维习惯，从而达到素质教育的目的。

4. 多种多样的教学方法是完成数学素质教育的工具

将数学思想观念及思维方式转化为学生自觉的意识习惯的过程中需要采用多种多样的

数学教学手段，应该以激发学生自身的积极性和能动性为主要目的，从而取得学生对"数学思想和思维方式"的认同，并最终成为学生自身的思想观念。单一的教学方法将使课堂教学枯燥无味，让学生难以接受，更无法达到素质教育的目的。

5. 数学思想的应用对课堂教学具有一定的辅助和补充作用

数学思想所包含的哲学理念，不仅仅表现在数学知识的产生和发展，或数学的例题习题解答中。作为一种思想本身，对现实生活的各方面都具有一定的指导作用，在课堂教学中适时引用数学思想在现实生活中应用的范例，以及各种同一思想原理的小故事，对激发学生兴趣、活跃课堂教学、加深学生对数学思想的理解、培养他们应用数学的能力具有很好的作用。

数学思想教学课是一堂数学素质教育课。它是教师应用自己的创造，将数学思想的教学与教材知识讲授高度结合，精心设计组织的课堂教学。它如同是在塑造一件件艺术品，并最终组合成完善的整体而达到对学生素质的全面提高。数学思想教育的成效是深远的、永恒的。学生们会因在将来的工作、学习和生活中自觉地、习惯地使用数学思想观念和思维方式而受益。这才是数学素质教育最好的成果。

第二节　解决数学课题的能力

一、数学课题

（一）课题的基本含义和目标

1. 课题的基本含义

充分挖掘中学数学教材例题、习题效用的研究，就是要发挥中学数学教材的重大作用，挖掘教材中例题、习题的实质，达到学生学完教材，就学会了知识，掌握了方法，提高了能力的目的。

首先，应深入透彻地分析题目。抓住课本中的典型题和重点题，分析题设与结论的依存关系，进行逻辑归纳，剖析题设中诸多条件的内在关联，结论中诸多问题的关联。注意发现题目中的过剩条件、潜在条件，以及解题时必须掌握的预备题等。

其次，应注重发现相异解法，从定理、公式法则及典型题的逆用、活用角度考虑，在发现常规解法以后积极寻找相异解法，透过相异解法的比较，切实把握各种相异解法的思维，从而找出最佳解法。

最后，是对题目进行变换分析。即不增加题设寻求新的结论，或增加题设，变换部分题设，变化结论。让学生学会一道题，就是几道题，就是一种类型，就是一个题组。

2. 课题研究的目标

（1）通过本课题的研究，提高教师驾驭教材的能力，转变教育观念，改变教学方法，培养学生良好的思维品质和创新精神，课堂教学达到高质高效。

（2）通过本课题的研究，掌握变式教学的策略和题目变式、解法变式的操作规则，优化数学教学中的变式训练环节，做到教师上课节节有变式，题题有变式，充分挖掘教材中的例题、习题效用，创造变式教学环境。

（3）通过本课题的研究，教会学生观察思考问题，发现提出问题，转化解决问题，逐步提高其创造能力。

（二）课题实验的基本过程

1. 课题主要分三个阶段

第一阶段为组织教师进行理论学习阶段，主要学习中学数学教学大纲、中学数学教学方法，深入教材，创新思维理论，心理学、教育学及变式有关理论，提高教师的理论水平，使每个实验教师明确教材例题、习题的效用，变式教学包括的范畴以及它的种类、形式，创新思维的精神和创新思维品质。

第二阶段为实验研究阶段，确定实验班，确定研究的内容，并对学生在学习中创新思维的成因、困惑等相关问题进行探讨。

第三阶段为实验总结阶段，主要对该项实验研究进行理论性分析，得出结论，提出经验，总结新的数学模式（或思维方法），进一步提出问题以便完善本课题的研究和推广相关成果。

2. 实验的主要做法与措施

（1）学习理论，了解学生心理、认知及思维发展的规律

通过学习教育学、心理学、数学教育学、思维发展心理学、创新教育变式数学等相关理论专著，主要认识、弄清以下问题：

①弄清变式教学中的意义及主要类型：所谓"变式"就是引导学生认识事物属性的过程中，不断变列所提供直观材料或事物呈现的形式，使事物的非本质属性时隐时现，而本质属性保持恒定，其主要类型就是"一题多变、一题多解、一题多用、一题多探、多题一法"等。

②弄清创新思维品质、创新思维精神及创新思维能力的基本成分。明确创新就是一种能力，即五力：敏觉力、流畅力、变通力、独创力、精进力。创新思维品质即思维的灵活性，思维的敏捷性，思维的独特性。创新思维的人格特质，即四心：冒险心、挑战心、好奇心、想象心。

③了解学生学习活动与创新思维发展的关系：即学习内容与创新思维发展的关系、学习动机与创新思维发展的关系、学习兴趣与创新思维发展的关系、学习的主动性与创新思维发展的关系、数学语言与创新思维的关系。

（2）优化课堂教学，在教学环节上下功夫

①优化教学设计

教学设计主要是从教材特点与学生的具体情况出发，设计出新颖的具有吸引力的教学活动、变式训练题，激发和培养学生的创新思维。我们的教学设计主要有以下几种典型的方法。

A. 模拟问题发生的过程，触发学生的创新思维火花。对于数学中的概念、定理和公式，直接给出的效果是不理想的，模拟出问题发生的过程，使学生处于"准发现者"的地位，既可使学生把抽象的数学问题具体化，使教学活动生动具体，又可触发学生的创新思维。

B. 设置问题情境，培养学生的创新意识。培养学生的创新意识是课堂教学的重要任务之一，要设置一些适宜的问题情境，大胆地让学生去探索。我国数学家吴文俊说："发明就是发现加证明。"学生在获取新知识的这一过程中主动思索，模拟创新，正是老师所期望的。

C. 通过变式训练，活跃学生的创新思维能力。一个数学命题可做横向变式，也可做纵向变式，可用命题的四种形式变，也可改变其中一些条件或抽样结论等。变式训练一是深化学生理解过程的有效途径；二是要求学生的知识结构稳定，各分支之间联系清楚，解题灵活；三是培养学生的创新能力。

②优化教学方法

教学有法，但无定法，在实验中结合学生实际、教材内容及创新思维能力的培养要求，在保留良好的传统教学方法的基础上，大力开展教学方法的研究，教学手段的更新，在培养学生的兴趣、启迪创新思维方面收到了良好的效果，在实验研究中我们主要有以下几个探讨方法有。

A. 启发式教学法。启发式教学法就是在老师的指导下，通过情景启发、设问启发，充分调动学生的学习积极性，师生共同完成老师事先精心设计的教学活动，主要教学活动包括：老师启发，学生摸索，整理提高，发展深化。

B. 探究-发现式教学法。指在老师组织和引导下，学生通过相对独立的各种探究活动，自己发现知识和掌握技能的教学方法。其本质是在教学中充分发挥学生的主体作用，使学生充分参与和体验知识技能由未知到已知，或由不掌握到掌握的过程。大致可分为三个阶段：第一阶段是发现问题、分析问题和提出初步解决方案；第二阶段为探究的具体实验阶段；第三阶段是交流研讨成果阶段。探究-发现式教学法对于培养学生的探索性、独创性、创造性思维具有独到的效果。

C. 情境教学法。是指教师根据教学内容设置一定的问题情境和悬念，在学生的已有知识和新知识间，形成"认识冲突，激发学生的求知欲望，并创造宽松的学习环境，使学生思维活跃，智力参与程度达到最佳状态，从而使学生轻松愉快地接受新知识的教学方法。"这一方法应主要抓好三个环节，遵循五个原则：即创造情境、巩固情境、发展情境三个环节，目的性、启发性、系统性、合理性、简明性五个原则。

D. 开放式教学法。开放式教学法是体现学生主体地位的最佳方法之一。老师根据教学内容设计一种自我实验、自我操作或自我解题，让学生探究，并提出相关要求，对学生进行指点，使学生在探究的过程中得出一种或多种结论，最后归纳小结。

在实验过程中，必须坚持组织灵活、充分发挥、系统总结、去伪存真的原则。这些方法的实验和推广收到了良好效果。

③科学选用思维训练方法

根据学生心理和认知发展规律，科学选用思维训练方法，是数学教学研究的重要内容之一，也是提高学生思维能力的重要措施。本课题主要思维训练方法有：

A. 动画演示，启迪思维。老师运用现代教育技术手段，设计三维动画情境，学生通过直观、生动、形象的画面，自己发现论证思路。让学生从实验的教学材料和形象、生动的画面中启迪思维。

B. 一题多解，广开思路。让学生在解题中，从不同的角度，全方位地思考问题，广开思路，力求思维灵活，从而提高学生分析问题和解决问题的能力。

C. 质疑问难，发散思维。质疑问难是培养"创造性思维"的重要手段。创造性思维的特征是新奇独特、别出心裁、突破常规、不落俗套或几个方面兼而有之。发散思维在创造性思维的运用过程中起主导作用。因此，教学中鼓励学生质疑问难，发散思维是有效措施之一。

D. 观察联想，活跃思维。教学中要主动让学生观察图形、算式，展开联想，寻找解决问题的思路，从而克服思维的呆滞性，培养思维的灵活性，主要方法有：定向联想、接近联想、对比联想。

E. 类比发现，激励思维。类比发现就是鼓励学生思考问题时，比比想想，在思维中确定所研究的对象的相同点和不同点，以加深对问题的理解，发现所研究对象的实质。

F. 变式训练，深化思维。所谓"变式"就是变换命题的条件和结论，变换问题的形式等。在教学中加强变式教学，不但可以培养学生的创造性思维能力，而且能将知识深化。

G. 数学应用，强化思维。数学应用，实质上是运用数学知识解决生产和日常生活中的实际问题。在解决实际问题中，使学生受到把实际问题抽象成为数学问题的训练，逐步培养他们分析问题和解决问题的能力。我们主要的做法是：挖掘教材内涵，揭示建模过程；改编课本习题，揭示数学实质；陈题新编，变封闭型为开放型；结合生产和日常生活实际，自编应用题。

④实施创新性思维教学应掌握的要领

A. 提供自由、安全、和谐、相互尊重的气氛。

B. 让学生在轻松中学习，但应遵循"动而有节"的原则，既不太放任，也不会过于严肃。

C. 重视学生所提的意见，并增强各种与众不同的构想。

D. 全体学生都参与活动，并能适应学生的个别差异与兴趣。

E. 让学生从错误中学习，从失败中获得经验。

F. 鼓励学生有尝试的勇气，多从事课外学习活动，养成独立研究的习惯。

G. 让学生充分利用语言、文字、图画等方式，充分表达自己的想法，展示自己的作品，教师要与全班同学共同分享创新的成果。

H. 教师的教材教法要多变化，不独占整个活动，尽量激发学生的想象力。

I. 对于学生的意见或作品，不立刻下判断，当意见都提出后，师生再共同评估。

J. 与家长密切配合，充分动用社会资源。

（三）课题研究的实践和成效

实践证明，"充分挖掘中学数学教材例题、习题效用研究"课题实验取得了明显效果，达到了实验研究的目标，教师教学质量大幅度提高，学生学习数学的兴趣逐渐增强，思维能力普遍得到提高。

充分挖掘教材例题、习题效用研究，把变式教学与训练渗透到课堂教学之中，学生的创新思维能力普遍提高，数学教学质量明显提高。

二、数学问题的解决

（一）数学问题解决的学习

问题是数学的心脏，问题解决是数学教学的重要内容与形式。数学学习的主要目标就是提升学生解决数学问题的能力。

1. 数学问题解决的含义

问题解决提出了一种新的教学模式，和过去一个定理、一个公式地学习现成的数学真理的静态过程不同，它要求学生创造"自己的"数学知识，在和困难做斗争中探究数学真理，因而是动态的。

对于"问题解决"的含义，不同的学者有着不同的解释，归纳起来有这样几种情况：

（1）问题解决是心理活动。问题解决指的是人们在日常生活和社会实践中，面临新情境、新课题，发现它与客观需要的矛盾而自己却没有现成对策时，所引起的寻求处理问题办法的一种心理活动。

（2）问题解决是过程。问题解决是把前面学到的知识运用到新的和不熟悉的情境中的过程。

（3）问题解决是教学类型。

（4）问题解决是目的。学习数学的主要目的在于问题解决。

（5）问题解决是能力。把数学用于各种情况的能力叫问题解决。

上述解释形式上似乎不一致，但它们所强调的共同的理念为：问题解决不应理解为一种具体的技能，它是贯穿在整个数学教育过程中，应该为数学教育所体现的一条主线。问题解决为学生提供了一个发现、创新的环境和机会，为教师提供了一条培养学生解题能力、自控能力和应用数学知识能力的有效途径。

根据目标或解决方法是否明确，可以把问题分为良构问题、非良构问题。大量现实中的问题都是非良构问题，非良构问题的解法不是唯一的，它常常与问题的背景相联系。了解绝非良构问题的三种水平认知加工模型：

第一，一般认知，包括主体的评价、记忆、阅读、知觉等认知活动。

第二，元认知，包括主体的关于认知任务的知识，关于完成任务的特定策略，以及使用这些策略的条件。

第三，认知论认知，是关于上述两种认知活动的认知，它包括主体的关于认知的有限性、确定性和相对性等认知特性的知识。

2. 数学问题解决中的解题策略

（1）归类策略

在解题时，理解题意过程中，解题者会将问题做出适当的归类，显然，这一策略的心理过程是问题表征和模式。归类策略有两个层面，即表层结构归类、深层结构归类。前者指根据问题的事实性内容和表述形式等表面信息对问题做出分类；后者是指根据问题内在的数学结构进行分类，不仅包括对问题内在信息的分析，还包括对解答思路、方法和思维模式做出判断。据研究发现，数学家多按照解题的基本思维模式进行分类，表现出深层结构的分类，而学生则是根据表层结构进行分类。

（2）化归策略

解决数学问题时采用最多的就是问题转化的思想方法。具体的化归方法包括：一般化、特殊化、逐步逼近、分割化归、映射化归。其中，映射化归又包括：恒等变换、几何变换、三角变换、参数变换、极坐标变换等。

（3）算法策略

即使用一套规则去解决问题的策略，如解一元一次方程或不定式、求导数等。算法策略还有"枚举"的含义，即当问题存在大量的中间状态和算子时，解题者要把所有算子都列出来逐一检验，从而找到解题通路。

（4）分类策略

具体包括完全归纳法、分域讨论法等。

（5）类比策略

当两个数学问题间不存在抽象关系，但存在某种潜在关系（如表明概貌或内部结构等）时，则在解答其中一个问题时，往往可参照另一问题的解答方法或解答途径，这就是类比策略。

（6）构造策略

即是通过构造一种模型去解决问题的策略。模型可以是多种类型的，如函数模型、图形模型、三角模型、向量模型、复数模型、方程模型等。

（7）逆向策略

采用这个策略往往能使不易解决的问题得到解决，如分析法、逆推法、反证法、举反例、公式或定理的逆用、常量与变量换位等。

（二）新课程理念下的数学问题情境设计

传统的基础教育课程体系最大的弊端之一就是具有极强的功利色彩——一切为了选

拔，一切为了考试，并由此走进了"应试教育"的死胡同。在这种教育体制下，教师不管情愿与否，也不管主动与否，最终会不知不觉地如专制的家长般可悲地走到学生的对立面上去发号施令。在把学生变成学习机器的同时，教师自己其实也已从"人类灵魂的工程师"贬值到一文不名的教书匠。面对课程改革的新形势，教师必须自觉地迎接新挑战。迎接新挑战，首先面临的是转变观念的问题。课程改革绝不只是单一的教材改革，而是整个基础教育课程体系的变革。除了教学内容的改革外，还有教学方法的改革，教学模式、考试制度、评价制度、课程管理的改革等等。教师只有在真正弄清了这次课改的实质的基础上，才能避免穿新鞋走老路，才能结合自己的工作开展新课程的研究与探索。

1. 用生活情境"包装"数学问题

现代心理学认为：教学时应设法为学生创设逼真的问题情境，唤起学生思考的欲望，体验数学学习与实际生活的联系，品尝到用所学知识解释生活现象及解决实际问题的乐趣。

2. 把数学问题"蕴藏"在生活的游戏中

在数学教学中有时会碰到一些对于大部分学生来说较为抽象的问题，这时候情境设计就更为重要。就像我们在生活中，如果遇到一个很抽象的问题，我们也是会先认识它跟我们生活中联系密切的一面。建构主义教学论原则明确提出：复杂的学习领域应针对学习者先前的经验和学习者的兴趣，只有这样，才能激发学习者学习的积极性，学习才有可能是主动的。将学生熟悉的生活情境和感兴趣的事物作为教学活动的切入点，学生能迅速进入思维发展的"最近区"，掌握学习的主动权。

3. 从生活中的现象中提取数学问题

《全日制义务教育数学课程标准（实验稿）》在设立情感和态度的目标领域时，提出：能从现实生活中发现并提出简单的数学问题；能探索出解决问题的有效方法，并试图寻找其他方法。让学生对自然和社会现象的好奇心、求知欲不断旺盛成长，有助于学生对数学有一个较为全面、客观的认识，从而愿意亲近数学、了解数学并谈论数学，对数学现象保持一定的好奇心。而这颗"好奇心"正是每一个学生身上重要的素质，它将使一个人不断地学习，不断地得到发展，还可能使一个人走进科学的殿堂。

（三）数学问题解决，体验成功教育

就是指学生对数学问题的解决，使学生体验到成功的快乐。当今社会竞争日益激烈，学生要适应这个环境，受一定的挫折和困难也是必要的，但同时让学生体验成功的快乐同样重要，失败后的成功更让人回味无穷。所以，有必要让学生探索数学问题，解决数学问题，来感受问题解决的成功喜悦。

1. 成功教育的背景与数学问题的实践

成功教育是上海闸北八中校长刘京海倡导的一种新的理论和方法，旨在使学习困难的学生获得诸方面的成功，促使学生更有效地发展自己的潜力。

（1）成功教育的背景与数学问题的实践必要性：在数学问题的解决过程中，无法避免地会遇到挫折，历经挫折和每一点成功，都是每一个学生的一种体验、一种成长。因而问题解决中教师对学生的鼓励、赞赏，能让学生感悟成功。

（2）成功教育的背景与数学问题的实践时代性：当前的教育指向全体学生，人人发展，教育为学生的终身学习做准备和服务。在一系列的解决问题过程中，学生经受着失败的考验，同时也享受成功的喜悦。时代要求学生必须学会学习，发展解决问题获取知识的能力，而成功就是获取解决问题能力的源动力之一，如若一直失败，学生便会失去学习的动力。

2. 课堂教学中如何处理数学问题，让学生体验成功

（1）数学问题解决的目标定位正确，把握好体验成功的尺度

不同层次的学生，采用合理的分层教学。不同学生解决问题的敏捷性、严密性、逻辑性不尽相同，学生对成功的渴望也不同。中学教学具有双重的任务，为高一级学校输送优秀人才和为社会培养合格的劳动者。要根据学生不同情况，针对不同水平的学生确定其达到的最近区域目标，使学生达到这一目标并获得成功，为下一步提出远景目标打下基础，由成功走向成功，转化成一个良性循环，不要使学生因学习过程中的反复失败而形成失败者的心态。成功教育就是帮助学生强化学习动机的启动和形成学生学习的内部动力机制。以鼓励、表扬为主的成功教育，适合于学生的心理特点，通过一次次的不断成功，提高了学生学习的积极性，从而为提高数学成绩打下基础。

（2）教学中调整认知策略，调整教学要求和进度

学生数学问题的解决有三种不利状况：第一，已经带过几届高考学生的老教师对有关知识能力和要求比较清楚，往往从高一起就主张一步到位，强调与高考接轨，因而往往起点要高一些；第二，年轻教师由于对教材不熟悉或对教材整体把握不够准确，或因为研究教材缺乏力度，认为教材比较简单，因而进度较快或盲从老教师而加大难度，达不到教学目标或超纲等等；第三，普高一味地以重点中学做参照，各类教学参考资料往往以重点中学做比照，学生常因为参考资料难度造成学习困难。因此，要从较合理的认知角度出发，调整教学要求和进度，同时教师也要提高自己的认知，从学生的具体情况出发，不可盲目与盲从，要有的放矢。数学教学中数学问题的解决能力是衡量学生数学水平的一个重要指标，学生从所给出的问题情境中辨认出模式，是一个主动积极的思维过程。如何开展这个

思维过程，并能有效地完成对问题的解答是一个难点，学生解决数学问题，从已有的知识中获取灵感与解题思路，需要平时的不断积累，所以作为教师，要调节好教学的进度，帮助学生创造出一个良好的学习氛围，形成一个循序渐进的过程。教师的引导起到非常重要的作用，要从各个环节抓起，重视学生的学习习惯的培养、能力的训练，从而完善学生数学问题解决的内部机制，让学生能充分感受在学习中获得成功的快乐。

（3）教师宏观把握，学生具体分析，寻找成功的渠道

解决问题的起点从教师的引导开始，教师在宏观上加以把握，定好基调，让学生加入进来，再让学生独立思考。教师的指导能够为学生创设学习的情境，启迪学生思维，更好地运用所学知识，寻找解决问题的策略。

（4）实行"小步子""多活动"，数学问题解决分步实施，让学生体验成功之路

了解学生，从实际出发，要考虑学生对数学问题解决的习惯认识。学生对知识往往单列起来，然后再重组，这时小步走，有利于学生对知识的把握，将新知纳入知识渠道，融入已知的知识体系中去。这种过程常常是对理论的认识和理解，通常还要结合图形来教学，图形较直观，易让学生理解，有利于问题的解决，最后把数形结合起来综合分析，让学生感到有这个能力去解决数学问题，找到对数学问题解决的信心。学生的每一个问题的解决都带有一定的创造性。不管是对是错、是简是繁都要合理地予以分析。中学数学教学中学生较缺乏活动，往往老师讲得多，学生活动少。新大纲中已经指出要加强学生的交流合作，所以多活动，让学生自己动手解决问题才是最终目的。问题的解决对学生有一种自我激励作用，能够使学生感悟成功的喜悦，让学生从成功走向成功。

（5）充分应用评价机制，激励学生解决问题

改变评价方式与机制，不是简单地以分数或等级给出定论。一次次测试，分数、等级的划分，会伤及学生的学习动力。在课堂中提问题，对学生的评价不能简单地说对、错，应考虑学生的具体情况及当时提问的情境。调查表明，在大多数环境下，人是愿意接受表扬的。即使有错误，也要态度温和才易于让人接受，因而面对学生要更多地加以表扬，尤其是在正确时，应充分抓住机会，激励学生勇敢、大胆地尝试对数学问题的质疑和解决。阶段性评价可以是学习过程时间上的阶段评价，如一个单元、一个章节的评价，也可以是解题过程阶段的评价，尤其对于上课提问，应对学生积极的思维过程加以适当评价和鼓励。

第三节 数学交流

一、数学交流的概念及其类型

（一）人与人之间的交流

人与人的交流包括两个方面：学生与教师的交流和学生与学生的交流。

学生与教师的交流包括学生听教师讲课，教师听学生发言，也包括教师起主导作用的师生之间的讨论。这种交流是在校学生学习数学的主要方式，同时也是教师了解学生、研究学生的思维过程、发现学生学习中存在的问题的有效途径。学生能否迅速、准确地理解教师用数学语言表达的数学内容是衡量学生课堂学习效率高低的重要标准。

学生与学生的交流是指学生运用数学语言就数学的内容、思想、方法、解题策略及学习数学的情感、体验等所进行的交流。这种交流有利于激发学生学习数学的兴趣，调动学习数学的积极性和主动性，开阔思路，促进数学创造性思维的发展。

（二）人与机器的交流

人机交流是指人与计算机之间的交流。信息时代的到来，计算机的普遍使用，将使信息技术以人们意想不到的速度进入数学教育领域，学生将越来越多地通过计算机来学习数学。采用合适的数学软件，可使计算机变成一部"活"的数学课本。一方面，通过计算机，学生可以接受、储存、检索和加工用数学语言表达的信息；另一方面，也可以通过计算机表达自己对数学的认识和感受。例如，学生可以针对所讲内容提出问题，计算机可以提供多种解决问题的办法，也可以对学生的回答进行判断，并给出正确答案和解释。这样就可以做到"因人施教"，加强教学的针对性，提高学习效率。可见，人与计算机交流的发展将会引起数学教育的重大变革。我们需要思考，在21世纪，我们将以什么样的形式组织课堂教学，教学遵循什么样的原则，以及教什么样的数学和怎样教的问题，其中包括计算机在数学教学中的地位和作用。

（三）人与物的交流

这种交流一般包括两种方式：学生听、读数学资料（包括教材、课外读物和音像资料）和学生表达（包括书面表达和演示）自己对数学的认识。

数学交流不拘泥于人与人之间的交流，听、读数学资料和书面表达对数学的认识也是数学交流的一个重要方面。听、读数学资料也应该成为在校学生学习数学、扩大数学知识面的重要手段之一。听、读数学资料涉及资料的可读性问题。数学资料特别是教材，是否符合学生的年龄特征，是否符合学生的认知规律和思维习惯，能否引起学生的听、读兴趣，这是影响人与物交流的重要因素。要想发展学生的这种交流能力，首先必须提高数学资料（主要是数学教材）的可读性。

二、数学交流的理论依据

（一）数学交流的过程是一个信息加工的过程

数学交流的过程是以数学语言为载体的信息交流的过程，认知心理学和现代信息加工学理论认为，学习者是能动的信息加工者。学习是学习者通过自己对来自环境刺激的信息进行内在的认知加工而获得能力的过程，即外部信息刺激学习者使其自觉地搜索自己已具有的认知结构，激活和提取相应的知识储备，协调内、外信息，在内、外信息的相互作用、相互联系中展开知识的加工活动。如果学习主体原有的认知结构中，缺少相应的知识进行协同加工，新知识学习则以接受理解、建构认知结构的模式进行；而当学习者已储备一定量的知识并与当前的知识发生联系，学习活动则通过协同加工，一边吸纳新的信息，一边改组和完善自身的认知结构。

具体说来，香农·韦弗的传播模式从宏观上描述了数学交流的过程。信息加工理论认为学习过程可类比为计算机的信息加工过程：在执行控制和自我期望下，对刺激信息进行编码、复述、精细加工、组织、储存、提取信息和译码。在数学交流过程中，人的大脑及有关器官的作用非常类似于编码和译码系统，但数学交流具有丰富性和多样性，有许多数学交流活动并非严格按照理想的"程序"模式进行，这充分说明数学交流更为复杂化。但以上的模式、工作原理及理论为我们提供了一般的数学交流模式。

（二）数学交流的过程是一个自我建构的过程

建构主义的数学学习观，笼统地说，即是关于数学学习活动本质的认识论分析。第一，学习不应被看成学生对于教师所授予的知识的被动接受，而是学习者以自身已有知识和经验为基础的主动的建构过程。第二，相对于一般的认识活动而言，学习活动的一个主要特点在于：这主要是一个"顺应"的过程，即不断地对主体已有的认识结构做出必要的发展或变革。第三，学生学习活动的特殊性还在于，这主要是在学校这样一个特定的环境中、在教师的直接指导下进行的。显然，这就更为清楚地表明了学习这样一种特殊的建构活动的社会性质。

1. 数学交流在建构主义的引导下更为有效

建构主义观点对课堂教学和学习都提出了一些新的主张。情境、协作、会话、意义建构是建构主义的四个要素。数学学科具有逐级抽象和广泛应用性的特点。基于这两个方面，建构主义对数学交流指导有着重要的作用。

第一，建构主义观点下的数学交流的双方是积极的、投入的、充分参与的。首先，建构主义者强调，学生在教师、同学的协作下建构对新知识的理解，学生对知识的深层次理解是在数学交流中形成的。在数学交流的过程中，双方通过不断提问—反馈—反思—概括获得对问题的真正理解。其次，数学学科逐级抽象的特征给人们提供了一种特有的思考方式——抽象化和模型化。数学模型是理解数学的钥匙。例如，自然数是离散数量的模型，实数是连续数量的模型。数学概念的原理、数学方法的背景，都是教师备课必须优先考虑的问题，或者从现实中来，或者从学生"头脑的现实"中来。教师和学生在数学模型的支撑下，共同建构数学的教与学。

第二，建构主义观点下的数学交流有明确的主题，有较强的目的性，是一个不断反思、修正和概括的过程。生物学家巴甫洛夫说："科学研究的唯一方法是：观察，观察，再观察。"那么数学的研究和学习似应是"思考，思考，再思考"。数学知识的获得，主要是依赖紧张思维活动后的理解。可见数学交流是为了达到对知识的深层次的理解；而建构主义强调学习的自我监控、自我调节，因此，数学交流过程中有不断地反思、修正思维策略，概括和总结数学思想方法的过程。

第三，现代建构主义者强调学习的社会情境，强调交流方式多样化，强调营造平等、自由、相互接纳的和谐氛围。

2. 数学交流有助于学生的社会化

数学提供了一种有力的、简洁的、准确无误的交流信息的手段。例如，数学的图表、统计资料都是很简洁的描述手段，它们能提高信息传播的范围、容量、速度和准确性，也使信息的贮存更便利。因此数学也可以为加速学生的社会化提供有力的保障。从另外的角度看，在家庭之后，学校是个体接触的第一个社会机构，是他学会与陌生人相处的场所。而数学学科学时之多、学习时间之长，使得数学课堂成为学生了解社会、认识自我的重要场所。学生只有在与同伴的交往中，把自己的观点与别人的观点相互比较，才能认识到自己的观点与别人不同，并对别人的看法提出疑问或修改意见。在这种交往中，他们学会摆脱权威的束缚，相互尊重，互相协作，发展自己独立的评判能力，逐步融入社会中去。

3. 数学交流是完善数学认知的有效手段

数学交流，是学习者以口头语言或书面语言的方式，对数学的观点所建构的理解和表达。因为其中总是包含着主体的创造性的选择和抽象，所以数学交流也是主体建构的具体过程，因而对数学认知的完善起到了至关重要的作用。

首先，数学交流能帮助学生完成对事物全方位的理解。建构主义者认为，事物的意义不能独立于主体而存在，必须通过主体的主动建构才能获得理解，因而不同的人看到的是事物的不同方面，不存在对事物唯一标准的理解，处于同样发展水平的人对同一事物的理解也是不同的。通过数学交流，可以帮助学生从不同的角度理解数学知识，形成对问题的全方位的理解。在数学课堂交流中，让学生提供多种证明方法，一题多解，正是帮助学生全方位理解数学知识的一种有效手段。

其次，数学交流使个体的思维成果社会化，因为数学思维的成果最初是作为个体的内部知识而存在的，既不能在社会实践中得到检验，也无法为社会所认同。将知识表达出来，在社会中传播、交流，数学知识才能最终实现其自身的价值。因此，数学交流手段的先进程度不仅会影响数学知识的传播范围，从某种程度上讲，甚至会影响该地区数学的发展。在数学史上，因为数学交流手段落后，导致数学发展滞后的例子并不鲜见。我国古代数学，在世界上曾一度领先，如《九章算术》《周髀算经》等，均是光辉巨著，然而却后劲不足，导致长时间的停滞，原因之一是我国古代崇尚筹算、崇尚直观，先进的交流手段——抽象的数学符号没有跟上数学学科本身的发展。

．再次，数学交流提供了一条有效途径，既保持数学思维的简洁、快速，又能克服数学思维中存在的过程和结果的模糊性。实际上，数学思维是借助于数学语言在头脑中进行的，内部语言活动常常是简化的、压缩的、跳跃的，从而使得数学思维在一种简略了的结构中进行，因此极大地提高了数学思维活动的速度和效能。

最后，教师与学生、学生与学生之间的数学交流活动在推动学生的智力水平由潜在的发展水平向实际的发展水平转化的过程中扮演了举足轻重的角色。

4. 数学交流能促进情感教育

情感教育是完整的教育过程的一个不可分割的组成部分。合理的情感教育有利于学生保持愉快、开朗、乐观的情绪、情感；深切体验学习过程中的成功感、自豪感，可以培养旺盛的求知欲和强烈的好奇心。具体而言，数学交流对情感教育有以下两个方面的促进作用：

第一，数学交流能增强学生学习数学的兴趣。兴趣是一种特殊的意识倾向，是动机产生的重要主观原因。建构主义观点下的数学交流围绕着问题展开，随着问题的解决而结束。学生通过表达自己的思维过程，同时也能受到同学的思维启发。通过这样的数学交流，参与者的兴趣也会增强起来。

第二，数学交流能培养学生的道德感、责任感。数学交流是教师和学生的一个交互的过程，其中每个人既要表达自己的思想、观点或者思路，又要细心听取别人的想法。在数学交流的过程中，学生需要理解、尊重别人，考虑别人的需要和意图，在此基础上做出自己的决定，并对这种决定负责。处于这样的一个环境中，学生还必须学会如何处理和解决环境中出现的问题，培养利他之心，与人分享数学学习的经验，诚信合作，互相帮助。

三、实施数学交流教学的策略

（一）加强数学言语的训练

1. 培养数学言语能力的教学模式探索

数学交流以数学语言为载体，结合数学言语的过程及原理。我们认为，培养数学交流能力的有效途径之一，是通过教学内容和要求，由教师创设问题情境，从问题的发现、表征、探究、言语和解决来激发学生的求知欲、创造欲和主体意识，培养学生的数学言语能力、创新能力和实践能力。在教学过程中，教师创设问题情境是实现此教学的中心环节，在问题的诱导下，学生通过内部言语、收集资料和深思酝酿，提出假设，发表见解，引发争论，进行批判性思考和进一步探究，使教学逐步深入。并且把教学过程设计为学生主动探索知识、进行数学交流的经历过程。在数学交流中提高学生分析问题、解决问题的能力，培养学生的创新品质和实践能力。它体现课堂的生命意义和生活化，充分体现感觉运动—外部交流运动—内部交流运动三个阶段，让学生体验数学、言语数学、交流数学。

（1）启问、诱思

设置问题情境，造就认知冲突，启动言语思维空间，引发问题，鼓励学生对知识做出第一印象的描述、大胆质疑、猜想。

（2）自主探究

独立地、主动地建构心理表征，以已有的经验为基础建构自己的理解、自己的心理表征，可以是形式化表征、图像表征、动作表征或语言化表征，丰富自我的数学内部言语。

（3）集体交流

通过使用书面语言，学生描述自己的理解。对于学习者来说，面对习题的时间多于谈话的时间，因此可以把用"陌生语言"提出的问题转换为自己的表达方式，把问题与自我结合起来。然后在所建立起来的数学言语思维空间中，积极发表自己的理解。

2. 培养数学言语能力的教学的特征

从社会建构主义的角度看，数学学习不仅是一种个人"解释"的活动，而且也是一个对数学对象的客观意义进行"理解"的过程。数学学习应被看作一个"文化继承"的过程，是对由文化历史传递给我们的数学做出意义赋予的过程。学生拥有的技能系统越丰富，他们言语表述情境的方法、手段就越多，言语的质量就越高，学生此时就需要构想某些新的东西，甚至改变言语方案和概念系统。另外，就中学数学课程而言，其主要目的应当是发展符号意识，而发展符号意识的关键在于让学生正确使用数学符号进行推理，学会"表达""操作"和"解释"等言语行为。因此，基于培养数学言语能力的课堂教学至少具有如下特征：

（1）问题情境能数学言语化；

（2）学生更积极地参与课堂教学，并且勇敢、经常表达自己的想法；

（3）学生有足够的时间和机会，积极建构、分析并应用各自的理解；

（4）数学知识符合学生的心理对应物（清晰的或模糊的）；

（5）即使是成绩较差的学生也能够以他们自己的方式进行言语活动；

（6）学生应有自主性、探究性，有较好的问题意识；

（7）学生积累丰富的经验（包括言语经验），乐于发现并接受来自他人的外部言语。

3. 优化数学言语的策略技术

针对数学言语能力形成的三个环节，即定向—操作—内化，结合具体的数学教学实践及培养数学言语能力的有效途径，提出如下优化数学言语的策略技术。

出声思考：即把内部言语操作外部言语化。因为人的思维活动总是借助于不出声的内部言语默默进行的。正如前面分析，学生对数学语言的特点理解及其掌握数学术语的水平，是其智力发展和接受能力的重要指标。一方面依据外部言语可以直接观察、分析人的内部言语过程；另一方面通过出声思考，激活和提高内部言语的进行。

自我提问法：自我提问是由学生自己向自己提出一些问题，以促使新旧知识发生联系，产生直觉或顿悟，从而对新知识加深理解。在思维的内部语言活动中，词义要靠词感带动，才能迅速表达思想。在促进内部言语理解方面，学生提出的问题比教师提出的问题更为有效。教师可以提供一系列供学习者自我观察、自我监控、自我评价的问题，不断地促进学生进行内部言语、自我反省，从而提高问题解决的能力。

加强数学语言训练：数学言语的载体是数学语言，对数学语言进行互化、翻译，构建心智图像是数学内部言语的核心，"学习知识表面化的根源往往是在数学语言的学习中语义处理和句法处理配合不当，形式和内容的脱节实质上是数学语言符号和公式与它们所表示的东西的脱节"。因此应加强数学语言训练，"俯而学，仰而思"，深刻理解数学符号的意义，突出言语操作，加强问题的表征，精细加工，构建正确的心智图像。

加强数学阅读，优化变式练习：数学知识的掌握实质上是程序性知识的掌握。信息加工理论认为，程序性知识的学习须经过三个阶段：陈述性知识—变式练习—程序性知识。因此，我们可以通过加强数学阅读，优化陈述性知识习得流程；优化变式练习，促进陈述性知识的转化；通过信息的增加、冲突，引起有效的内部言语。

进行"说数学"训练：训练学生听说数学的技能与数学交流能力，称为"说数学"。它可以在教师与学生之间进行，也可以在学生之间进行，而且包括了"听"与"说"两种活动。教学中必须提供不同层次的言语内容，让所有的学生都有言语的机会。

（二）在教与学中增加数学交流的成分

宋代朱熹说：读书无疑者，须教有疑，有疑者却要无疑。课堂是数学交流的主要阵地，通过教师诱导和学生的自主监控，在问题中思维，带问题而交流，才能在交流中得发展。

1. 课前自学，加强诱导策略

根据学生的精力与特点，课前设计 100 字左右的书面指导意见，学生据此开展自学交流活动。教师的自学指导从以下几个层次对学生的交流进行启发诱导。

（1）指导学生对课本、教学参考书等教学资源进行基本的与物交流

如逐段提炼知识要点；进一步明晰当堂课的任务、重点、难点；从为什么要研究、怎样研究、为什么这样研究、如何用恰当的形式表达等方面展开思考、进行理解，做出自己的解答。

（2）指导交流从浅表向纵深推进

如指导学生通过联想和搜索将所学内容与生活生产实际、科普杂志、科普书籍中相关的内容相联系；将所学的知识与已学过的知识尽可能地联系，寻求统一的解释；把将学的知识与已学过的知识进行方法论角度的联系，以获得方法的启迪和方法论体系的完善；等等。

（3）根据课程知识的特点，适时地介绍

对数学语言进行加工的策略行为是由有机体内部的信息流程决定的。人类加工信息的能量是有限的。因此，在学习中目标难度要适中，目标要有层次性，目标要大小配套。实践中我们发现，课前预习已从原先的一般通读了解向以下方面转化：第一，学生开始有意识地拓宽和应用教学信息资源，大多数同学在课前已阅读教材以外不止一本课外参考书籍，并相互比较、甄别，在课堂交流时，他们会引入不同书上的观点进行讨论；第二，学生自己已学会有效地运用先行组织者策略，完成了先行组织者的工作；第三，思维加工的范围拓宽，使生活经验及已学过知识在新知识学习过程中的迁移能力提高，迁移面也在扩大。

2. 完备策略，充分交流

进行数学交流，既包括对数学语言表达方式的选择，又包括对头脑中的思维成果进一步澄清、组织、巩固等一系列再加工的过程。数学交流可以认为是主体数学思维活动的延续，是思维活动社会化的重要环节。因此，在学生自学的基础上，可对课堂教学的结构进行这样的设计：

第一，进行思想发动。引导学生认识到问题意识和质疑能力是人思维的独立性、批判性和创造性的体现，是优秀的思维品质的反映。第二，实践质疑。要求学生在课前预习时，用审视、质疑的眼光看待新课，大胆质疑，用问题来推动信息加工的由浅入深。第三，交流质疑、激励质疑。课堂教学给学生充分的时间交流问题和自己的观点，在集体交流和集体思维过程中形成"头脑风暴"，通过相互启发、激励，让探究问题、创造性设想产生连锁反应，引起共振，从而引发更多的创造性设想。第四，学习质疑策略。在问题交流和问题探讨中，有意识地教给学生如何产生问题意识的思维方法，形成提问技能，如总结出低级认知提问（知识提问、理解提问、应用提问）和高级认知提问（分析提问、综合提问、评价提问）等。第五，示范质疑。即在课堂教学中，教师在学生质疑的基础上，进一步精心策划，通过组织、设置认知冲突、诱导语言信息等创设问题情境，用问题牵引教学，对高水平的质疑做出示范。

（三）多渠道创设数学交流情境，为数学交流而学习

交流活动的一个重要方面是把自己内在的思维活动展示出来，它必须灵活运用三种数学语言（文字语言、图形语言、符号语言）进行表述。交流方式是多种多样的，可以是语言式的，或是语言+动作，或是语言+图像；也可以是书面形式的，如课后做小结，概括本章的重点、难点等。交流活动可以在同学之间进行，也可以在同学与老师间进行，也可以在社会生活中与家长、与朋友交流学习数学的感受，交流对数学的态度，还可以进行自我内部交流，正如美国在《学校数学课程与评价标准》中提出的那样："为数学交流而学习。"

1. 作业+日记，使交流更开放

课堂教学时，尽管师生面对面地进行交流，但受时空和教学内容所限，很难实现个别化教学，反馈信息相对模糊。事实上，以作业为媒介的交流途径，教师从中获得的信息更个性化、更真实，教师给予学生的指导更有针对性。因此，在传统作业的基础上增加日记式学生小结，学生可以畅所欲言，不拘形式，教师视情况写适当的评语，交流互动，仿佛开通了一条"师生热线"。

交流形式：

作业：习题+日记

批改：成绩+评语

学生的日记内容和形式多种多样，如知识整理、抒发感受、建议意见、咨询求助、自我展示等。

在一些问题交流中，使学生学习各种不同的解题策略（如试误策略、倒推策略、方程策略、函数策略等），并且每个策略的迁移价值各不相同，可以引导学生对解法进行评价，从中感受、领悟数学方法所具有的普遍意义。

2. 积极培养学生的自我交流能力

自我交流是数学交流的形式之一。自我交流的过程是对自己的数学学习的一种反省和思考过程。

（1）概括和整理

伟大的教育家夸美纽斯非常重视课后的自我交流，他认为如果学习过的新知识没有经过自我交流，就很难做到真正掌握，结果就如同不断把流水泼到一个筛子上去。因此，我们要鼓励和提倡学生进行课后的自我交流，对每天学习的数学知识，及时进行回顾和整理，把新知识纳入原有的知识网络之中，建构起新的知识网络体系。

（2）反省和思考

认知策略中的反省认知成分是策略训练成败的关键，也是影响策略可迁移性的重要因素。因此，在平时的教学中，要让学生面对错误与问题时，耐心地进行自我反省，仔细分析，对知识进行不断地再加工，对任务执行予以监督，调节好感觉系统，做好执行控制和预期，真正做到知其然而更知其所以然。

（3）撰写数学学习报告

数学学习报告的撰写，是学生对数学的理解由感性上升到理性的过程，也是学生的自我交流由感性上升到理性的过程。因而提倡撰写数学报告，是提高学生的自我交流能力的一条十分有效的措施。学生学习报告的撰写内容十分广泛，可以是对知识的整理、概括、深化，可以是错题分析，也可以是学习的心得，还可以是对某一数学问题的看法和想法……指导学生撰写数学报告，可以从数学的点点滴滴入手，引导学生循序渐进、步步深化。写作的内容可以由简单到复杂，对问题的分析可以由具体到抽象。撰写数学学习报告，不但可以提高学生的数学交流能力，还可以提高其观察、分析、理解、思维等多种能力。

3. 创设"写数学"的机会

弗赖登塔尔说："必须以根本不同的方式组织教学。"除了日记，必须提供更多的情境，创设更多的机会让学生"写数学"，也就是要学生把他们学习数学的心得体会、反思和研究结果用文字的形式表达出来，并进行交流，培养学生的数学交流能力，并且提高学生的数学学习水平与探索研究能力。

（1）让学生写知识小结

在新授课教学中，每学完一单元、一章节之后，让学生写单元知识小结与章节知识小结。复习总结时，让学生写知识间的纵横联系，将知识结成网络，形成板块。

（2）让学生写解题反思

学生在作业、测试过程中，有不少成功的经验与失败的教训，让学生写下来，不但可以加深印象，而且教师从中也可看出教学中应注意改进的方面。解题反思主要包括：解题思路的形成过程及启示、解题规律的总结、题目的其他解法、错因分析等。让学生写解题反思，也可以培养学生的元认知能力，提高其数学学习水平。

（3）让学生写调查（实验）报告和小论文

在教学中，可以给学生开设数学活动课与教学实验课，也可以组织学生到社会实验基地参加社会实践活动，进行社会调查与实验操作。在此基础上，让学生写调查报告与实验报告。另外，还可以鼓励学生将平时学习中的独到见解与体会写成小论文，办班级数学杂志、墙报，编数学故事等，这也是一种书写数学的交流活动。

总之，只要教师充分认识到数学交流的价值，并在教学中注意培养学生的数学交流能力，就可以发挥数学交流在数学学习中的作用，提高学生学习质量和交往合作能力，使学生的素质得到全面的发展。

第一节　中学数学创新教学模式及体系构建

一、中学数学创新教学模式的含义和特点

（一）创新教学模式属于教学模式

教学模式是根据一定的教育思想、教育和教学目的，运用一系列教学手段、方法，组织展开教学的一般性教学程序。广大教育工作者在教育方法、教学模式领域进行了多方面的探讨，创造教学模式的概念，就是概括这些探讨、创造而得到的一个重要理论成果。

（二）创新教学模式是能培养学生的独创性乃至创造性的教学模式

主导创新教学模式的教育和教学目的在于培养学生的独创能力乃至创造能力，它所体现的更一般的教育目的就是培养创造性人才，创新教学模式的教育和教学目的就在于培养学生的独创力乃至创造力，独创力乃至创造力是创新教学模式的能力目标。

（三）创新教学模式是运用能充分调动学生的积极性和独创性的教学方法与手段组织建构起来的教学模式

教学方法是开展教学所运用的方法，运用于教学上的方法多种多样。教学手段是教学所运用的手段，其特殊规定性在于它是统一在教学中。富有创造性的教师，根据调动学生积极性、创新性和培养创造性人才的目的，组织运用不同的教学方法、教学手段，就可以建构成不同的创新教学模式。

（四）创新教学模式是由富有创造性的教师组织建构起来的教学模式

教学模式是教师展开教学的一般性方式，作为一种行为方式，其主体是教师，而能够组织建构创新教学模式的，是富有创造性的教师，而不是墨守成规的教书匠。

二、中学数学创新教学模式的探索

(一) 引导探究教学模式

引导探究教学模式是在美国心理学家布鲁纳所提倡的"发现法"的基础上加以改进的一种教学模式。"它是一种以问题为中心，学生在教师设置的问题的引导下，利用材料或依靠已有的知识经验和思维实践活动，主动地解决问题，以达到培养学生发现、探究的习惯与态度，掌握获取知识方法为目的一种教学模式。"

1. 理论依据

引导探究教学模式是以布鲁纳认知心理学学习理论为基础的一种探究性学习模式。布鲁纳认为，学习就是建立起一种认知结构，通过对新材料、新情境的不断探究，得到规律性认识。学习就是同化和顺应。引导探究教学过程的重点是探究，因此其学习过程是一种能力的活动。所以，布鲁纳格外重视学生的主动学习，强调放手让学生自己思索、探究和发现事物。

2. 教学目标

以解决问题为中心，注意学生的独立自主活动，引导学生通过亲身体验所学知识的形成过程来培养发现、分析和解决问题的能力，养成探究的态度和习惯，掌握探究的思维方法。

3. 实现条件

教师要用精练的语言为学生创设一个认识上的困难情境，使学生产生一种想解决这种困难的要求，从而能认真思考所要研究的问题；要求学生有一定的知识储备，能将问题情境转变为解决问题的情境，直到问题解决；要精选教材，能从中提炼出最基本的结构，难度要适中，根据教学需要为学生提供必要的资料、实验等。

4. 评价

这种教学模式有助于改变学生过去那种消极、被动接受知识的状态，维持学生求知动机和兴趣；有助于学生深刻理解知识和持久记忆知识；有助于学生智力水平的发展和提高；有助于学生日后进一步学习和研究。

5. 值得注意的问题

(1) 要知识与能力并重，忌过分淡化知识。

(2) 要爱护学生创新的自信心，忌批评指责学生提出的设想。

(3) 要为学生探究成功提供帮助，忌形成学生无法成功的局面，多次失败可能使学生产生自我否定心理，失去创新激情。

（二）自学讨论教学模式

自学讨论教学模式，即是以学生的自主学习为基础，再辅以分组讨论为形式的一种教学模式，学生在整个过程中是学习的主人，体现自主性和自律性，而教师则是辅助者和积极参与者。

1. 理论依据

自学讨论教学模式是借鉴皮亚杰的认知建构理论，遵循学生的认识规律，以素质教育思想为指导，学生全员参与为前提，自学为途径，讨论为形式，培养创新精神和实践能力为重点来组织课堂教学活动。人的知识很大一部分是靠自学获得的，基础教育阶段的学习，不在于给学生传授多少知识，重要的是教学生学会学习，培养其获取知识的能力。

2. 教学目标

自学讨论教学模式是变传统的"先教后学"为"先学后教"，变师生之间单一的授受关系为合作关系，通过教师的导趣、导学、导疑、导思、导法、导情，激发学生的学习兴趣，唤起学生的主体意识，使学生在积极参与自学读书、独立思考、研讨探究的学习活动中，主动获取知识或解决问题。

3. 实现条件

运用该模式时，教师要激趣引题，让学生初步感知问题的吸引力。学生要自律自控，认真对教师所提的问题进行仔细思考，切不可放任自流，否则达不到自学的目的。在学生进行了一段时间的思考之后，师生双方要互动，热烈讨论，大胆发言，共同探讨问题的最佳解决方案。

（三）问题解决教学模式

问题解决教学模式是"学生在数学问题情境中，在教师的启发、引导下，学生积极主动地解决问题，从而达到掌握数学知识，提高数学能力，加强数学实践的教学框架或教学活动程序"。

1. 理论依据

问题解决教学模式的形成和指导思想主要依据瓦根舍因克拉夫基的范例教学论、杜威的实用主义教学论和罗杰斯的非指导性教学论。

2. 教学目标

问题解决教学模式是美国教育界 20 世纪 80 年代首先发展起来的一种教学模式。"它以解决问题为中心，注重学生的独立活动，着眼于创造性思维、意志力和知识迁移能力的培养"。

3. 实现条件

问题解决教学模式要能培养学生的创造性，使之成为一种创新教学模式必须具备以下条件：首先，要找准现实生活的切入点，寻求问题解决的方法，问题解决要为学生创设现实生活问题的情境，找准学生现实生活的切入点，使问题解决"有米可炊"；其次，要突破问题解决的关键点，探求问题解决的途径；再次，注重问题解决的开放性，优化问题解决的过程，开放性问题解决，能打破传统教学的封闭性，实现以问题为导向，"课内向课外""封闭题向开放题""低位能力向高位能力"的开放，在问题解决中培养学生的创新意识、创新精神与创新能力；最后，要激发解决问题的信心，引导学生体验问题解决的成就感，力求引导学生解决小问题的小成功到解决大问题的大成功，为学生的继续学习提供原动力。

（四）开放式教学模式

开放式教学模式，就是破除以讲解教材、传授知识为主，阻碍学生创造力的传统方式，采用注重学生的个性和特点，以培养学生创新精神、实践动手能力和接受继续教育能力的开放模式。

1. 理论基础

它是以人自身存在开放性、创造性的充分关注为前提，以引导人全面、自由、积极地生成为目的，从教学目标的制定到课程的实施，全面体现了开放特征的新型课堂教学模式。

2. 教学目标

开放式教学模式体现的是素质教育的思想，以创新教育为核心，以人的发展为首要目标，依据学生的先天素质和爱好特长，保证并实现个体发展目标与社会期待目标的统一，传授知识与培养能力的统一，在借鉴传统教育思想，融合国外先进教育思想基础上，积极探索和研究适合时代特点的新模式。

3. 实现条件

开放式教学模式的教学过程坚持以学生为中心，通过各种方式达到使学生学会知识和掌握能力。教学中，教师尊重学生的主体地位，充分发挥自身的主导性和学生的主体性，通过引导、点拨、讨论等方法，教会学生学习和运用知识，增强观察力、想象力、判断力，使学生逐步养成适应时代要求的思维方式。

4. 评价

开放式教学模式的优点在于：它有助于培养学生思维的灵活性、发散性和创造性；其教学过程是学生构建，积极参与的过程，有助于培养学生的探索开拓精神和创造力；有助于全体学生的主动参与，有利于实现教学的民主性和合作性；有利于学生体验成功，树立信心，产生学习数学的兴趣；有助于提高学生提出问题、解决问题的能力。

三、中学数学创新教学模式实施对策

（一）改进教学方法

1. 创设良好环境孕育创新意识

环境是"人类生存的重要物质基础，它是个体生活期间并对个体产生影响的一切外部条件"。良好的环境对学生创新意识的形成起滋养、激发、导向和支持作用。反之，则压抑、束缚、限制甚至泯灭学生的创新意识。

（1）建立良好的师生关系

良好的师生关系是学生创新的保护伞。教师热爱和宽容学生，对学生充满热切的期望和关注是影响学生的学业成绩和人格品质的一个重要因素。建立什么样的师生关系关键取决于教师。建构主义理论强调以学生为中心组织教学活动，教学过程中的师生关系主要是一种平等、互助、互动的合作关系。"在建构主义的模式下，教师不再是知识的灌输者，应该是教学环境的设计者、学生学习的组织者和指导者、课程的开发者、意义建构的合作者和促进者、知识的管理者，是学生的学术顾问，教师要从台前退到幕后，从'演员'转变为'导演'。"这样的师生关系更有利于培养学生的自尊心和自信心，给学生以心理自由，有利于学生创新意识的孕育。

（2）善待学生的思维成果

在课堂教学中，教师对学生思维成果的态度非常影响学生的情绪，它可以激发学生的创新意识，也有可能压抑学生的创新意识。建构主义的知识观认为：知识并不能对现实做出准确的表征，它只是一种解释、一种可靠的假设。由于学生是在个人理解基础上对知识进行建构的，知识可以视为个人经验的合理化，而不是说明世界的真理。知识本身也是动态的、发展的。

教师在对待学生学习中的错误时，要挖掘其内在的合理性，不可轻率地给予否定、责备甚至是惩罚。否则，学生个个噤若寒蝉。若教师乐于听取不同意见，鼓励创新，反对墨守成规，则会极大激励学生学习的积极性、自主性和创新性。

（3）鼓励学生质疑问题

"学源于思，思源于疑。"质疑问题不仅是一种可贵的学习品质，是学生主动学习的一种表现，更是培养学生创新意识所不可缺少的。爱因斯坦曾说，"提出一个问题比解决一个问题更重要"。创新意识的培养要从提出问题开始，鼓励学生发现问题，大胆质疑。一是要善疑，提倡理智的、审慎的怀疑；二是要敢疑，不迷信权威。在教学中教师要鼓励学生多问几个为什么，尽管有些问题比较稚嫩，有些问题已经超出了本节课的内容，但这些学生比起不提任何问题的学生更具有潜力。

2. 强化思维训练激发学生创新意识

思维能力是人最重要的能力，是人能力的核心。一个人智力高低、能力大小都与思维能力有关。教学也多数是为了培养学生良好的思维品质，提高学生的思维能力。

（1）训练求异思维

求异思维是指对问题的处理没有固定答案或存在多种不同答案的思维活动，它可以拓展学生的思维空间，使学生多方位、多角度看问题，对于打破学生的定式思维有很大的好处。一是让学生在操作中培养求异思维；二是利用开放题，指条件不确定或结论不唯一、解题方法多样的数学问题，如一题多问、一题多解、一题多填等方式训练学生的求异思维。通过这样长期的训练，学生思维的灵活性大大提高，为创新意识的形成创造了有利条件。

（2）激励大胆想象

想象是一种对记忆中的表象进行加工、改造、重组的形象思维形式。没有想象就没有创造。学生在学习数学的过程中，一般都会形成一套固有的解题思路和思维模式，这就是所谓的思维定式，如果教师在要求学生思考问题时一味地循规蹈矩、求稳，不敢标新立异，别出心裁，那么学生的思维就会困于固有的模式之中，想象力和创新的精神就会一点一点地泯灭掉。激励学生大胆想象，就是要求他们克服思维惰性，打破常规去思考、解决问题，增强思维的灵活性。教师可以经常设计一些不能用常规解法解答的题目，用以训练学生的思维能力。

（3）鼓励求优思维

创新思维的成果相对于已有成果必须是更优化的才能显示其价值，否则，只是在为社会制造垃圾而已。教师应把学生的优化思维作为教学的一个主要目标来培养。在学生想出各种解法之后，组织学生进行观察、比较、讨论，剖析各种解法的思维过程，从不同解法中受到启发，引导学生对错误的解法及时找出原因，去伪存真，并选出最佳解法。

3. 培养自主探索促进学生创新

学生学习是一个自主建构的过程，是别人无法替代的。从教学的目的讲"教是为了不教"。教师要充分发挥学生的主体能动性，使学生逐步学会自主探索；教师的作用并没有减弱，反而增强了，由于学生的年龄、知识经验的局限，教师要根据学生的实际情况，为他们提供学习的场景，设定学习的目标，教给探索的方法，努力调动他们学习的积极性，培养他们自觉学习意识和元认知能力，使他们逐步形成自我评价、自我控制和收集整理运用信息的能力，最终脱离教师这个"拐棍"。

（二）提高教师素质

实施创新教学模式，必定要有创新型的教师。教师的创新素质包括创新意识、创新精神、创新能力、创新人格，是学生形成创新意识的重要条件。具有创新素质的教师会推崇创新，追求创新，乐于创新，实践创新，不仅如此，还会为学生营造一个创新的氛围，激发学生的创新意识。教育本身就是一项创造性工作，具有不再重复性。教师之于教材，学生之于教师的"教"和自己的"学"都有一个建构和再创造的过程。教师和学生构成"学习共同体"，教师的思想行为对学生具有很大的影响力，教师对待教学的态度会直接影响学生的态度。培养创新型人才需要创新型教师。学生的头脑"不是一个要被填充的容器，而是一个需要被点燃的火把"，需要教师用智慧之火去点燃。一是要敢于创新，尤其是当前的环境下，应试教育愈演愈烈，教师厌教、学生厌学的时候，需要的是勇士，是有探索精神和开拓精神的勇士；二是要善于创新，创新不是瞎闯，需要的是智慧，是用智慧的光芒照亮前进的道路，是用科学的教育方式去战胜愚昧的教学方法。

四、中学数学创新教学模式体系构建

（一）构建创新教育原则的方法论基础

综观教育史，人类已经总结出众多教育原则，它们都是以解决学生对知识技能的掌握而提出来的，目标是培养适应于农业社会、工业社会所需的传承型人才。而创新教育要解决的是学生创新意识与能力的发展，目标是培养适应于信息社会所需的创新型人才。因此，从根本上讲，这些教育原则不适应创新教育活动，创新教育必须构建自己的原则。

构建创新教育原则，首先要确定创新教育原则构建的方法论基础。在此，建构主义学习观对我们是有所启示的。按照建构主义的解释，教学不是将知识以成品的方式教给学生的过程，而是学生通过自己与外部环境的交互活动主动获得知识的过程；学习也不是大一统的信息存储过程，而是学生通过自己独特的认知方式和生活经验对外在信息的独特理解、感悟、体验和特定情境下的心理加工，构建知识意义与价值理念的过程，是师生乃至同学之间在现实的交往互动中探索生命意义、创造人生体验和生活智慧的生命活动的过程。

据此，我们获得了构建创新教育原则的方向，则认为主体性、情感性、活动性、技术性是中学数学创新教育的教学原则。

（二）创新教育的教学原则的具体内容

1. 主体性原则

数学教育是教与学的双向活动，是学生的主动认识过程，在这个认识过程中，教学内容是客体，教师起主导作用，而学生则应是主体。在教师的引导下由自己亲自参与教学过程所获得的知识，接受起来亲切自然，有利于提高学习兴趣，调动学习积极性；同时，亲身领会了知识，有利于与原认知结构中的适当知识建立实质性的联系，形成新的认知结构，并且更容易记忆和保持这些新知识。

（1）教师应使学生有强烈的学习信念

数学学习是获得数学知识、技能和能力的过程。数学课堂教学中，教师应为学生的建构活动创设学习的情境，恰当地组织和引导学生的学习活动，对学生在学习活动中出现的障碍与困难进行指导。

（2）教师应使学生有充分的认知准备

在数学学习的建构活动中，学生必须有充分的知识准备与能力准备，才能接受新的知识，调整自己的知识结构，实现有意义的数学学习。

（3）教师应使学生成为主动探索的实践者

对于学生来说，在数学学习活动中，一方面在教师的指导下，掌握必要的数学知识，形成基本的数学技能；另一方面进行一定的创造性数学活动，发现与创建"新知识"。强烈的学习信念是一种动力，充分的认知准备是必要的基础。

2. 情感性原则

由于创新教育与学生的个性发展紧密联系，为了充分发挥创新意识和创新情感在创新教育中的功能和作用，在教学中必须注意激发学生的学习动机，营造一个民主、平等、和谐、宽松的教学氛围，使学生能够创新，敢于创新。我们把情感发展过程及相对应的情感教育目标的实施由低至高分为四个阶段：形成—维持—内化—迁移。

（1）形成积极的情感体验

这个阶段主要是引导学生在关注的基础上，对某种现象做出反应，形成学习数学的积极情感。

（2）维持稳定的情感表现

这个阶段主要是不断巩固、固定学生所形成的情感体验，使之持久。

（3）内化良好的情感品质

这个阶段要使学生深深地被刺激物或对象所吸引，逐渐形成观点，信奉追求，内化成良好的情感品质。

（4）迁移端正的情感行为

这个阶段是把情感品质外化到自己的事业中，化为对工作热情的不竭动力，并在工作行为中有良好的体现，也是情感目标得到实施后的最高阶段。

3. 活动性原则

活动性是主体性的具体体现，创新教育依赖学生对再创造过程的深层次参与。因此，教学要提供让学生动手、动脑、动口的空间和时间，通过观察、实验、分析、综合、归纳、类比、猜想、抽象、概括等探索研究性活动，培养学生的创新精神和创新能力。

第二节　中学数学教学模式的创新

一、"传递—接受"型教学模式

"传递—接受"型教学模式是以"以教为主"为主要特征的，由于特别强调充分发挥教师在教学过程中的主导作用，因而该模式被认为对学生的学习主体地位缺少关注，并因此饱受诟病。"传递—接受"式教学模式是主动的、意义建构的学习模式，在现代信息技术条件下，"传递—接受"式教学模式依然具有非常积极的教育价值，因此需要在信息技术与课程整合的实践中使"传递—接受"教学模式改革获得进一步深化的空间。

（一）对"传递—接受"教学模式的错误认识

1. 认为"传递—接受"教学模式是机械式教学

在现代课程教学改革浪潮中，"传递—接受"式教学被等同为注入式教学而遭遇批判和冲击。随着基于研究性学习的教学模式等新兴教学模式在我国教学改革领域出现并迅速流行，对传统教学模式在理论和实践上都展开了批判。以讲授法为主要教学方法的"传递—接受"教学模式也成为这项改革浪潮直接批判的对象，甚至危及其存在。理论上批判的根基是：在"传递—接受"式教学模式中，学生缺乏学习主动性，教师的讲授是注入式的，学生的学习是机械式的。杜威认为"传递—接受"式教学一切都是为静听准备的，因为仅仅学习课本上的知识不过是另外一种静听，静听的态度是被动的。实践上的冲击主要表现在对教师课堂讲授时间的压缩甚至抛弃。

2. 将教学资源和方法"电子化"视为信息技术

信息技术是以电子计算机和现代通信为主要手段来实现教育教学信息的获取、加工、传递和利用等功能的过程。它强调学科课程内容信息的获取、加工、再生和利用的各种信息化技术，这种和课程内容"整合"之后的信息技术融入该学科课程的结构、内容、教学资源、教学方法及教学模式之中，成为该学科课程有机的、不可分割的组成部分，并形成一个新型的学习环境。因为信息技术以电子计算机和现代通信为主要手段，因此，大多数人将信息技术简化为通过信息技术的使用而改变学科课堂教学结构，促进教学方式和学习方式的转变，信息技术只是一种教学手段和学习工具在教育教学中的应用。认为信息化就是在课堂教学过程中使用计算机（器）、幻灯片等与信息技术沾边的仪器，将现有的教学过程、教学方式、教学资源进行"电子化"转换的过程。

（二）"传递—接受"式教学模式改革的理论基础

1. 奥苏伯尔的教学理论是"传递—接受"式教学模式的理论基础

"传递—接受"式教学模式的理论构建的核心内涵是有意义学习理论，即让学生能够真正理解和掌握所教的知识和技能。教师的责任是要将学科知识转变成可理解、易于理解的形式，帮助或启发学生自己去发现或找出这种内在联系。有意义的教学是使学生自我发现这种联系，如果学生不能发现这种联系，该教学就是机械的。"传递—接受"教学模式要求教师将学科知识实施有意义传递；"传递—接受"式教学模式要求学生对学科知识做到有意义接受；"传递—接受"式教学模式是适合陈述性知识的课内教学模式。

2. 信息技术与课程整合是"传递—接受"教学改革的手段

信息技术与课程整合即通过将信息技术有效地融合于各学科的教学过程来营造一种信息化教学环境，实现一种既能发挥教师主导作用又能充分体现学生主体地位的以自主、探究、合作为特征的教与学方式，从而把学生的主动性、积极性、创造性较充分地发挥出来，使传统的以教师为中心的课堂教学结构发生根本性变革。

第一，与信息技术整合是一种教学环境营造。与信息技术整合是一种教学环境营造而非工具转换。在信息技术应用于教学的启蒙阶段，真正意义上的整合，信息技术与课程融合表现为基于教师专业能力和学生学习能力的教学资源的数字化设计和开发，关注信息技术与教师专业学科知识和教学法知识的深度整合，并以新的知识形态予以呈现。第二，与信息技术整合是实现"教"与"学"方法新型化。为完成预定的教学内容、达到预定教学目标，必须在教学原则指导下采用科学的教学方法，既包括教师教的方法，也包括学生学的方法，是教法和学法的统一。第三，与信息技术整合推动教学结构变革。信息技术与课程整合不是把信息技术仅仅当作教学辅助工具，还要用以营造信息化的教学环境。

（三）"传递—接受"教学模式的实施步骤

这种教学模式通常包含下面四个实施步骤：

1. 实施先行组织者策略

这个步骤包括阐明教学目标，呈现并讲解先行组织者和唤起学习者先前的知识体验。阐明教学目标是要引起学生的注意并使他们明确学习的方向。先行组织者是利用适当的引导性材料对当前所学新内容加以定向与引导。

2. 介绍与呈现新的学习内容

对当前学习内容的介绍与呈现，可以通过讲解、讨论、阅读、作业等多种形式。学习材料的介绍与呈现应有较强的逻辑性与结构性，使学生易于了解学习内容的组织结构，便于把握各个概念、原理及各知识点之间的关联性，从而使学生对整个学习过程有明确的方向感，对整个学习内容能从系统性与结构性去把握。在此过程中，教师还要善于集中并维持学生的注意力。

3. 运用教学内容组织策略

为了帮助学生有效地实现对新知识的同化（即帮助学生把当前所学的新知识吸纳到自己的认知结构中），除了要运用自主学习策略激发学生主动学习的积极性以外，还要求教师应依据当前所学新知识与旧知识之间存在的关系是"类属关系""总括关系"或"并列组合关系"而运用不同的教学内容组织策略。如果新知识与旧知识之间存在类属关系，则教学内容的组织应采用"渐进分化"策略，如果新知识与旧知识之间存在总括关系，则教学内容的组织应采用"逐级归纳"策略，如果新知识与旧知识之间存在并列组合关系，则教学内容的组织应采用"整合协调"策略。

4. 促进对新知识的巩固与迁移

在实施这个步骤的过程中，学习者一方面要应用精细加工策略和反思策略来巩固和深化对当前所学新知识的意义建构，另一方面还要通过操练与练习策略在运用新知识解决实际问题的过程中来促进对新知识的掌握与迁移。

二、"三疑三探"教学模式

（一）"三疑三探"教学模式下的教学环节

此模式有四个教学环节：设疑自探—解疑合探—质疑再探—拓展运用。"三疑三探"

的好处就在于紧扣了一个"疑"字和一个"探"字。"疑问疑问，有疑便问"，有了疑问才会思考，才会探索，所以课堂的开始首先要提出问题，用问题来激发学生学习的动力和兴趣。当然问题也不是一次提出，在课堂教学中要不断地提出问题、解决问题，一波刚落，一波又起，环环相扣，持续推进课堂教学的进展。

1. 设疑自探

设疑自探是课堂的首要环节，即围绕教学目标，创设问题情境，设置具体问题，放手让学生自学自探。这个环节主要涉及三个步骤。一是创设问题情境。二是设置具体自探问题。根据学科特点，自探问题可以由教师围绕学习目标直接出示，也可以先由学生发散性提出，然后师生归纳梳理，如果问题还没有达到目标的要求，教师再补充提出。自探问题的"主干"就是本节课的学习目标。三是学生自探。这里的自探是学生完全独立意义上的自探。自探前，教师一般要适当进行方法的提示、信心的鼓励和时间的要求。自探中，要让每一位学生都能感到教师对自己的热切关注和期望。无论关注的形式怎样变，有一个底线不能变，那就是不能打断或干扰学生独立学习的思路。

2. 解疑合探

解疑合探是指通过师生或生生互动的方式检查自探情况，共同解决自探难以解决的问题。合探的形式包括三种。一是提问与评价。操作的办法是学困生回答，中等生补充或中、优等生评价。让学生学会表达、学会倾听、学会思辨、学会评价。二是讨论。如果中等生也难以解决，则需要讨论，教师在学生自探的过程中巡视发现的学生易混易错的问题也要讨论。讨论要建立在学生充分自探的基础上进行，难度小的问题同桌讨论，难度大的问题小组讨论。三是讲解。如果通过讨论仍解决不了的问题，教师则予以讲解。

3. 质疑再探

质疑再探就是让不同学生针对所学知识，再提出新的更高层次的疑难问题，诱发学生深入探究。在具体的实践中，对于中等以下学生质疑的问题，有可能还是本节课学习目标的范畴，只是从不同侧面去提，这时让其他学生回答，实际上是起到了深化学习目标的作用。对于优等生质疑的问题，有可能超出书本知识，但教师还应先让其他学生思考解答，提出种种不同的解决办法，然后教师再解答。

4. 拓展运用

拓展运用就是针对本节课所学知识，分别编拟基础性和拓展性习题，让学生训练运用。在此基础上，予以反思和归纳。

此环节主要包括三个层次。一是教师拟题训练运用。教师首先编拟一些基础性习题，重点考查学生对基础知识的运用情况。检查反馈的原则是学困生展示，中等生评价。二是学生拟题训练运用。如果学生所编习题达不到学习目标的要求，教师则进行必要的补充。三是反思和归纳，具体操作是学生先说，教师后评。

（二）"三疑三探"教学模式的一般操作流程

1. 设疑自探

操作。①设置问题情境，导入新课。②根据学生年龄特征及学科特点，决定是否出示教学目标。③出示自学指导提纲，让学生通过自学课本或演练，独立探究。④教师巡视。

目的意义。①设情激趣，使学生开始上课就产生强烈的求知欲望，创造良好的学习氛围。②让学生带着明确的任务、掌握恰当的自学方法进行探究，使自学更扎实有效。③教师巡视，能及时了解学生自学的情况，同时以适当的语言或动作暗示进一步激发学生学习的积极性。

注意点。①教师在课前要将心态调整到平静愉悦状态，理性地克服因其他事件而致的心境不佳或过度兴奋，将激情、微笑、爱心、趣味带进课堂，通过生活实例、社会热点、音像资料、实验操作等途径，迅速点燃学生思维的"火花"。②自学指导要根据学生当前的实际水平设置问题的难易程度。如果学生整体水平高，则问题设置跨度要大一些，留足思维的空间，反之，学困生较多，则必须把一个问题当作两步或三步来问，减缓"坡度"，让学生跳一跳都能摘到"桃子"。③自学指导要层次分明，让学生看后做到三个明确：一是明确本次自学内容或范围（有的一节课需要通过几次自学，因为每次自学内容较多，学生容易产生厌倦情绪）；二是明确自学的方法。④学生自学时，教师要加强督查，及时表扬自学速度快、效果好的学生，激励他们更加认真地自学。同时，要重点巡视中、差生，可以拍拍肩、说几句悄悄话，帮助其端正学习态度，但一般不宜同其商讨问题，以免影响其充分的自学。⑤自学指导在一节课中根据教学内容和学生水平状况可能出现多次。

2. 解疑合探

操作。①检查自学情况。原则是学困生回答，中等生补充，优等生评判。②针对自学中不能很好解决的典型问题，要引导学生进行讨论交流，让人人都敢于发表自己的意见，同时能虚心倾听别人的意见，尽量做到表述清楚，观点明确。③引导学生归纳，上升为理论，指导今后的运用。④特别难以理解的抽象问题，教师要精讲，有重点地讲。

目的意义。①检查自学情况，首先关注学困生，能最大限度地暴露学生自学后存在的疑难问题，同时如果学困生做对了，说明全班学生都对了，就不需要教师再教了，则节约了课堂时间。②学困生解决不了的问题，需要中等生补充，如果中等生仍难以解决的问题则需要讨论，这样，什么问题需要采取什么样的合探形式，教师就能准确地把握。

注意点。①要解放思想，真正让学困生回答或演示操作，千万不要搞形式主义，让优等生演练，表面上正确率高，实际上掩盖矛盾，不能最大限度地暴露自学后存在的疑难问题。②讨论不要滥用。学生讨论的问题，一定是学生通过自学仍难以解决的共性问题，或者是教师在巡视中发现的虽属个性，但带有普遍指导意义、学生易错易混的问题。③学困生回答问题或板演时，要注意提醒其他学生认真聆听或观察，随时准备补充、评判和纠错。④教师的"三讲三不讲"。"三讲"即讲学生自学和讨论后还不理解的问题，讲知识缺陷和易混易错的问题，讲学生质疑后其他学生仍解决不了的问题；"三不讲"即学生不探究不讲，学生会的不讲，学生讲之前不讲。

3. 质疑再探

操作。学生根据本节内容，提出新的疑难问题，教师引导其他学生共同解决。教师也可根据课堂生成情况向学生再次提出深层次的疑难问题，起到画龙点睛的作用。

目的意义。"质疑"有利于培养学生的问题意识，是对本节所学知识的进一步深化。

注意点。①要创设民主、平等与自由的氛围，鼓励学生大胆质疑，敢于向书本和教师的所谓权威观点挑战，尽量引导学生提出有价值的深层次问题。②学生提出的问题，最好引导学生自己解决。③有的问题可能千奇百怪，超出教材的知识范围，要允许学生表达自己的见解和感受。教师课前应充分做好思想上和知识上的准备，不能指责学生，更不能不懂装懂，搪塞应付。

4. 运用拓展

操作。①运用所学知识，解决有关的问题，并能正确迁移拓展（包括教师编拟习题、学生自己编拟习题和完成课堂作业）。②反馈学生答题情况。③引导学生反思归纳本节所学主要内容。（包括课本具体内容和通过学习运用所感悟的内容。）

目的意义。①通过完成训练题、课堂作业，检测每位学生是否当堂完成了学习目标。②通过学生自编习题的训练，做到了对知识运用的举一反三。③反思实际是对本节内容的及时归纳和梳理，使学生对本节知识有一个系统性的清晰认识。

注意点：①首先进行巩固性训练，若有时间再进行变式训练、学生自编习题训练等延伸环节。②教师巡视，注重答题情况的反馈和展示，发现问题及时纠正。③每个小组选一位代表展示自编习题，同时阐述编题思路，师生适当予以评点。④此环节时间一般不少于15分钟。

三、"数学实验型"教学模式

(一)数学实验型教学模式简述

信息技术下的数学实验型教学模式就是以信息技术为基础,实验者对所学的数学知识进行实践检验的探索研究活动。它的理论基础是建构主义,也就是说要让学生自己做数学实验,自己去体会,教师只是对学生存在的问题进行指导、纠正。

长期以来,人们对数学教学的认识就是概念、定理、公式和解题,认为数学学科是一种具有严谨系统的演绎科学,数学活动只是高度抽象的思维活动。但是,历史表明,数学不只是逻辑推理,还有实验。不过,传统的数学观仍然认为,即使数学需要实验也只不过是纸上谈兵,也只是进行所谓的思想上的实验;教学过程中,学生的数学活动只是"智力活动",或更为直接地说是解题活动,数学家在纸上做数学,数学教师在黑板上讲数学,而学生则每天在课堂上听数学和在纸上做题目。这样,对多数学生而言,数学的发现探索活动没有能够真正开展起来。

数学实验教学模式,通常由教师(也可以由学生自己)提出明确的问题情境,让学生在计算机提供的数学技术的支持下做教学实验,利用小组合作学习或者组织全班讨论,开展研究性学习活动;实验过程中,依靠实验工具,让学生主动参与发现、探究、解决问题,从中获得数学研究、解决实际问题的过程体验、情感体验,产生成就感,进而开发学生的创新潜能。

利用计算机进行数学实验教学,不仅是开展数学研究性学习的一种有效方式,而且也为计算机教学的开展提升了层次。引进数学实验以后,数学教学可以创设一种"问题—实验—交流—猜想—验证"的新模式。数学教学采取何种模式,从某种程度上取决于数学教育的目的,而这又与教学的现状、社会对数学的需求密切相关。知识经济时代对创新人才的需求与数学教育中忽视学生创造性能力培养的矛盾日益凸显。在教学中倡导研究性学习,引进数学实验,以及由此引发的教学模式的变革,与当前社会对数学教育的需求是一致的。

(二)数学实验教学模式的基本环节

数学实验教学模式的基本思路是:从问题情境(实际问题或数学问题)出发,学生在教师的指导下,设计研究步骤,在计算机(器)上进行探索性实验,发现规律,提出猜想,进行证明或验证。根据这个思想,教学模式一般主要包括以下五个环节:

1. 创设情境

创设情境是数学实验教学过程的前提和条件，其目的是为学生创设思维场景，激发学生的学习兴趣。问题情境的创设要精心设计，创设合适的问题情境有助于唤起学生的积极思维。

2. 活动与实验

活动与实验是数学实验教学模式的主体部分和核心环节。教师根据具体情况组织适当的活动和实验；数学活动形式可根据具体情况而定，最好是以 2~4 人为一组的小组形式进行，也可以是个人探索或全班进行。教师的主导作用仍然是必要的，教师给学生提出实验要求，学生按照教师的要求，在计算机（器）上完成相应的实验，搜集、整理研究问题的相关数据，进行分析、研究，对实验的结果做出清楚的描述。这个环节对创设情境和提出猜想两个环节起承上启下的作用。

3. 讨论与交流

这是开展数学实验必不可少的环节，也是培养合作精神、进行数学交流的重要环节。让学生积极主动地参与到数学实验活动中去，对知识的掌握，思维能力的发展，学业成绩的提高，以及学习兴趣、态度、意志品质的培养都具有积极的意义。在学生积极参与小组或全班的数学交流和讨论的过程中，通过发言、提问和总结等多种机会培养学生数学思维的条理性，鼓励学生把自己的数学思维活动进行整理，明确表达出来。这是培养学生逻辑思维能力和语言表达能力的一个重要途径。数学交流是现代数学教学中的一个新课题，把实验与交流结合起来凸现了数学知识的形成过程，提倡学生使用计算机（器）可以为学生学习数学提供便捷的实验环节，并且学生使用计算机（器）做数学实验的过程也是一条很好的数学交流途径。

4. 归纳与猜想

归纳与猜想这个环节和活动与实验、讨论与交流密不可分，常常相互交融在一起，有时甚至是先提出猜想，再通过实验验证。提出猜想是数学实验过程中的重要环节，是实验的高潮阶段；根据实验观察到的现象进行数据分析，寻找规律，通过合情推理、直觉猜想，得到结论是数学实验的教学目标实现程度的体现，是实验能否成功的关键环节。

5. 验证与数学化

提出猜想得出结论，并不代表实验结束，还需要验证，通常有实验法、演绎法和反例法。提出猜想是科学发现的一个重要步骤，目前开展研究性学习，培养学生的创新意识，开发学生的创新潜能，需要猜想。但数学不能仅靠猜想来行事，验证猜想是科学精神、思想及方法不可或缺的关键程序，是对数学实验成功与否的"鉴定"。教师有必要引导学生证明猜想或举反例否定猜想，让学生明白，数学中只有经过理论证明而得出的结论才是可信的。

（三）开展数学实验教学亟待解决的问题

从目前来看，广泛开展数学实验教学还存在着以下几个亟待解决的问题：

（1）相对于对于传统教学，数学实验用时较多，而中学数学课程内容多，学时少，为完成教学计划及应付中考、高考，时间宝贵，有人甚至认为没有时间进行数学实验。

（2）在中学常规的教学中，开展数学实验教师面临来自专业素质方面的挑战：一方面，对大多数中学教师来说，对计算机知识相对生疏。而利用计算机开展数学实验需要较多计算机知识，有时甚至要用到简单的程序设计知识。另一方面，开展数学实验，需要教师具有更强的数学知识和科研能力，这就对教师素质提出了更高的要求。

（3）开展数学实验教学需要计算机硬件的支持，由于我国的经济发展不平衡，有些经济不发达地区的学校购买实验仪器设备还有一定的困难，这给推广数学实验造成了客观上的障碍和阻力。值得高兴的是，如今计算机及其网络技术发展迅猛，价格不断下降，对创建数学实验室提供了便利条件。为适应信息技术教育的需要，应克服困难逐步建立数学（计算机）实验室，开展数学实验，让理论与实践接轨。

四、创新型数学教学所带来的积极作用

新课程理念的核心是创新，创新既是时代发展的客观要求，又是实施数学教学改革的重要手段。中学数学教学正处于学生学习承上启下的关键时期，如何培养中学生的数学创新能力，对中学生的全面健康发展非常重要。数学教学的根本指导思想是提高学生的数学素质：包括数学观念、数学意识、数学思维、数学能力及基本的数学逻辑。而素质教育的核心在于对学生创新能力的培养。如何把数学知识与生产、生活实际结合起来，注重学生应用与创新能力的培养，是每一位数学教师必须思考的课题。下面谈一谈创新型数学教学模式所带来的积极作用。

（一）创设良好的学习情境，激发学生学习的主动性、积极性

我们的课堂教学形式单调、知识面窄，严重影响学生对数学的全面认识，难以激起学生的求知欲望和创造欲。新课标中指出："数学教学应从学生实际出发，创设有助于学生自主学习的问题情境。"只有当主体意识到是其自身在影响和决定学习成败的时候，才能促进主体的主动发展。

因此，教师必须精心创设教学情境，有效调动学生主动参与教学活动，使其学习动机从好奇逐步升华为兴趣、志趣、理想及自我价值的实现。因此，在创造性的数学教学中，师生双方都应成为教学的主体。

（二）鼓励学生自主探索与合作交流

解决问题的关键是教育内容的革新、教育观念的更新和教学方法的创新，学生的学习只有通过自身的探索活动才可能是有效的。教师应引导学生主动地从事观察、实验、猜测、验证、推理与合作交流等数学活动，从而使学生形成对数学知识的理解和有效的学习策略。

（三）注重开放问题的教学

数学作为一门思维性极强的基础学科，在培养学生的创新思维方面有其得天独厚的条件，而注重开放问题的教学，又可充分激发学生的创造潜能，尤其对学生思维变通性、创造性的训练提出了新的更多的可能性。所以，在开放问题的教学中，选用的问题既要有一定的难度，又要为大多数学生所接受，既要隐含"创新"因素，又要留有让学生可以从不同角度、不同层次充分施展他们聪明才智的余地。

（四）尊重学生个体差异，实施分层教学，开展积极评价

教师在调控教学内容时必须在知识的深度和广度上分层次教学，尽可能地采用多样化的教学方法和学习指导策略。在教学评价上要承认学生个体差异，对不同程度、不同性格的学生提出不同的学习要求。

作为一位教师要建立一种平等、信任、理解和相互尊重的和谐师生关系，营造民主的课堂教学环境，学生才会在此环境中大胆发表自己的见解，展示自己的个性特征。对于有困难的学生，教师要给予及时的关照与帮助，要鼓励他们主动参与数学活动，尝试用自己的方式去解决问题，发表自己的看法，并及时肯定他们的点滴进步，从而增强学习数学的兴趣和信心。

（五）创设和谐愉悦的课堂氛围

创新教育与传统教育的不同就在于改变了知识、能力、创新在教育过程中的性质和地位，所以"教师难教，学生难学，考试难考，成绩难以提高"，其根本原因就是我们当前的数学教学违背了数学本身特有的学科性质，只是进行机械教条的知识灌输和技能训练。

教师必须精心创造教学情境，创设宽松、和谐、多变的课堂氛围，使学生勇于创新、

主动创新。对学生中具有独特创新的想法要特别呵护、启发、引导，不轻易否定，切实保护学生"想"的积极性和自信心，这对学生的创新能力会起到积极的推动作用。教师就教学内容应设计出具有探究性、趣味性、适应性和开放性的情境性问题，并对学生适时进行指导，给他们提供自主学习、自由探究的时间和空间，让学生有机会创新。

（六）激励学生自主探究与合作交流

"数学教学是数学活动的教学，是师生之间、学生之间交往互助与共同发展的过程。"弗赖登塔尔曾经说："学一个活动最好的方法是做。"所以说自主探究与合作交流是培养创新精神与创新能力的重要途径。由于学生之间存在着各种差异以及学生学习活动的独立性和学习内容的开放性，导致了当面对同样的问题时，学生中会出现各种各样的思维方式，产生各种不同的结果，有些甚至是出乎意料的。

教师让学生在独立自主的基础上进行合作，能为学生提供更多参与交流讨论的机会，能满足学生充分展示自我的心理需要。同时，通过生生互动，使学生看到问题的不同侧面，对自己和他人的观点进行反思和批判，从而建构起新的更深层次的理解。

（七）运用求异法，旨在创新

"求异"是在分析解决问题时，不拘泥于一般的原理和方法，不满足已知的结论，而运用与众不同的思维方式，标新立异地提出自己新见解的一种方法。首先，教师要挖掘教材，引导学生从多方面去分析问题，形成自己独特的见解。其次，引导学生逆向思维。教师应当注意引导学生敢于"反其道而思之"，让思维向对立的方面发展，从问题的相反方向深入地进行探索，树立新思想，创立新形象。

数学课堂教学是培养学生创新能力的主要阵地。在教学过程中，教师必须给学生创新的机会和足够的时间，必须设置具有挑战性、开放性、探索性的问题，通过让学生寻找解决问题的独特策略和最佳策略的途径，把他们创新的潜能开发出来，让他们的创新精神和创新能力得到培养。

第一节 微课在中学数学教学中的应用

一、微课的发展

微课的出现离不开网络通信技术的迅猛发展。随着移动终端设备价格的下降和无线网络的广泛覆盖，移动网民数量飞速增长。同时，当今社会的生活节奏变得越来越快，与之相应的是人们更乐于接受简单、便捷、有趣、高效的生活方式和学习方式。因此，近年来越来越多的事物冠以"微"的名号，如微博、微信、微电影、微小说这些越来越多的"微"事物可以无孔不入地钻进人们生活中的方方面面，利用碎片时间，在生活的间隙给人们带去更多的体验。日益壮大的"微"字号队伍俨然宣告着人类社会已经步入了一个"微"时代。

网络的快速发展促使人类的知识传授模式也在发生改变。在时间成为稀缺资源时，碎片时间的价值凸显，变得弥足珍贵，现代人想使一点一滴的时间都得以充分利用，而移动互联网为此提供了一个契机。教师可以把上课讲授的关键内容（知识点、重难点、易错点等）做成微视频发布于网络学生可以随时随地拿出自己的移动智能终端设备（手机、平板电脑、笔记本电脑等），利用空闲、零碎的时间来上网学习，还可以反复学习。学生课堂学习注意力研究结果显示：人高度集中精力学习的时间在 10 分钟左右。根据学生学习的特点，将教学内容碎片化、跨应用平台的微课应运而生。

二、微课的类型

微课的分类方法有很多。为便于理解和实践开发的可操作性，可以按照学习内容的传授方式，将微课分为五类。

（一）讲授型

讲授型微课是以学科知识点及重点、难点、考点的讲授为主，授课形式多样，不局限于课堂讲授。其表现形式以教师授课视频为主，学生观看视频，就像在现场聆听教师授课一样。讲授型微课适用于教师运用口头语言向学生传授知识，如描绘情境、叙述事实、解释概念、论证原理和阐明规律。这是中学最常见、最主要的一种微课类型，适用于基础知识的掌握与基本原理的理解。

（二）解题型

解题型微课以题目为中心，针对典型例题、习题、试题进行讲解分析与推理演算，重在解题思路的分析与过程，特别适用于理科类的学科知识教学。按照呈现顺序，解题型的微课一般包括以下几个环节：题目的呈现、题目的理解与分析、解答呈现、解后反思与小结。数学微课"求比一个数多（少）百分之几的数是多少"完整地展现了这几个教学环节。学生利用视频可以暂停与重复播放的特性，根据自己的情况，暂停播放进行思考或反复观看某些难度较大的内容，直到理解、掌握为止。

（三）答疑型

答疑型微课主要用于对学生学习过程中普遍的代表性的提问，进行归纳总结、分析解答。

传统教学的答疑模式很难兼顾各个层次学生的需求。随着手机和平板电脑等智能终端的普及，教师可围绕学科知识点，有针对性地开发制作微课集，以满足学生学习的多样化。微课集既包含解决学生有共性的疑难问题的微课，又包含设置创新题和拓展题的微课。

（四）实验型

实验型微课针对教学实验进行设计、操作与演示。其表现形式为实验或实训的现场视频，或网络虚拟实验动画配合教师讲解。该类型微课适用于学生在教师的指导下，使用一定的设备和材料，通过控制条件的操作过程，引起实验对象的某些变化，学生从观察这些现象的变化中获取新知识或验证知识。例如，在微课"如何分离混合物"中，教师演示将砂糖与面粉组成的混合物分离的过程，同时对操作中的重点、难点和容易出现的错误操作环节进行讲解。此类微课在数学课堂上应用的较少，在物理、化学、生物、地理和自然常识等学科的教学中，实验类微课较为常见。

（五）表演型

表演型微课主要有两种形式。一种是在教师的引导下，组织学生对教学内容进行模仿表演和再现，利用摄录工具将表演过程录制下来经适当编辑制作成微课。学生通过观看此类微课可以达到学习交流和娱乐的目的，促进审美感受和提高学习兴趣。一般分为教师的示范表演和学生的自我表演两种，适用于素质类、体育类课程，如舞蹈、瑜伽、广播体操、太极拳等课程的学习。另一种是假设某一交际情境，让学生充当其中的角色，表演出符合情境的对话和行为。在特定的情境下学生改变自己的身份，从局外人变成了参与者，注意力自然就集中到了学习内容上。参与者通过对角色的扮演，可以获得快乐体验及宝贵的经历。例如，在微课"宝宝控 iPad，专注恐不足"中，由学生扮演家长和孩子，模拟母子在日常生活中的一个场景，讲述了太早接触电子产品对孩子的危害，并为家长给出了应对建议。

不属于上述分类的微课，均可归为此类型。

值得注意的是，一节微课作品一般只对应于某一种微课类型，但也可以同时属于两种以上的微课类型的组合（如提问讲授类、解题答题等），其分类不是唯一的，应该保留一定的开放性。同时，由于现代教育教学理论的不断发展，以及教学方法和手段的不断创新，微课类型也不是一成不变的，需要教师在教学实践中不断发展和完善。

三、微课在中学数学教学中应用的重要意义

（一）满足了各层次学生需求

所谓"微课"，就是指内容短小的教学视频，可以提供多种资源构成的教学环境。主要包括学生的课前预习，课堂教学、互动讨论、课后复习及评价等环节，满足了所有学生学习数学知识的需求，为他们提供不同层次的学习资料。与以往的教学方式不同，数学教师省去了针对某个问题反复讲解的过程。此外，微课还可以提供便捷的在线交互功能，拉近了数学教师与学生之间的距离，教师对学生的疑问可以及时作答与辅导，使得学生对数学的求知欲不断增强。

（二）提供了多样化的学习方式

微课在数学课堂中的应用，使得学生对数学知识的学习方式变得多样化。例如，学生们可以利用智能手机或计算机进行交流、学习。这种开放性、直观化的学习模式符合"互联网+"时代下中学生的学习特点。他们可以借助相应的通信软件展开在线学习，结合自己的需要，有针对性地选择学习内容，并高效率地完成数学教师布置的课前预习任务或者家庭作业，开发了学生的自主学习潜能，真正变成学习的主体。

（三）打破了学习的时空限制

对于教师而言，想要在既定的课时内高质、高效地完成教学任务具有一定的难度。而

"微课"的介入，可以打破传统教学时间、空间的局限性，把微课有效地引入课堂教学，学生可以随时、随地观看，进而与传统的教学形成优势互补，有利于教学效果的提升。

四、中学数学课的微课化

（一）微课应用的前期准备

1. 微课对学生的要求

微课是均衡学生成绩的"家庭教师"。数学课程理论多于实践，学生几乎没有动手实践的机会。数学课堂教学的结果也常常是两极分化，一部分学生吃不饱，而另一部分学生又消化不了。特别是后进生对课堂上的知识点不能及时完全理解掌握，数学成绩不理想，有些甚至会对数学的学习形成畏惧感，一提到数学就有"数学很难"的想法，而我们正常的教学又不能保证有足够的时间来对这部分学生进行个别辅导，容易导致这部分学生学习数学的积极性和学习兴趣减少，出现教学效果不理想的状态。微课教学提供给学生一个利用时间就能完成追赶学习成绩的渠道，"笨鸟"不管先飞还是后飞，只要投入相应的时间，就能跟上学习的进度。这需要学生充分地认识到自身的不足，做有针对性的强化。

2. 微课对校方的要求

（1）学校的硬件配置

多媒体教学与传统课堂教学接轨融合虽然已经大范围普及，但有些学校的硬件配置并没有达到普及微课教学的要求。学校利用微课教学，需要一系列教学部门的协同，学校要设立微课的下载平台、网站和微信公众平台等，做好日常维护，让使用者随时随地就能下载学校的微课内容。

（2）教师的知识储备

微课的制作过于耗费时间、精力，这使得本身工作量就比较大、时间比较紧的教师很难自主去通过制作微课，将微课教学运用到日常的教学工作中。这需要教师转变教学观念，认识到微课的教学辅助作用及未来的发展趋势，虽然现在要付出时间精力来了解学习，但一旦掌握将是教学巨大的助力，不但能提高教学效果，还能节约自己的时间。学校也可以成立微课制作组，培养专业的教师来完成这一工作。而对没有条件依靠自身完成微课制作的学校，可先利用其他学校的数学微课资源进行教学。

（二）中学数学教学中微课的应用

1. 应用于概念讲解

研究微课在中学数学教学过程中帮助学生理解数学概念、讲解新知识、突破教学重难点、创设典型例题等，可以从微课在数学教学过程中的课前导入、新课讲解、学法指导等方面进行探索。

掌握数学概念是学好数学的基础，只有真正地理解概念的含义，在解题的过程中才能像庖丁解牛一样顺利。中学生受到知识储备的限制，理解能力比较有限，并且注意力容易分散，因此掌握概念比较困难。尤其是中学数学教学中涉及很多概念性的知识，很多概念比较抽象，即使是经验丰富的教师也很难将其直观地表述出来。要想使学生真正理解并且熟练运用这些概念公式就需要将这些抽象的概念翻译得通俗易懂，利用引申、类比等方法将抽象的概念搭建到学生熟悉的生活场景中。运用微课，就是完成这种转换的方式之一。

教师要提前制作好相应的微课，使用通俗的语言、文字、图片描述这些概念，然后将微课上传到网络和微信公众平台，或者直接利用 QQ、微信发给学生。在课堂教学完成以后，学生对不理解的部分可以在家观看，利用微课进行课后温习，深入理解这些概念。

2. 应用于疑难解答

利用微课突破教学重难点。把每节的重点、难点、疑点知识用微课的形式设计出来，制作成微课，上传到网上，学生便可以随时点播学习，以帮助学生对数学重点、难点的理解，使学生将现有知识纳入已形成的知识体系中。学生会根据自己的薄弱环节有针对性地选择微课教学内容，不但节约时间，还能培养他们正确的学习方法。

典型习题的练习是中学数学课堂教学中的重要环节，学生只有真正掌握了典型习题的精髓，触类旁通，学会所有相关习题的解法。这一过程中需要教师找到或者自己去创设一些典型的例题，在解答该例题的过程中训练学生对知识的迁移能力，学生能够举一反三，解析一道例题，却相当于分解了这一类型的习题。讲授典型例题是非常适合使用微课视频的，学生在观看视频的过程中自己总结习题的特点。

3. 应用于复习指导

研究微课在课外作业辅导、典型例题解析、知识补充提高等方面的应用。学生进行课后复习能够巩固近期学习到的知识，强化知识内容，尤其是做一些相关的练习题，能够温习课堂中学习到的解题方法。实践证明，对学生进行复习指导能够帮助学生深入理解知识，对于提升学生的数学成绩具有重要意义。但是，实践教学中我们会发现对学生的复习指导存在一定难度，主要是课堂中的时间有限，教师无法做到亲自指导每位学生，再加上学生的基础有所差异，又为复习指导增加了难度。将微课用于复习指导中就能缓解这些问题，教师可以根据教学内容的难易和学生的基础在微课内插入适合的指导习题，发布给不同层次的学生，使其在家即可学习。

逐渐用微课代替家庭作业。让学生从传统的手工作业中解脱出来，利用新技术形式达成教学效果的反馈。在微课中间和末尾设置习题，学生可在线作答，结果直接反馈给教师，这样，教师可监督每个学生对教学的理解程度，并且自动完成批改过程，不但获得了良好的教学效果，还节省了教师的时间。

第二节 网络技术在中学数学教学中的应用

一、QQ 的教育应用

（一）QQ 在教学中的应用

QQ 打破了时间和空间的限制，实现了文本、音频、视照等多种形式信息的呈现和交流。在 QQ 所提供的网络环境中，在特定的教学情境下，教师和学生可以应用相应的功能组件进行对话，进行积极的意义建构，生成新的知识经验、理解经验和实践经验，实现动态的学习过程。

1. 在线课外辅导

在课堂教学中，由于学生的个别差异，很难做到每名学生都能完全掌握教师所讲授的教学内容，因而对学生进行个别化的课外辅导是必要的。利用 QQ 进行课外辅导是一种简单易行的课外辅导方式，学生只要有一台能上网的电脑或手机，就能随时随地接受教师的课外辅导。对学生进行课外辅导，可通过以下途径来实现：

（1）利用一对一交互实现在线个别化辅导

QQ 的一对一交互不仅可用文字的方式，还可以用语音和视频的方式，交流非常直观形象，特别适合教师对学生实施课外个别化辅导。由于网络的虚拟性，教师和学生的交流可以在非常轻松的氛围中进行，可以减轻学生的拘束感和紧张感，使他们敢于提出问题和看法，思维可以更活跃，思路也更清晰。这样，教师便可及时地获知并有针对性地解决学生学习中存在的困惑，很好地解决"有些学生吃不饱，有些学生吃不了"的问题。在辅导中如学生打字太慢，可用语音交互方式进行交流，师生之间只须创建语音连接，教师便可以用流利、顺畅的语音为学生讲解问题。除此之外，还可用视频交互来实现传统教学中的面对面交互。这样教师在辅导时师生之间都可以看到对方的形象，有利于拉近师生之间的距离，增强师生之间的情感交流。

（2）利用群内交互实现课外集体辅导

QQ 学习群创建好后，在教学计划中公布教师在线辅导时间，教师、学生同时上网进人创建好的 QQ 学习群，打开学习群的聊天界面，教师就可以通过聊天方式为进入群的学员讲解学习内容，解答问题，组织学员进行讨论、提问。聊天文字显示框除显示师生沟通交流的文字内容外，教师还可以把它作为电子白板，在上面展示文字、图片、动画等教学资料；在群中的每一个学员都能通过这个对话框，看到教师的文字讲解、辅导答疑，并且都能在对话框中提出问题，发表意见，参与讨论。整个教学辅导答疑过程的文字、图片等资料还可以通过保存聊天记录功能保存在软件中，让学生事后反复浏览，或者供在约定时间里没有上网的学生浏览学习。最后，教师可通过向学生个别或集体的提问来验证学生对问题的掌握情况。

另外，教师可以建立讨论小组，组织学生分组讨论，通过相互之间的讨论、协作交流，开阔学生的学习思路，深化内容理解与意义建构。

（3）利用群论坛实现异步课外辅导

在 QQ 群论坛里，教师可以就某一教学问题发帖，引导学生讨论和发表自己的看法，学生也可将自己对某个教学内容的学习心得、体会发表在论坛上，供其他同学参考。此外，学生可以对自己感兴趣的问题发表自己的观点，进行轻松而有成效的讨论，以加深自己对学习内容的理解深度。教师定期对学生讨论的内容进行收集、整理，然后进行有针对性的指导。在群论坛里，师生之间或生生之间的交流是非实时的，这使教师和学生有更多的时间去查找有关资料和思考问题，有利于对问题进行更深入的讨论和理解。

2. QQ 支持的网络自主学习

网络自主学习是在网络环境下，利用互联网资源，在教师的引导下，学习者对某个问题或某类课题自主地进行建构、探索和研究的学习过程，它实质上是建构主义学习理论在网络学习中的实践表现。

QQ 可为教师和学生提供交流信息、共享资源的空间，学生可以通过 QQ 进行讨论交流，评价、总结和展示学习成果。应用 QQ 开展网络自主学习活动的一般过程如下：

（1）发布学习任务和学习资源

教师帮助学生制定明确的学习目标和计划，并根据教学内容给出学习任务。教师从教学实际出发，将收集、汇编的数字资料，以及自行制作的课件、相关网络信息资源链接网址等归类、整理并上传到 QQ 群的共享空间或群论坛上，方便学生查找。

（2）学生网络自主学习

学生明确自己的学习任务，查看共享空间或群论坛中教师提供的学习资料，或者在网上搜索相关信息，依据学习目标对学习资源进行搜索、观察、阅读、分析、判断、加工整合等活动，对知识进行初步的意义建构；同时辅以学习小组，讨论、交流彼此的收获和观点。在学习过程中遇到问题可及时向老师寻求解答，必要时可请老师对重点、难点问题进行集中讲解。

①学生通过 QQ 交流或在群论坛上征集小组成员，并推选出学习小组组长。教师将各小组名单通过群聊天窗口或群共享公布。

②各组组长在群论坛中建立各小组讨论区，便于小组成员间有效地交流和沟通。

③小组成员根据自己的学习任务和自己的时间来安排自己的学习。当学生遇到问题时，可通过 QQ 实时交互、群论坛等与教师或其他同学讨论，以便得到及时的帮助。

④学生记录自己的学习过程，及时反思、总结，发布在 QQ 空间中，以便自己、小组成员和教师做出客观的评价。

（3）评价

学生根据自己在学习过程中的参与程度、学习表现、学习态度、学习效果做出自我评价；教师根据学生个人空间中的学习过程记录、小组讨论聊天记录等信息，以及学生自我评价结果对学生的整个学习过程及学习成果做出最后评价。

3. QQ 支持的网络合作学习

网络合作学习是指利用计算机网络多媒体技术，以及基于互联网的传播媒介等相关技术，多个学习者以小组的形式参与学习，针对同一学习任务相互交流与合作，以达到对教学内容比较深刻的理解与掌握的过程。在网络合作学习中，学习者为了达到共同的学习目标，需要学会如何获取别人的帮助、如何评价别人的工作及如何提高自己的人际交往能力等。QQ 支持的网络合作学习一般可采取如下步骤进行：

（1）确定学习活动内容，创立学习小组

首先，在"教师指导，学生自主选择"的前提下确定某一专题学习活动内容，针对某一专题进行深入研究有利于学生在某一领域整体知识的构建，最终成果将围绕专题产生在学习活动结束后，将形成专题资源库，为以后教学的开展提供素材和借鉴。

其次，教师建立 QQ 合作学习群，将学生加 QQ 群，并分为若干学习小组。小组划分须注意以下三点：

①每组成员人数不宜过多，一般每组不超过 6 人。

②在学生自由结组的基础上，通过学业成绩和"认知风格量表"测定结果对分组进行调整，尽量做到组内异质、组间同质，以保证分组的层次性。

③指定小组组长，并进行恰当的角色分配。

（2）上传相关课程内容资料，确定活动主题

教师将学习内容的相关资料进行整理、分析，上传至 QQ 论坛，让学生先形成初步的

印象，尔后让学生在相应的内容下进行思考跟帖，看看学生喜欢开展什么样的活动；教师将收集上来的资料进行分类、整理，确定各选活动，按照日历约定时间与各个小组开展讨论、交流，最终确定活动任务。教师在此过程中主要起组织、协调作用，并对需要帮助的学生提供指导和建议。教师指导学生选题时要考虑学生原有的知识结构和现有条件，应尽量选择那些研究方法简便易行、周期短、可操作性强的活动主题。

（3）上传活动任务及要求

教师首先会向共享空间里上传一些相关期刊文章或者科普知识，以及一些相关网站的链接等。教师在群论坛里通过论坛管理进行学习活动区域创建和区分，可分为小组活动区和小组报告区。

教师在活动区发布小组学习活动的具体任务和安排，学生对教师的提问也在活动区开展；在报告区进行小组阶段性成果和报告展示，以及教师对小组成果的评价。教师将活动任务发布在 QQ 群论坛上，学习者以小组为单位从论坛中领取任务。

（4）学生领取学习任务

学生登录群论坛领取任务后，以讨论组的形式对小组学习任务进行讨论，确定活动计划和任务分工。

（5）开展学习活动

在活动过程中，小组成员间可以讨论组的形式或者以一对一的形式对某一问题进行交流、协商，教师也可以参与其中进行指导。在活动过程中，教师会在 QQ 群平台上发布阶段性活动要求和须解决的问题。在阶段性任务结束后，小组组长要将观察报告、过程中产生的图片资料和视频资料上传至 QQ 群平台，接受教师指导，并和其他组成员进行交流。在遇到问题时，可以随时通过 QQ 群向教师或者其他成员发信息进行求助。当形成初步的成果时，可以上传至群论坛，接受教师和其他学习者的评价和建议。

此外，利用 QQ 的实时及非实时交流功能，小组成员的合作交流可实现异步和同步两种方式。

①对于异步式合作，学习者可通过群共享空间、群论坛及 QQ 邮箱等异步交流功能，在不同时间、不同地点的条件下完成学习。

②对于同步式合作学习，处在不同地域的学习者可通过 QQ 提供的即时通信、群组交流等功能在同一时间下进行实时交流与合作。

（6）学习活动结束后，上传最终学习成果

在合作学习活动完成后，小组将形成的完整学习报告上传到群共享，并将过程中产生的能够说明问题的图片资料和视频资料也进行上传、展示。同时按照活动任务中的资源拓展要求进行资料的收集、整理尽可能地收集比较系统、全面的资料。

同时，小组成员对各小组完成任务的情况进行投票互评。

（7）汇报总结

最后，小组成员对合作学习的活动过程和成果进行总结、汇报，接受教师和同学的打分、评价和提问。

（二）QQ 在教育管理中的应用

1. 应用 QQ 开展班级管理

利用 QQ 群功能，教师可以创建一个班级 QQ 群，实现班级同学之间的交流教师通过和学生的网上交流及时了解班级学生的情况，掌握他们的最新动态。班级 QQ 群为师生之间的互动提供了一个很好的平台。在 QQ 群里学生可以更真实地反映自己的情况，将自己目前遇到的学习问题及对教师的建议表达出来，避免了学生在与教师面对面交流时心理上的恐惧，让教师更加真实地了解学生的状况。在 QQ 群还可以发布公告，班级事务都可以通过公告的方式发布出来，让同学们及时获得信息。

在 QQ 群里，教师与学生的地位是平等的。由于网络技术营造了一个大家可以任意选择、共享，又彼此分离的、宽松的社会交往环境，因此能够缓解传统面对面的交往方式给人带来的心理压力。师生间的沟通完全自主，没有任何强制，必要的时候还可以选择教师在"明"、学生在"暗"的方式，创设一个民主、融洽的交往氛围。

此外，教师也可以通过学生的签名、日志等渠道及时获取学生近阶段的学习情况、生活情况及心理状况，不仅可对班级群体的德育进行引导和约束，也可针对班级和个人的情况实施心理辅导。

2. 家校沟通的新方式

教师可以通过创建班级家长 QQ 群，与学生家长互通信息，使家校互动更加灵活、便捷，家长对学生在校的情况也能及时、全面地了解。家长与家长之间亦可通过 QQ 交流教育经验，并可寻求其他家长的帮助或帮助其他家长解决一些教育问题。教师还可以利用 QQ 开展网络访谈，既可自己主持也可邀请学生家长来主讲。QQ 访谈可以打破时间、地点等因素对访谈的限制，交流双方可以在彼此方便的时间、地点进行交流。

二、家校通及其教育应用

（一）家校通概述

家校通也叫"校讯通""校信通"，是一个融合了手机短信、计算机网络集成综合服务、移动通信网络技术的互动教育信息交流平台，为教师和家长提供了全新的"语音+网络+短信"的交流平台。其业务功能主要包括家校互动、亲情电话、平安短信、网站辅助服务等。它可通过多媒体通信、移动通信、实时数据通信等技术实现家长与教师不受地域限制的实时沟通，实现"教师—家长"交流自动化、智能化，大大提高沟通效率及范围。例如，通过家校通与学生和家长在线交流或通过"教师信箱"沟通，教师可针对学生的情况进行远程答疑，进行因材施教；同时，家长也可以通过网络全面了解孩子的在校情况，形成教自合力教师还可以随时向家长传授家庭教育知识，提高家长的教育水平，加强家庭教育与学校教育、社会教育的联系。

（二）家校通的特点

1. 高科技的技术背景

家校通平台融合了语音合成、互联网、移动通信等多种先进技术。这一技术为学校提供了多样化的信息发布渠道，构建了教师、学校与家长沟通的信息平台，建立了教师与家长对学生进行同步教育的网络，以一种现代化的全新方式完善了家校之间的交流，促进了学校教育工作的信息化程度。

2. 高效性的应用环境

相对于原来一年几次的家长会，家校通提供了更多、更及时、更准确、更有针对性的家校沟通机会，并大大减轻了教师与家长之间的人际负担。

3. 经济性的运行模式

学校进行家校通校本管理，资金零投入。对于家长来说，有了家校通，用不着盲目地到学校找老师，也用不着常常打电话向老师了解孩子的情况，每月仅须订制价廉的家校通，学校会将孩子的情况主动、及时地通知家长，大大减少了原来的通信和交通费用，减轻了原有家校沟通的精力耗费。

4. 简易性的系统构成

学校、家庭共同参与：学校利用校园网来构建家校通平台，家庭拥有电脑、电话或者手机即可，教师、家长的操作都很简便。

（三）家校通的教育应用

家校通不仅能实现教育主管部门、学校、教师的高效办公及沟通，还能实现教师、家长、学生的沟通和资源共享，尤其是让教师和家长的沟通更及时、方便和快捷。

1. 服务学生

（1）学生可随时随地提交作业，以及查看作业、考试成绩和教师对自己的评价。

（2）在线答疑，扩大家校交流时空。家校通中的"在线答疑"为每个班设立了留言板，使学生、家长、老师之间随时可以进行对话交流，不受时空限制，创设了一个学生与老师信息交流的网络时空。

（3）网络课堂是课堂教学的外延与补充。家校通一般设有"妙趣数学""英语博览""课外阅读""电脑乐园""音乐驿站"等栏目，是对课堂教学的网络化延伸。"家校通社区"是趣味性、智能化、互动式的虚拟网络空间，是集网络课堂、休闲娱乐为一体的学习活动环境。它设置了与日常教学活动同步的问题解答，是各学科与信息技术的有机整合。

（4）发表学生作品，为学生提供展示自我的空间。家校通开辟了展示学生书法、绘画、作文、个人网页等作品的空间。将作品链接到网上后，学能感受到一种展示自我、体验成功的快乐。

2. 服务家长

（1）家长可通过新闻栏目及时了解学校最新通知公告、新动态、教育教学新举措等信息；家长也可以在相关栏目中学习家教知识，更新教育理念，学习科学教子方法。

（2）家长可以方便地查看自己孩子完成作业的情况、学习成绩、在校及课堂表现等信息。

（3）家长可与老师进行沟通、交流，进一步了解孩子的详细情况，可向老师反馈教育意见，有利于对学校教育进行科学的监督，使学校教育与家庭教育相整合，真正为孩子成长共同努力。

（4）家长之间可通过家校通平台进行亲子、育子经验交流。

（5）家长可与学生结成学习伙伴，与孩子共同学习；还可以当助教，帮助孩子学习。

3. 服务教师

（1）通过公告、邮件、计划总结等功能，教师可以方便地了解学校最新通知并做好工作计划和总结。

（2）通过作业系统，教师可以轻松地布置作业、批改作业，可以进行网上答疑，打破课堂、教学在时间与空间上的限制。

（3）通过成绩管理、课堂管理对学生成绩、课堂表现、出勤率等进行统计与分析，从而减轻统计工作。

（4）通过即时通信、邮件、论坛、留言信箱等功能，教师之间可方便地进行学术、经验交流。

（5）通过数据统计功能可对学生的成绩、表现等进行分析，为学期总评及对不同学生进行有针对性的教育提供客观的参考数据。

（6）通过公告、短信等功能教师可方便地向家长、学生发送公告、通知。

（7）教师通过平台可以充分地享受网上教育资源，学习先进教育理念，大大拓宽知识面、增强知识储备。

4. 服务学校管理

（1）通过自动归档、查询、管理监控与绩效考核等功能，方便了监控与管理教师工作，为教师的考核工作提供数据依据。

（2）通过协办管理功能跟踪管理重要的工作安排、资料收集等工作。

（3）利用自动办公系统替代传统的办公模式，提高办公效率，降低办公成本。

（4）通过与学生和家长的在线交流，及时了解学生与家长对学校工作的意见和建议，不断调整、改进工作，使学校管理能更好地服务学生。

三、博客及其教育应用

（一）博客概述

博客，英文名为 Blogger，正式名称为网络日志，是指使用特定的软件，在网络上出版、发表和张贴个人文章的人，或者是通常由个人管理、不定期张贴新的文章的网站。它以"零编辑、零技术、零成本、零形式"的特点迅速得到推广，应用中不受技术、形式和理念的约束，使用方便，即时性强。

博客不仅可以被看作一种快速更新的个人网站，同时也能满足群体交流的需要。博客虽然是一种日志，但实际上集文章、记事、交流、新闻、个人主页为一体与传统的论坛（BBS）相比，博客更能展示个性，更有针对性；与普通网站相比，博客又拥有更强大的互动功能。

（二）博客的特征

1. 个性化、低成本

从内容上看，写博客是个人行为，博客的文章是从个人的角度反映个人的思想，博客日志以"个人大脑"作为网络搜索引擎和思想发源地，是目前任何搜索引擎无法做到的。从形式上看，博客是一种方便的、个性化的、即时性很强的网页。一般的个人主页门槛相对较高，需要注册域名、申请租用服务器空间和掌握众多软件工具使用技能。而博客则不同，一个会申请电子邮件的网民就完全可以"零技术知识""零成本"地拥有自己的博客空间，并方便地发表自己的观点或评论，快速建立起自己的网络形象。

2. 即时性、开放性、交互性、共享性

博客是经常更新动态、不断积累的。这种即时性，表现在可以及时记录个人的行为、信息和思想，这使得博客的文体有别于其他文章。同时，博客又是传播思想和交流知识的工具，"链接"是它的核心灵魂，通过链接提供了更多的窗口和通道，更为广泛地接触相关的信息。每个博客层层叠叠、互相缠绕，体现了网络开放、交互的魅力。博客用户还可以实现知识的共享。学习者可以在自己的博客中发表自己的见解，其他有相同兴趣或学习范畴的人则可以参考，还可以做出评论，使其内容不断丰富、内涵更加深刻，甚至演变为新的内容，而学习者在群体分享和交流中得到进一步的提高。

3. 可订阅、易管理、实时传递

博客是易于管理的个人电子出版系统，可以自由地记录、发布和更新，也可以方便地对文章分类管理。而且，博客系统能够自动生成站点的汇总提要（RSS），以方便其他人订阅。如果你只对某些专题感兴趣，则可以通过博客或相关工具进行选择性的订阅。这样，无须每天登录，新消息一旦产生就会自动被"推荐"到你的客户端。

（三）博客在教学中的应用

1. 利用博客进行个人知识管理

个人知识管理即整合零散的知识资源，将单个知识和信息提升为组织知识，进而促使人们获得良好的工作、学习效率，并提升自身的价值与竞争力。博客为个人知识管理提供了一种行之有效的方式。

（1）分析需求

分析需求即进行知识需求分析，这是个人知识管理的起点。只有了解自己哪方面知识匮乏，才会引起对相关知识的兴趣，才会在网络上寻找相关的信息资源。在博客平台上，学习者可以结合自身的专业知识和生活经验，综合分析所需要了解的知识的类型，进而关注所需的博客。

（2）知识分类

在确定知识需求后，学习者可在博客上建立合适的分组，通过搜索与分组相关的关键词找到合适的博客用户并对其关注或转载相关的文章，或上传自己已有的知识。知识分类完全根据个人的喜好而定，保证将工作、学习、娱乐等内容完全区分开来。同时注意，分组不宜过多，同类型的分组尽量集中。

（3）知识获取

①关注老师、同学或朋友。通过他们的博客了解周围人关心的问题，尤其是那些有着明确专业导向的同学所发表的博客内容。

②关注相关领域专家。个人可以进入专家的博客了解其最新研究动态或者行业动态。

③关注个人日常需求。个人在日常学习生活中，往往需要一些特定的知识，这时候可以借助博客搜索，对有价值的用户进行分类关注或对有价值的文章进行分类转载。

（4）知识整理

当学习者浏览到自己感兴趣的博客内容时，只要单击转发或者收藏就能很快地将其转发或者收藏到自己的博客中。但是由于信息的冗余性，长时间下来，容易造成信息的膨胀，需要阶段性地分类整理自己空间的知识结构，进一步形成个人的认知结构体系。在个人知识管理过程中，实时的知识整理一方面有助于对原有知识的巩固和再认识；另一方面能提高个人的学习和思维能力，激发个人灵感，便于对新知识的挖掘。

（5）知识创新

个人在浏览博客或者观看某一视频时，常常会对某一问题突发灵感并形成文字，如果发表在博客上，就可以长久地保留下来。同时，创新大部分来源于与他人的互动中，通过相互评论、相互探讨，以及对知识进行思维判断往往能激发出创新性的认识。

（6）知识交流、分享

知识交流、分享穿插在博客使用的各个方面。发表的每一篇博客日志，都会在好友的动态中显示出来，这样好友可以看到你最近所关注的问题，与你互动、分享观点。同时，学习者可以利用博客的共享性分享别人的博客日志，从中得到启发，也可以把自己的博客日志分享给其他访问者。

2. 利用博客进行师生交流

博客为师生交往提供了另外一种渠道，学生可以在其中了解教师的教育思想，可以发表自己的见解，反映自己的心声等；学生也可以通过博客记录每一天学习的心得，收集一些有价值的学习资源。教师可以将博客作为交往的空间，可以发表一些不便于当面述说的看法，对个别学生进行"背靠背"的教育，对其他学生也会有所启发；也可以将自己学生的进步情况记录在博客上，不断激励学生；还可以将相关的教学资源的链接地址记录在博客上，为学生提供更加丰富的学习资源。

3. 利用博客进行教学反思

通过创建自己的博客，教师可以记录每一天的教学心得，记录每天使用的教学资源，记录成功的教学设计过程，记录教学过程中运用的教学方法和策略，还可记录下自己学习、思考的片段。随着博客的不断积累，教师通过阅读过去所写的内容，不断反思自己的观点和教学方法，积极修正理解上的偏差，从而产生更多的教学体会和感悟。教师还可以把记录的内容和大家分享，通过他人的评价帮助自己反思，也可以通过学习、借鉴其他教师博客中成功的案例和宝贵经验，创造性地运用到自己的教学中，教师在交流和分享中不断反思，达到自我提升。

4. 利用博客开展研究性学习

博客为研究性学习提供了一个交流的平台，在这个平台上研究性学习不再是单个人的事情，而是多个人共同参与的活动。通过博客进行研究性学习的一般程序如下：

（1）建立博客

首先指导学生以班级为单位建立一个研究性学习专用博客，指导学生熟练掌握发博客日志、图片等操作技巧，让学生按照综合实践课中的分组开展研究性学习。

（2）确定课题

研究性学习的课题必须是学生喜欢的，或由学生在教师指导下自主提出。教师可以通过问卷调查、实地考察、创设情境等方式引导学生确定研究的范围和主题。教师根据研究范围和主题优选学习资源，利用博客发布链接，为学生提供更多的学习资料。

（3）制订计划，设立专辑

确立研究课题后，指导学生在研究课题下提出感兴趣的问题，根据学生的问题进行梳理、归类，在博客中建立相应的问题专辑。课题确定后，教师还要指导研究小组着手制订具体、可行、有效的研究计划。研究计划要明确研究的目标，设计资料收集的方法和工具，同时还要明确学生小组的分工。这些工作完成后，教师应指导学生将计划发布在博客上。

（4）收集整理资料，注重过程积累

根据计划中的规定，各成员承担自己的职责，通过图书馆查阅、上网查询、参观访问、实验操作等多种途径和渠道广泛收集、整理资料同时将问卷调查的活动过程以拍照、录音和录像等方式进行记录。面对收集到的各种资料，教师要指导各研究小组成员认真地分析和整理，积极表达对问题的认识与理解，做好过程记录与活动记录，及时发表在博客上。这些记录可以是文字的，也可以是图片、音像资料、调查整理后的表格等。

学生可以通过博客及时看到其他同学的研究成果，也可以通过评论、留言及时发表自己的意见，进行网上交流。

（5）交流展示评价

交流是一种重要的学习方式。学生通过交流与同学们分享成果，这是研究性学习不可缺少的环节。利用博客所积累的过程性材料，学生可以以研究报告、模型作品、主题演讲、小品表演、辩论赛等多种方式展示自己的研究成果。

在分享成果后，教师要组织学生通过研讨、写作等方式反思自己的研究历程，综合评价学生的研究活动，并引导学生通过展示和交流学会欣赏和发现他人的优点，学会客观分析和辩证地思考，学会放弃和坚持。展示和交流结束后学生进行组间互评；指导教师要对课题组和研究者个人进行总结评价，还要对表现突出的课题组和研究者个人进行表彰。

（6）形成报告

最后，教师要指导学生把研究成果中的体会、收获汇总形成研究报告，发布在博客上。

5. 利用博客开展协作学习

（1）成立协作小组

教师在对学生状况充分了解的基础上，进行协作学习分组。协作小组最好是异质分组，组内成员的性格、教育背景、知识水平、优势特长等不同，可以形成一种互补的态势。教师应在学生自愿的前提下经过综合考虑将全班学生分成若干小组，每组5到~6人。每个协作小组申请一个独立的博客空间，并将其他小组的博客空间加为博客组群，这样各协作小组间也可以互相访问、留言等。

（2）确定学习目标

教师要为各协作小组制定明确的学习目标，并将学习目标在教师博客中列出，供协作小组来查阅，以便学生明确学习方向。教师将学习内容按照一定的学习进度逐渐在博客中给出，每次不宜太多。

（3）安排学习活动

教师创设好学习环境后，组织学生进行竞争、辩论、合作、问题解决、设计和角色扮演等协作学习活动。教师要引导学生将自己对于概念的理解发布到博客空间，小组成员间可以互相讨论，形成小组意见后，通过群组博客去别的协作小组中参加进一步的讨论。当然，整个学习活动都离不开教师的调控和引导。

（4）评价

每个学生的表现，包括学习者的参与程度和发帖内容质量等在博客空间里都一目了然，教师可以及时了解学生学的进展情况、存在的问题，从而进行及时的反馈与再反馈，以便调整和改进教学活动。在此基础上，教师既可以评价每个学生的学习状况，也可以评价整个小组的协作情况，并形成最终评价结果。

第三节　信息技术在中学数学教学中的应用

一、信息技术在中学数学教学中的应用原则

（一）目标导向原则

我们无论上哪堂课，怎样上课，不管是传统授课方式，还是现代信息技术授课，都是为了达到预定的目标，这是我们一切工作的出发点，也是归宿。漫无目的地学习，会导致捡了芝麻，丢了西瓜。教师传道授业解惑，无非是为了把知识教给学生，因此学生是我们教学工作的主体。信息技术教学的过程仍然是教师为了达到教学目标，采用各种媒体授课，使学生能够按照预定的轨道学习知识，教学目标是核心，重中之重。若教学目标能够达到，教师不仅完成了任务，有满足感；学生也达到了对新知识的建构，溢于言表的成就感使其追求更高层次的学习目标。

（二）反馈控制原则

由于信息技术课件是提前做好的，对于课堂中出现的突发情况及学生的反馈信息，可能不能及时做出反应。所以，为了保证教学活动的有效进行，授课教师应根据自己的教学经验，不断地总结、学习，对于可能出现的情况，都应该融入自己准备的东西中，提高信息技术教学设计的质量。确定教学活动的可行性和有效性，可以从设计方案、教学评价、信息反馈、授课流程等方面检查，看是否达到最优，必要时进行合理的调整及修改，有针对性地把握教学节奏。

（三）主体突出原则

在传统的教学中，教师授课的过程是单一地向学生传授知识技能的过程，教师起到关键性的作用，学生被动地接受知识。随着信息技术在中学数学教学中的使用，授课方式转变为教师与多媒体共同向学生传授知识的过程，一切以学生为中心，学生成为教学的主体，教师作为主导者向学生授课，授课教师在备课前，要充分考虑到学生的认知结构、思维能力、接受能力，不仅要备教材，更要备学生。只有把握好学生的主体地位，才能达到令人满意的教学效果。

（四）优势互补原则

无论哪种教学手段，既然能够存在，必然有其存在的价值。传统的教学手段能够存在到现在，甚至未来，与其自身的优点是分不开的，即使现在大力提倡用信息技术教学，但是如果简单地否定或简单地肯定，必然是粗鲁而盲目的。学生以前一直接受的是传统的教学方式，俗话说，安土重迁，想要完全接受高科技教学，恐怕需要一段漫长的时期。所以，对于这两种教学方式，我们应该取其精华，去其糟粕，两者结合使用，在教学中才能扬长避短、相得益彰，完成教学任务，产生教学效果，达到教学目的。

二、信息技术在中学数学教学中的应用途径

（一）信息技术教学在新授课中的运用

一节成功的教学课，需要教师与学生共同配合才能完成任务，其中少不了教师的激情、学生的热情。学生的热情来源于其对所学知识的喜爱，有对新知识探索和建构的渴望，这就是我们通常所说的兴趣。正如我们前面所述，现代信息技术可以增强学生的学习兴趣，激发其学习欲望。既然在教学中，信息技术有如此大的魅力，我们又何乐而不为呢？合理地使用信息技术教学更具有感染力和亲和力，它能够吸引学生高效、快速地识记新知识，抓住重点、突破难点，锻炼思维能力。在讲授新课程时，我们可以首先创设情境，由一段具体的故事引入，或设置一段悬念，或一段动画，引起学生的好奇心和探索心，然后再进行新知识的学习，其效果一定非常好。

（二）信息技术教学在复习课和练习课中的运用

复习课和练习课就是教师为了加深学生对已学过内容的理解而设置的课堂，只有经过练习、复习才能让学生真正使用新知识、掌握新知识，巩固新知识，这是在学习了任何一节新内容后都必不可少的环节。在以往的课堂中，教师为了完成教学任务，但时间又很紧迫的情况下，只能加快速度，略讲一些练习题，由于容量大，时间紧，学生甚至没有思考的时间、发挥的余地，这非常不利于学生思维的发展。如果在这些课堂中也使用信息技术，教师可以提前精心地准备成课件，免去了抄题、写板书的麻烦，节省了大量的时间，留有学生思考的时间，增加师生互动。也可以改变解答方式，例如，设置一些抢答题，答对有奖的环节，让所有学生参与进来，充分调动学生的积极性，体现学生学习的主体性。

（三）信息技术教学在活动课中的运用

活动课是一种新的课堂教学形式，是指在教师的指导下，从学生的活动经验出发的一

种学生自主的活动，目的在于提高学生的实践能力，并获得直接经验在轻松的环境中使学生受到启发，获得新知识，寓教于乐。本着人人参与，最大限度地开发学生的智力。而现代信息技术能提供各种声形并茂的实验、动画，能够验证学生所做的一切猜想。

三、信息技术在中学数学教学中的应用方式

（一）动态展示

动态展示是信息技术在教学中使用的一种重要方式，是指施教者将与本节课内容相关的知识通过计算机制作成文字、图像、Flash 等形式，改变了传统的由教师通过板书、模型等展示的方式，从声形等全面刺激学生，加深学生对所讲知识的印象，吸引学生的注意力，提高课堂教学效率。例如，在讲解椭圆时，可以把椭圆的形成过程制作成 Flash 动画，动态地展示椭圆的形成过程，由此挖掘出椭圆的定义，加深对椭圆定义的记忆。这也是学生比较喜欢的一种教学方式，在我所做的问卷调查中，53%的学生喜欢这种教学方式。

（二）实验模拟

基于数学的学科特点，一些实验内容比较抽象，无论在黑板上还是用实验模具都不能形象地表达出来，学生理解起来也就比较困难。如果利用信息技术进行测量、计算、演示，把抽象的东西具体化，直观地向学生展示了实验过程，减少了教师的工作量，降低了学生理解的难度，教学效果明显。

（三）习题设计

习题是对所学的新知识的深化，通过多做习题，可以加深学生对新知识的记忆，所以对于习题的设计也是相当重要的。中学数学中的习题通常包括选择题、填空题、证明题、计算题，无论哪种题型，线索清晰、步骤简单还好，但往往题型不是抽象，就是复杂，讲解起来也就比较困难，但是如果利用信息技术有针对性地设计题型，方便快捷地在屏幕上展示出来，不仅能够讲清题目，而且可以增加习题密度，既完成了教学目标，又达到了教学效果。在问卷调查中，大约有13%的学生喜欢这种方式，经过交流，原来学生反映，在用信息技术讲习题时，没有一步一步留给学生思考的时间，而是直接给出了答案。因此，教师在利用信息技术讲解习题时，需要注意这点问题。

（四）影视播放

据教育心理学家统计，学生通过影视获得的信息占信息总量的94%左右，三天后依旧

记得 70%，且远远超过其他传播途径。因此，利用信息技术中的影音播放功能能将数学中抽象复杂的知识，以画面的形式向学生展示出来，深入浅出，把深奥的知识简单化、直观化，缩短了抽象知识与学生之间的距离，提高了学生学习的积极性，为数学课堂提供了巨大的使用价值。

参考文献

［1］张琳. 数学教学与模式创新［M］. 北京：北京工业大学出版社，2019.

［2］张登华，段馨娜，许传江. 数学教学与创新模式［M］. 北京：中国商务出版社，2019.

［3］朱光艳. 数学教学与数学核心素养培养研究［M］. 北京：北京工业大学出版社，2019.

［4］李卫华. 中学数学教学思维与创新［M］. 天津：天津人民出版社，2019.

［5］张长雁. 数学教学艺术与创新研究［M］. 延吉：延边大学出版社，2019.

［6］蒋恒永，史亮，孙肖. 创新思维下的数学教学探究［M］. 长春：吉林人民出版社，2019.

［7］于健，赵新，黄辉. 大数据下高中数学教学研究［M］. 长春：吉林人民出版社，2019.

［8］胡勇，黄龙，周志朝. 中学数学教学设计与应用技巧［M］. 长春：吉林人民出版社，2019.

［9］于利合. 核心素养理念下的高中数学教学策略［M］. 长春：吉林人民出版社，2019.

［10］程卫东，王永辉. 现代教育在中学数学教学中的探索［M］. 长春：吉林人民出版社，2019.

［11］鲁艳萍. 数学教学中培养学生创新意识研究［M］. 北京：中国纺织出版社，2019.

［12］吕进智. 在初中数学教学中引导学生自主变式的研究［M］. 北京/西安：世界图书出版公司，2019.

［13］谭明严，韩丽芳，操明刚. 数学教学与模式创新［M］. 天津：天津科学技术出版社，2020.

［14］陈惠增. 简约化数学教学［M］. 厦门：厦门大学出版社，2020.

［15］李静. 数学教学论［M］. 长沙：湖南师范大学出版社，2020.

［16］唐小纯. 数学教学与思维创新的融合应用［M］. 长春：吉林人民出版社，2020.

［17］常发友. 数学建模与高中数学教学［M］. 长春：吉林人民出版社，2020.

[18] 李文革. 初中数学教学的理论与实践 [M]. 开封：河南大学出版社，2020.

[19] 孙美娟. 初中数学教学与班主任管理 [M]. 青岛：中国海洋大学出版社，2020.

[20] 洪艳，龚斌. 将数学建模思想融入数学教学之中 [M]. 长春：吉林人民出版社，2020.

[21] 李秉福. 高中数学教学中数学文化的渗透研究 [M]. 长春：吉林人民出版社，2020.

[22] 王跃辉，莫定勇，赵文平. 基于核心素养的高中数学教学设计案例 [M]. 北京：现代出版社，2020.

[23] 郑王炜. 基于核心素养下的数学教学研究与思考 [M]. 沈阳：辽宁大学出版社，2021.

[24] 陈峥嵘，林伟. 基于核心素养的数学教学设计与研究 [M]. 1版. 沈阳：辽宁大学出版社，2021.

[25] 汤强. 实践取向的高中数学教学研究 [M]. 成都：西南交通大学出版社，2021.

[26] 杨岐. 中学数学教学实践与课例研究 [M]. 阳光出版社，2021.

[27] 王金芳. 高中数学教学方法研究与实践 [M]. 长春：吉林人民出版社，2021.

[28] 刘江勇，徐蓉，吴志涛. 中学数学教学模式与学生能力培养 [M]. 长春：吉林人民出版社，2021.

[29] 王尊甫. 核心素养导向的高中数学教学 [M]. 青岛：中国海洋大学出版社，2021.

[30] 黄永辉，计东，于瑶. 数学教学与模式创新研究 [M]. 北京：中国纺织出版社，2022.

[31] 吕汉茂. 高中数学教学探析 [M]. 苏州：苏州大学出版社，2022.

[32] 王慧. 思维方法与数学教学研究. [M]. 1版. 哈尔滨：哈尔滨工业大学出版社，2022.

[33] 王佩，赵思林. 中学数学教学设计案例 [M]. 成都：四川大学出版社，2022.